国际关系研究2008年第4辑　总第11辑

National Security and Non-traditional Security

国家安全与非传统安全

上海社会科学院世界经济与政治研究院

时事出版社

图书在版编目（CIP）数据

国际关系研究．2008年．第4辑：总第11辑，国家安全与非传统安全/上海社会科学院世界经济与政治研究院编．—北京：时事出版社，2008.12

ISBN 978-7-80232-197-7

Ⅰ．国… Ⅱ．上… Ⅲ．①国际关系—研究②国家安全—研究—世界
Ⅳ．D81

中国版本图书馆CIP数据核字（2008）第176196号

出版发行：时事出版社
地　　址：北京市海淀区万寿寺甲2号
邮　　编：100081
发行热线：（010）88547590　88547591
读者服务部：（010）88547595
传　　真：（010）68418647
电子邮箱：shishichubanshe@sina. com
网　　址：www. shishishe. com
印　　刷：北京百善印刷厂

开本：787×1092　1/16　印张：25.5　字数：308千字
2008年12月第1版　2008年12月第1次印刷
定价：52.00元

编辑委员会

目 录

国家安全的新发展

非传统安全

聚焦能源安全

安全形态的互动与融合

中国的新安全问题

Contents

On Energy Security

Interplay between Security Forms

China's New Security Issues

国家安全的新发展

朝鲜半岛和平机制与东北亚安全机制建设：动力、构想与面临的问题①

刘　鸣*

内容提要：本文认为随着“六方会谈”出现进展，朝鲜半岛和平机制和东北亚和平与安全机制的构建已经提上了日程。笔者介绍了中、美、朝、韩对建立这两个机制的基本立场和原则。目前，有关国家对朝鲜半岛和平机制的发展路径和参与谈判的主要成员是“2＋2”还是四方，仍然存在着分歧。从持久的和平需要看，应该最终签署四个协定：《朝韩基本协定》、《中、美、朝、韩四国协定》、《美、朝关系正常化协定》和《美、朝、韩军事信任措施协定》。东北亚和平与安全机制需要确

① 本文是韩国国际交流财团资助的研究项目的一部分，在发表之际，特向该财团表示感谢。

* 刘鸣，上海社会科学院亚洲太平洋研究所副所长，研究员。

立一套能够普遍遵守的原则或行为准则。它的运行模式，既不能完全照搬欧洲的经验，也不绝对排斥欧安组织有参考价值的一些做法和相关的目标。该机制的功能定位不能过低，它必须介于论坛和高度组织化的机制之间，应当就广泛的安全与合作问题进行协商，向机制性监督约束的方向发展。

韩国总统卢武铉于 2007 年 10 月 2 日至 4 日访问平壤，与朝鲜领导人金正日举行了峰会，会后双方发表了《南北关系发展与和平繁荣宣言》。在该宣言的第四款中，双方一致认为，应结束目前的停战机制，构筑恒久的和平机制，并决定为推进与此有直接关系的三国或四国领导人在朝鲜半岛举行会谈，为宣布战争结束而进行合作。此后，韩国方面曾积极推动有关和平机制的讨论。与此同时，在“六方会谈”的机制中，已经召开了两次东北亚和平与安全机制工作组会议。所以，有关东北亚安全机制建设的势头正盛。为此，学界有必要未雨绸缪，对相关的内容和潜在的问题与困难提前进行研究，形成有理论与操作意义的基本构想。

一、中、美、朝、韩有关两个和平机制的原则和基本立场

东北亚安全机制建设包括两个层面：朝鲜半岛和平机制与东北亚安全机制。在有关朝鲜半岛和平机制建设方面，中、美、朝、韩的基本构想有以下方面：

中方认为，建立朝鲜半岛和平机制符合朝鲜半岛人民的利

益，也有利于本地区的和平、稳定和发展。中国作为东北亚地区有重要影响力的国家，将支持建立朝鲜半岛和平机制。作为朝鲜停战协定的缔约方，中方将在这一进程中发挥积极、重要、建设性的作用，争取以真正的和平条约取代停战协定，实现半岛“停和机制”的转换。同时，作为并行不悖的目标，中国将努力促进有关各方之间关系正常化，实现东北亚地区的持久和平与稳定，建立有效、规范的多边安全机制，对地区安全问题实现标本兼治、综合治理。①

过去相当长一段时间内，中国对东北亚安全机制的建设持消极和保留的态度。但随着中国积极主办“六方会谈”以及会谈取得了一定的成果，中国提高了通过多边机制处理地区安全问题的信心，它开始对东北亚安全机制表示出积极支持的姿态。造成这种政策变化的原因是：1. 中国认为，朝鲜的核开发不仅仅是出于其本身的地位追求考虑，也有很强的外部因素，即东北亚地区的冷战遗产——美日、美韩的军事同盟和美日、美韩军事合作的强化对东北亚的和平与稳定、对朝鲜半岛和中国的安全带来许多的负面影响。所以，不彻底从东北亚安全结构与多边的互信上寻找解决办法，不在经济上与政治上统筹解决朝鲜涉及的方方面面的问题，即使朝核问题解决了，东北亚地区也难以实现持续的和平与无核化。② 2. 中国的崛起及与周边国家改善关系，给中国带来更多的自信。3. 中国需要利用多边机制进一步推动东亚合作的深化，以创建适合于中国发

① 刘晓明：“机遇与挑战：共建和谐东北亚——在美国塔夫茨大学和弗莱彻法律外交学院授勋晚宴上的主旨演讲”，2007 年 9 月 10 日。

② 参见中国朝鲜史研究会、国务院发展研究中心世界发展研究所和中国军控与裁军协会 2004 年 10 月 22 日～23 日在北京主办“朝鲜半岛核问题与东北亚安全学术讨论会”的内容。

挥“负责任大国”作用的平台。4. 中国与美国、日本、韩国在经济上和安全上的共同利益在增加，需要加强多边协调。5. 中国在东南亚和中亚地区已经参加或组建了安全机制，但除“六方会谈”外，中国在东北亚地区没有一个多边安全合作机制与有关国家进行合作与协调，这不利于中国周边的稳定与安全。

从学界的观点看，中国方面对该机制建设大概有这么几个原则或立场：1. 美国参与东北亚和平机制对中国利益具有两面性。中国希望美国能以开放、合作与尊重别国制度与主权的态度参与这个机制，同时反对美国把未来的机制作为它实现其全球与地区战略利益和目标的工具。2. 中国承认美国在东北亚地区安全问题上的发言权与一定程度上的决策权，但机制不应由美国单独领导。[①] 中美应积极参与“六方会谈”框架内设立的东北亚和平与安全机制工作组，与各方一道推动建立地区多边安全机制，解决有关国家的安全关切，确保地区的长治久安。[②] 3. 机制内部关系应该是平等、友善、相互谅解、求同存异，不搞针对特定国家的核心集团。4. 先易后难，逐步推进。在发展东亚多边合作方面，要考虑东亚国家国情各异、多样的因素，不能照搬欧盟经验。[③] 应先从较容易合作的非传统安全议题入手，以扩大国家间的共识与共同利益；在各方互信积累到一定程度时，可扩大到传统安全

① 李开盛：《东北亚安全机制建构过程中的美国因素》，《世界经济与政治》，2007 年第 9 期。

② 刘晓明：“机遇与挑战：共建和谐东北亚——在美国塔夫茨大学和弗莱彻法律外交学院授勋晚宴上的主旨演讲”，2007 年 9 月 10 日。

③ 参见 2008 年 1 月 18 日中国驻日本大使崔天凯在日本外国记者俱乐部举行的记者招待会内容。

领域问题，并由“消极安全合作”逐步上升到“积极安全合作”。[①] 5. 协商一致原则。重要的安全问题应该通过协商后达成一致和共识，并以共同宣言或决议付诸实施。6. 考虑到东北亚地区的差异性和国家间低水平的互信，机制只能朝着松散的磋商协调方向努力。东北亚安全机制可分阶段建成，目前首先是“六方会谈”的固定化与长期化，然后是成立东北亚安全论坛，最后才是东北亚安全正式机制。[②] 7. 该机制应建立在“共同安全”和“合作安全”的基础之上，随着新的安全合作机制的建立，应逐步弱化军事联盟的作用，并最终取代军事联盟。[③] 安全机制能否形成将取决于：朝核问题的解决；朝韩关系的演变；中国、朝韩与日本之间的互信程度；中美关系的性质和状态。[④]

美国方面对东北亚安全机制最近的构想是“五方会谈”，它出台于2004年底到2005年初。当时“六方会谈”没有实质性的进展，于是，国家安全委员会的格林和国务院政策计划司司长瑞斯提出了这个想法，并得到了国务卿赖斯、总统国家安全顾问哈德利的全力支持。其实，瑞斯同格林还有差异，前者主张仅仅讨论软安全问题，如能源安全、海上安全、环境、健康等，对朝鲜保持开放；但后者希望讨论军事问题。

随着“六方会谈”在2007年取得进展，美国的态度也发生

---

① 侯红育：“建立东北亚安全机制的必要性与可行性”，《当代世界》，2006年第4期。

② 李开盛：“东北亚安全机制建构过程中的美国因素”，《世界经济与政治》，2007年第9期。

③ 夏立平：“朝鲜半岛的和平统一进程与东北亚安全机制”，《国际观察》，2002年第5期。

④ 蓝建学、吴献斌：“东北亚多边安全机制研讨会在亚太所举行”，《中国社会科学院院报》，http：//www.cass.net.cn，2006年7月20日。

了变化，认为让已经初具组织结构的“六方会谈”渐进地演进为永久性的多边安全机制，要比重起炉灶建立新的机制具有更大的可操作性和成功的机会。[1] 美国希望朝核问题“六方会谈”能成为一种固定的对话形式，用以消除东北亚地区安全威胁等问题。

对于构筑朝鲜半岛和平机制，美方认为：其前提条件首先是，朝鲜公开承认其拥有的钚数量和核发展状态，然后才能就有关和平机制的问题开始进行讨论，并且最终签署和平协定。美国驻韩国大使弗什博对此表示，“在朝鲜放弃核计划后，美国愿意与朝鲜正式缔结和平条约，并与朝建立外交关系”。“弃核、半岛和平协定和朝美关系正常化等三项内容互相关联，应该同时实现”。[2] 换言之，朝鲜半岛和平机制可能至少包含两部分要件：中、美、朝、韩签署和平协定和美朝签署和平协定与关系正常化。

目前，朝鲜对朝鲜半岛和平机制建设的态度似乎非常热烈与急迫。但从其各种提议看，它又是非常机会主义和矛盾的。即重点是与美国签订和平条约，关系正常化，联合国军撤离朝鲜半岛。朝鲜 1996 年曾提出举行朝美双边会谈，推动建立朝美军事共同机构，以取代军事停战委员会。1997 年至 1999 年有关朝鲜半岛和平机制的“四方会谈”在日内瓦进行，在会谈过程中，朝鲜坚持要与美国进行双边会谈，最终四个国家没有能够就和平条约与建立互信问题达成一致意见。1998 年朝鲜又提出成立朝、美、韩三方参加的军事安全保障委员会。2007 年 7 月 13 日，朝

---

① “Envisioning a Future Multilateral Security Mechanism for North-east Asia: What's at Stake for the US?”, *Policy Memo*, The Stanley Foundation, March 4, 2008, p. 1.

② 李明键：“弗什博：弃核、和平协定、北美关系正常化应同时进行”，韩国《东亚日报》，2007 年 5 月 16 日。

鲜板门店代表部代表又提议，为讨论朝鲜半岛和平与安全保障问题，应举行由联合国代表一同参加的朝美军事会谈。从朝鲜的这些提议可以看出，它希望通过会谈解决与美国的正常化关系，以确保其能够在政治上获得国际社会的合法地位；经济上能够与西方国家和国际经济组织发展正常的商业关系。

朝鲜确实希望有一个和平机制取代停战机制，但是，它又不希望由此造成南北朝鲜分裂合法化和永久化。同时，它还认为，一旦要建立和平机制，就需要韩国国内大幅度修改对朝不利的法律（如《国家保安法》），修订海上“北方限制线”（NLL）；解决驻韩美军与重新定位美韩军事同盟的问题；承诺裁军和推进南北军事信任措施，包括停止发展导弹和连接南北铁路等。朝鲜意识到，从目前的基本态势看，要一劳永逸地处理好这些问题非常困难，而且其结果并不都对朝有利。另外，朝鲜军方对韩国军方仍然疑虑重重，它也没有准备放弃追求成为东北亚军事大国的目标，所以，朝鲜目前并不急于推动全面的朝鲜半岛和平机制的构建，也没有形成一整套对朝鲜半岛和平机制建设的方案。

朝鲜对东北亚安全机制建立没有公开的立场。但是，朝鲜自2000年加入东盟地区论坛后，对参与其他一些多边安全安排也开始表示出积极姿态（如“东北亚合作对话”和在美国、欧洲举行的安全讨论会）。2007年，朝鲜6年来第一次向东盟地区论坛提交了有关防卫和安全形势的报告，这显示出朝鲜希望更多地参与多边安全机制，开展各方面的合作。

韩国方面对朝鲜和平机制的立场是：建立朝鲜半岛和平机制的两大主轴是朝美关系正常化和韩朝关系正常化，并在实现这两个正常化的过程中，停战体系可以转换成和平体系。今后在朝鲜半岛守护并维持和平的是韩国和朝鲜，因此韩朝是讨论朝鲜半岛和平机制的直接当事国，整个谈判机制是“2＋2”会谈的形式。

韩方认为，朝鲜半岛和平机制的确立，在法律上并不意味着朝鲜半岛的分裂永久化，而是要明确表明，继续促进和平统一。任何今后的安全安排不应该影响美韩的双边关系和中韩友好关系。美军今后的作用将重新评估，原则上确定它是地区性的和平维持力量。和平机制的功能是维持南北和平关系，其机构是政治性的还是军事性的，目前还没有定论。但是，在机制中建立军事信任措施肯定是其中的一部分。

韩国自金泳三政府起，就积极支持把二轨的“东北亚合作对话”（NEACD）升级为一轨的“东北亚安全对话”（NEASD）。到卢武铉政府时，它一直对推进和平与繁荣的东北亚时代非常有兴趣，在其总统府内专门设立了“总统东北亚时代委员会”。在过去的数年里，该委员会撰写了相关的咨询报告，赴中、美、日等国进行了调研，与有关智库举行了双边和多边研讨会。

韩国官员认为，朝鲜半岛和平机制是东北亚安全机制建立的前提，东北亚安全机制可以与“六方会谈”并行存在，它是对“六方会谈”的补充。从机制发展看，该机制类同于欧安组织（OSCE），所以，其长期目标是欧洲模式；短期是定期对话，由秘书长协调举行。主题词是：政府间合作。[①] 成立的进程是：先进行五方或六方的低层次的会议（包括蒙古），可以由局长级或助理部长级进行协商，同时举行学者的研讨会，研究如何组织会议、如何执行决定、确定机制的基本概念和原则、长期的组织形式等问题。在形成共识后，开始举行正式会议，启动机制运行。机制的组织架构分两种：高官会议（SOMs，局级），或助理部长会议（在两次部长会议之间举行）；部长会议，每

① 原韩国总统东北亚时代委员会官员与笔者的谈话，2006 年 5 月 25 日。

年举行1—2次。

有关多边安全机制，韩国认为，它可以是“六方会谈”的派生物，但它又不同于“六方会谈”，作为一个“一轨机制”，它将处理更广泛的急迫性地区问题。韩方设想该机制有6—7个国家参加，包括中国、美国、韩国、日本、朝鲜、俄罗斯和蒙古。韩方的立场是，即使朝鲜不参加，该机制也应该建立，但中、美、韩、日、俄五国必须同意参加，否则成立就没有意义了。

韩国方面认为，会议的日程设立将取决于各有关国家的态度，如果它们积极，议题就会讨论军事问题；如果反应是消极的，议题就会谨慎。韩方倾向于认为，议题应该是信任措施建设（CBMs）和所有的安全问题。但是，由于美国方面反对讨论敏感的问题，所以，韩国同意议题将在各国协商一致的基础上设立。可以先讨论环境、能源、海上安全、打击非法犯罪活动等非敏感问题，等有了信任后再讨论其他安全问题。①

二、东北亚安全机制的发展动力及两个机制演进的路径

目前，在东南亚和中亚地区已经形成了多边安全机制，但除“六方会谈”外，在东北亚地区尚没有一个多边安全合作机制，这显然不利于该地区的稳定与安全。现在的“六方会谈”已为我们创造了某种条件，随着“六方会谈”已经取得了一定成果，美、日、韩、俄、朝均对中国的作用和这个进程表示肯定。在此基础上，各国都以不同的形式表示，愿意巩固与进一

① 原韩国总统东北亚时代委员会官员与笔者的谈话，2006年5月25日。

步发展这个机制。与此同时，美、韩、日也希望在核问题解决后，能利用这个势头继续把朝鲜纳入到多边机制中，长期对朝保持监督与制约。这样，就形成了推动“六方会谈”向常规的机制发展的必要性和动力。

另一方面，中美、中日、中韩、韩日、韩俄、日俄和中俄之间虽有正常的经济与政治关系，但也有不同程度的战略竞争、猜疑和历史遗留的矛盾。随着中国在东亚影响力的扩大，美、日、韩均在不同程度上担心它们会失去在本地区的传统势力范围及国家的资源。另外，除政治与传统安全问题之外，全球化和经济的相互依赖而产生的跨国界的问题也迫在眉睫，需要进行多边合作来治理。这包括节能与二氧化碳排放的控制；应对来自蒙古的沙尘暴和中国的大气污染；阻止大规模杀伤性武器的扩散；防止与控制流行疾病的传播；打击海盗与保障太平洋的主要海上航道的通行安全；共同应对特大自然灾害等。为解决或缓解上述矛盾，发展双边的对话和合作关系是主要的选择之一。但是，许多问题不仅仅涉及到双边，而是有着多边的因素在内。所以，多边的机制将为有关国家进行广泛的合作（全球治理）和政策协调构造了一个巨大空间，为缓冲与调解地区内各种争议与民族矛盾设置了平台，也将为中美和中日之间增强战略互信和政策协调提供了多边的渠道。

从以上的发展背景判断，一旦朝鲜半岛无核化进入到实施的第三阶段和有关国家开始对朝关系进行实质性的调整及残存的地区冷战结构开始部分解体，朝鲜半岛和平机制和东北亚安全机制势必会应运而生。

一般意义上讲，东北亚安全机制产生的基本前提条件和直接动力是朝鲜半岛无核化的进展和“六方会谈”进程中形成的合作模式与逐步形成的信任状况。但是，这种前提和下一步有关安全机制的发展又不是在顺序上保持一种刻板的因果逻辑关系，它们具有互为因果的关系。无核化有助于东北亚各国信任的加强和安全机制进程的发展，同样计划承诺落实安全机制内的相关要件和达成一个综合性的解决办法，如美朝关系正常化、减弱美韩军队对朝鲜的威胁和帮助朝鲜经济发展，必将有利于朝鲜减少对美国意图的种种疑虑，促使朝鲜尽快作出让步，同意实现无核化的目标。[①]

有关朝鲜半岛停战机制过渡到和平机制的路径，现在存在着一种争议。原韩国卢武铉政府和大众传媒认为，目前的停战状态在“技术上仍然是战争状态”。所以，时任韩国政府认为，在和平机制谈判前，应该先正式宣布终战。为此，卢武铉在南北峰会上向金正日推销了就宣布终止战争状态举行 3—4 方首脑会谈的建议。韩国政府的这一立场可以解读为两个目的：让朝韩两国优先掌握和平机制谈判的主动权和主导权；在复杂的和平机制正式建立前，可以不受法律与政治的限制，大规模地推进朝韩的经济交流与合作。

但是，韩国时任外长宋旻淳明确反对这样一个终战程序。他认为：“在韩半岛没有确立和平机制的情况下不能发表终战宣言。”“应面向终战宣言方向发展，但不能在一瞬间从停战状态转为和平状态。如果突然发表终战宣言，尽管战争已经结束，但会进入没有和平的状态，因此会引起混乱。”他还认为，只要朝核去功能化能取得实质性进展，就可着手进行商讨构建和平机制工作组的会谈。

事实上，目前从韩国方面对战后国际法的研究看，也认定这

① “A Framework for Peace and Security in Korea and Northeast Asia,” Report of the Atlantic Council of the US Working Group on North Korea, April 2007, p. 13.

种宣布终战的程序并不是建立和平机制不可缺失的一个步骤。即战争状态已经随总体停战的到来而结束，从停战后几十年的实践看，直接当事国之间无战事也证明了这一论点。[①] 所以，一旦无核化进程取得了实质性的进展，就可以直接进入“四方会谈”（中、美、朝、韩）的谈判机制，讨论一揽子构建有关法律框架的事宜，并逐步建成朝鲜半岛的和平机制，使朝韩关系和朝鲜对外关系进入一个正常的新阶段。

美国方面也已经通过不同途径反对通过举行四方首脑会议签署“朝鲜战争终战宣言”。美驻韩大使弗什博表示，终战宣言等于是和平协定，美国目前没有一个在签署和平协定和朝美关系正常化之前宣布终战的方案。[②]

目前，有关朝鲜半岛和平机制如何演进，在“六方会谈”内并没有一个明确的设置。按照一般的理解，要建立机制就首先要进行谈判，而谈判就需要一个机制或载体。由于未来朝鲜半岛和平机制的前身在法律上是停战机制，而停战协定是由中国、朝鲜和代表联合国军的美国签署的，因此，现在的“六方会谈”显然并不是一个合适的谈判机制。但是，由于这种机制的转型又与“六方会谈”的无核化进程中的其他目标相关联，其主要内容也已载入2005年9月19日第四轮“六方会谈”通过的《共同声明》和2007年2月13日第五轮“六方会谈”第三阶段会议发表的《落实共同声明起步行动》的文件中，即“直接有关方（di-

① Lee Keun-Gwan, “Peace Regime and Its International Legal Implications,” a paper for the International Conference on Korean Peace Regime, which was sponsored by the Korea Institute of Foreign Affairs and National Security on October 26, 2007, Seoul, p. 2.

② 李明键：“弗什博：弃核、和平协定、北美关系正常化应同时进行”，韩国《东亚日报》，2007年5月16日。

rectly related parties）将另行谈判建立朝鲜半岛永久和平机制”。所以，在启动“直接有关方”谈判之前，“六方会谈”需要通过某种正式的形式，宣布有哪几个国家组成这个谈判机制。

2007年10月4日朝韩峰会发表的《南北关系发展与和平繁荣宣言》却先发制人地宣布“为推进与此有直接关系的三国或四国领导人在韩半岛举行会谈，以宣布战争结束而进行合作”。显然，韩国卢武铉政府试图使美、朝、韩三方的形式成为朝鲜半岛永久和平机制谈判的模式。对此，中国方面明确表示，“中国作为东北亚地区有重要影响力的国家，同时又是朝鲜停战协定的缔约方，涉及到朝鲜半岛及东北亚地区和平机制的问题，中方自然要发挥重要的、建设性的作用”。[①] 在中国这个表态之后，韩国方面的立场有了调整，青瓦台发言人千皓称：“这一问题需要经过四国的同意并进行准备，将听取中国的意见来进行推进。只要中国同意并表示愿意参与，南北将积极推进与中国一同举行会谈。”

此后，2007年10—11月间，韩国时任外长宋旻淳在不同场合又发表了一系列的讲话。其主要内容是强调南北朝鲜是战争的主要当事国，是维持和平的实际当事国，将在和平机制谈判中发挥主要作用。而中美两国被定位为间接角色和见证人的地位，在制定新的协议时将一定程度地参与，并最终以认可和赞成的形式在协定上副签。[②] 他还认为：“中美作为保证人（guarantee）的概念不是很合适。”

对于以何种路径启动朝鲜半岛和平机制的谈判，他认为，在朝核去功能化取得实质性进展后，“首先从实务级别开始进行谈

① 见2007年10月9日中国外交部发言人刘建超回答记者的提问。

② 在上海社会科学院亚太研究所和上海对外文化交流协会举办的“2008年朝鲜半岛无核化态势”研讨会上的发言，2007年11月27日。

判，但在关键时刻需要政治推动力，而到了那个阶段，就有可能提升对话水平”。但对于谈判是何种级别，他表示还没有决定。

另外，美国驻韩大使弗什博对朝鲜半岛和平机制谈判的形式也表示：“韩国、朝鲜、美国和中国等四方将参与和平机制的讨论。由韩朝两国主导讨论，美中发挥支援作用。”

从这些言论来看，韩国显然没有想让中美在未来的谈判机制发挥平等与重要的作用，而美国似乎已经接受了“2+2”谈判模式。但是，从朝鲜半岛和平涉及的复杂性、美韩和中朝关系的特殊性、朝韩关系发展起伏较大和意识形态根深蒂固的对立以及朝美未来关系仍然可能反复等因素看，“2+2”谈判模式很可能不是解决朝鲜问题的理想途径，真正有效的谈判机制仍然是“四方会谈”。美国“大西洋理事会”有关朝鲜问题的工作小组报告（2007 年 4 月）也认为，中美两国的支持是重要的，因为它们对半岛事态的发展具有重大影响，在制订一个今后需要稳定的协议时，中美的利益应该得到基本的考虑。[①]

与建立朝鲜半岛和平机制的谈判机制的复杂性相比较，东北亚多边安全机制建立的路径要明朗得多，即主要是借助“六方会谈”内的东北亚和平与安全机制工作组和经济与能源合作工作组内部的磋商工作的深化。到目前为止，东北亚和平与安全机制工作组已经举行了两次会议。但是，与无核化和朝鲜半岛和平机制谈判的重要性相比，该工作组的工作比较虚，缺乏紧迫性。各国的共识是：这是一个长期的课题，但各国首先需要对与会国参与的双边和多边组织的安保协议、文件和宪章进行比较和研究，寻找共同点。然后，才能决定如何发展这个机制。

① “A Framework for Peace and Security in Korea and Northeast Asia,” Report of the Atlantic Council of the US Working Group on North Korea, April 2007, p. 16.

目前，美国学界选择的路径似乎并不是完全局限于“六方会谈”的工作组，而是提出官学相结合的途径：即先是在“六方会谈”工作组的名义下，由学者举行双边和多边的研讨会，就军事与安全信任措施（CSBMs）等合作问题制订未来具体的步骤，这种讨论可为正式机制的形成起到催化作用；然后，由各国的外交部长或领导人在一个正式的场合，签署包含核心原则在内的成立文件，宣布“六方会谈”演变为东北亚多边安全机制。[①]

总之，如果东北亚多边安全机制的进程主要是围绕朝鲜半岛和平机制的谈判做配套性的工作，它的工作节奏会同步加快。但是，如果它的重点是更大范围的安全问题，它将与“六方会谈”脱钩，将按照有关国家的态度、目标和日程而择定不同的进程进度。

① “Envisioning a Future Multilateral Security Mechanism for North-east Asia: What's at Stake for the US?”, *Policy Memo*, The Stanley Foundation, March 4, 2008, p. 1.

东亚安全机制的建构与中国的角色

赵国军*

内容提要：东亚安全机制的构建是中国实现“和谐亚洲”的重要环节。然而，东亚地区安全形势总是在短暂的缓和和持久的冲突阴影之间徘徊，亟待建立地区安全合作机制。中国通过积极参与并推进朝核问题“六方会谈”、东盟地区安全论坛等次区域安全机制建设，成为地区安全机制建设中一股积极的推动力量。

东亚作为中国身处其中的地缘政治区域，不仅是中国创造稳定周边环境的外交主要着力点，更是验证中国领导人在新世纪提出的建构“和谐亚洲”战略能否实现的试金石。为了实现构建作为“和谐亚洲”战略重要一环的“和谐东亚”，中国积极参与了东亚区域安全机制建设的进程。中国的参与是循序渐进的务实介入，从分别参与各个次区域领域的安全对话开始，以期将来逐步

* 赵国军，上海社会科学院国际问题研究中心助理研究员，法学博士。

形成具有整合性的东亚安全安排。其中朝核问题“六方会谈”、东盟地区论坛和东亚峰会都是中国参与东亚地区安全机制建构的具体体现。

一、中国与朝核问题“六方会谈”

朝核问题始于20世纪90年代初。作为世界上唯一仍然遗留着冷战结构与遗产的地区，东北亚安全局势在很大程度上还遗留着东西方冷战对立的结构特征，它集中体现为以美国为首的双边同盟的存在、朝鲜半岛南北双方分裂局面的存在以及意识形态对立的存在。[①] 在已向韩日提供核保护伞的情况下，美国在冷战结束后仍不断强化美韩、美日同盟。朝鲜基于对来自美国的威胁的认知强化，希望以核武装一劳永逸地解决国家安全问题，这是朝鲜开发核武器的主要动机。朝核问题本质上就是这种冷战遗留的结构性安全困境的延续。美朝之间的互不信任和对抗引发核危机并使之不断升级。

1993年3月12日，朝鲜因美国和韩国进行联合军事演习和国际原子能机构要求检查其军事设施，宣布3个月后退出1985年底加入的《不扩散核武器条约》，从而引发了第一次朝核危机。十多年来，朝核危机一直处于不断的升级、缓和、再升级的循环之中。为了缓解朝核危机，中国在有关各方展开穿梭外交，参与并推动朝核问题“六方会谈”的进程。

到2008年7月，朝核问题“六方会谈”一共举行了七轮，

---

① 金熙德：“东北亚安全结构与中国的应对”，《世界经济与政治》，2007年第9期。

每一轮会谈都在迈向朝鲜半岛无核化上取得不小进展。其标志性成果之一是朝鲜已于 2008 年 6 月炸毁宁边核设施，开启了核设施去功能化的重要一步。特别是在第七轮会谈中各方已开始讨论朝核问题的验证与监督机制。尽管朝核问题仍存变数，但无可否认的是“六方会谈”机制为维护东北亚地区特别是朝鲜半岛的稳定发挥了无可替代的作用。

美国政府某些人一直认为中国在朝核问题上没有尽最大的努力向朝鲜施压。[①] 事实上，朝核问题的缘起和走势都与美朝关系密切相关。正是美国对于朝鲜的强硬态度一次次使朝核问题陷入僵局。中国在朝核问题上的影响力并没有美国一些人所预期的那样大。尽管如此，中国还是做了大量的工作，发挥了重大作用，促成了许多积极成果。

首先，发挥战略平衡，维护朝鲜半岛的和平稳定。从地缘政治看，朝鲜半岛是东北亚最不稳定的地区，推动“六方会谈”实现半岛无核化，从而恢复半岛的和平与稳定符合中国最大的国家利益。同时，朝核问题极大地冲击着国际防核扩散机制，对国际社会的安全和稳定不利，与中国倡导的建立“和谐亚洲”的主张背道而驰。因此，中国支持半岛无核化，同时把维护半岛和平与稳定作为处理半岛事务的根本出发点，坚决反对用任何军事化手段解决朝核问题。

美、日、韩三国之所以愿意参与“六方会谈”，与中俄等国的战略影响力息息相关。特别是中国，不仅与朝鲜半岛相邻，而且也是朝鲜战争的参与方，至今仍与朝鲜保持法律上的盟友关

---

① 陈雅莉：“斡旋朝核危机无果，美国渐对中国感到不耐烦”，《华盛顿观察》，2005 年 2 月 24 日。http：//www. Washingtonobserver. org/story. cfm? storyid＝875&charid＝1；Ted Galen Carpenter，“Overestimating China's Willingness to Pressure North Korea，”http：//www. cato. org/pub display. php? pub id＝3200。

系。同时，半岛的形势事关中国东北边疆的安全。因此，美国在朝核问题上不可能走入侵伊拉克的老路，中国事实上可以在朝核问题当事双方之间发挥战略平衡者的作用。[①] 中国在发挥“劝和促谈”作用过程中，一方面反对朝鲜升高紧张局势的“边缘”政策，另一方面也反对美国以朝核为借口，加剧局势紧张。

其次，在朝核危机激化关头自始至终扮演着“救火者”的角色。中国通过积极介入朝核危机的“国际管理”，多方斡旋，尤其在美朝间穿梭奔走，担当“救火者”角色，对缓和局势，阻止朝核危机朝进一步恶化甚至局部战争方向演变起了“防火墙”的作用，为在危机条件下维护朝鲜半岛及东北亚地区的和平与稳定做出了重要贡献。[②]

中国在推动危机解决方面扮演着一种协调人和危机挽救者的角色。以第二次朝核危机为例，大体经历了四次危机升级，每次危急关头，中美在各个层级都能保持顺畅沟通，为及时控制局势并促使局势向好的方向转变创造了重要条件。第一次危机升级是从 2002 年 10 月到 2003 年初，在布什政府做出停止向朝提供重油的决定后，朝鲜半岛能源开发组织（KEDO）决定中止向朝提供重油，国际原子能机构（ IAEA）通过决议要求朝放弃核计划并接受核查。美国一边拒绝与朝举行双边对话，拒绝考虑签署美朝互不侵犯协议，一边调兵遣将，加大对朝军事压力。朝鲜则针锋相对，采取重启宁边核设施并驱逐 IAEA 核查员的措施，并于 2003 年 1 月 10 日宣布退出《不扩散核武器条约》（NPT）。从朝鲜宣布退出 NPT 到 4 月 25 日中、美、朝举行三方会谈期间，

---

① 崔立如：“朝鲜半岛安全问题：中国的作用”，《现代国际关系》，2006 年第 9 期。

② 林利民：“朝核危机管理与中国的外交抉择”，《现代国际关系》，2006 年第 8 期。

中美两国首脑通话五次，外长通话三次、会晤四次，其密度在中美关系中实为罕见。第二次朝核危机升级发生在 2005 年 2 月 10 日朝鲜宣布拥核、“无限期中止六方会谈”后。从 2 月中旬到 7 月 26 日召开第四轮“六方会谈”，中美两国元首通话一次、会晤一次，中美外长通话五次。第三次危机升级发生在 2006 年 5 月底美日媒体炒作朝发射导弹信息后，从 5 月底到 7 月初朝试射导弹前后，中美元首通话两次、会晤一次，外长通话四次。第四次危机升级是从 2006 年 10 月 9 日朝鲜进行核试验到 12 月 18 日六方会谈重启。10 月 8 日和 9 日，中美外长两度通话。朝鲜核试验当晚，中美首脑通话，随后中国国务委员唐家璇和美国务卿赖斯分别展开穿梭外交。①

可以看出，中国在朝核问题上的参与力度，只有中国对上合组织的参与程度堪可比拟。自第二次朝核危机爆发以来，中国在绝大多数时间内保持了积极参与的态势，试图推动该问题的解决。据国内有关学者对中国参与力度的定量分析，中国的参与先后有十次达到高峰数值。在中国的最高程度参与之后，朝核问题态势在绝大多数时候向正面发展。而朝核问题的四次严重事态与一次极端事态都发生在中国零参与或低度参与之后。正是通过高强度、高频率的参与，中国在缓解朝核危机、推动该问题解决方面做出了突出的贡献。缺乏中国的参与或中国未对朝鲜施加影响，朝核问题很可能向负面方向转化。②

中国在参与朝核危机“国际管理”过程中的贡献得到了国际社会的普遍赞赏。“六方会谈”会议有关文件浓墨重彩地专门表

---

① 孙茹：“中美在朝核问题上的合作与分歧”，《现代国际关系》，2007 年第 10 期。

② 李开盛：“中国对朝核问题影响的定量分析”，《世界经济与政治》，2007 年第 4 期。

彰中国为解决朝核问题、推进“六方会谈”所做的巨大贡献。如《第二轮六方会谈主席声明》第七款称朝、日、韩、俄、美五国代表团“一致对中国成功举办两轮‘六方会谈’所做的努力表示感谢”;《第三轮六方会谈主席声明》第八款称各有关方对中国为第三轮“六方会谈”的成功所做的努力“表示赞赏”。[①] 美国对于中国在朝核问题上的“建设性”作用给予高度评价，美国国务卿赖斯等人称赞中国在促成“六方会谈”共同声明及起步阶段共同文件过程中发挥了“核心作用”。[②] 总之，“六方会谈”是中国成功参与并主导地区性安全合作的一次范例。

就其发展前景而言，不少学者对于将朝核“六方会谈”模式转化为未来东北亚次区域正式安全机制或者组织结构持乐观的态度。而参与会谈的许多国家则对于这一转化持较为审慎的态度，认为时机上未必成熟。相对而言，美国政府的态度较为积极，希望在朝鲜核问题得到解决后，“六方会谈”能够正式化为东北亚安全机制。[③] 但是美国的这一立场与它巩固与日韩的同盟关系是有相当冲突的，未来的东北亚安全机制建设仍然需要中国继续发挥积极的建设性作用。

---

① 林利民：“朝核危机管理与中国的外交抉择”，《现代国际关系》，2006 年第 8 期。

② 孙茹：“中美在朝核问题上的合作与分歧”，《现代国际关系》，2007 年第 10 期。

③ Eric A. Mcvadon, “Northeast Asian Security: A New Paradigm?”, *China Brief*, (Published by the Jamestown Foundation), Volume 8, Issue 16 (August 1, 2008).

二、中国与东盟地区论坛

1993年7月，东盟外长会议决定在东盟与西方对话国会议的基础上建立东盟地区论坛，作为亚太地区官方多边安全对话的主要形式。东盟地区论坛不但是亚太地区首个政府间多边安全对话与合作机制，也是“世界上所有大国都参加的一个地区性安全框架”，是第一个真正覆盖广大亚太地区的多边安全论坛。[①] 国际体系中的所有重要参与者都出现在东盟地区论坛中。它不仅包括美国、俄罗斯、日本、中国和欧盟这些一贯积极参与国际社会的重要国家或地区，也包括缅甸、朝鲜这样的长期游离于国际社会之外的国家。[②]

东盟发起成立东盟地区论坛（ARF）的目的是要构筑冷战后符合东盟利益的亚太安全新秩序及安全合作的新框架，使东盟有一个良好的安全环境，以保障东盟的生存与发展。冷战结束以后，东盟国家担心中国、印度和日本等地区大国介入以填补这一地区的“权力真空”。同时，这一地区也存在许多领土争端。复杂的地区安全形势让东盟感到有必要以“东盟方式”构建一个广泛的多边地区安全论坛。

尽管东盟地区论坛在其创立之初暗含防范和约束中国等国家的意味，但中国仍欣赏论坛自身所坚持的“包容性”规范，积极

---

① Sheldon Simon, “ASEAN Regional Forum,” in David G. Wienceck and William M. Carpenter, eds., *Asian Security Handbook: An Assessment of Political-Security Issues in the Asia-Pacific Region*, M. E. Sharpe, Inc., 1996, p. 42.

② 阿米塔、阿查亚：《建构安全共同体：东盟与地区秩序》，王正毅等译，上海世纪出版集团，2004年8月，第250页。

参与这一地区安全论坛，并为论坛的建设做出了自己的贡献。

首先，中国参与东盟地区论坛，表明它把地区局势的稳定放在首位。愿意通过地区多边合作与对话机制维护地区的和平与稳定。应当说，东盟地区论坛作为东盟方式的向外拓展，其目的首先是东盟国家整合亚太地区各种力量，共同维护地区安全稳定，从而达到维护自身安全利益；也有利用多边机制约束中国，特别是制约中国在南海问题上的行为，其动机中多少带有防范中国的意味。① 它通过让中国建设性的参与，一方面使外界及时了解中国的国家安全战略和对外政策的变化，减少因相互猜疑和误会引发冲突的可能；另一方面，论坛其它各国经过与中国的不断接触和对话，设法对中国的国防和外交政策施加影响和压力，将中国加以“社会化”改造，最终使之融入现代国际体系。② 从中国以前对地区多边主义的疑虑来看，中国原本不应太过热心于参与这一论坛，而是更加愿意通过双边协商来解决领土争端。中国最初正是由于担心在 ARF 中受到西方国家围攻，才对论坛采取比较谨慎的态度。随着论坛的深入发展，中国发现 ARF 在团结东盟和反对西方国家的冷战思维方面所具有的积极作用。中国也希望 ARF 成为亚太国家在政治安全方面扩大共识、增加信任的场所，并通过协商对话，增加与东盟之间的相互了解，消除“中国威胁论”。1997 年中国与菲律宾合作，在北京首次举办了“建立信任

---

① 例如，有人认为，东盟地区论坛的成立，就是东南亚各国政府高层智囊机构中的一些受西方思想影响的知识分子，利用某些东南亚领导对中国的恐惧和不信任而发起组织的以一种非对抗性的途径，实施对华集体压制的外交统一战线。Larry M. Wortzel，The ASEAN Regional Forum：ASEAN Security Without an American Umbrella，Strategic Studies Institute，U. S. Army War College，December 1996.

② Jose T. Almonte，“Ensuring Security the ‘ASEAN Way’，” in Survival，Vol. 139，No，4，1997－1998.

措施"工作会议，受到许多成员国的好评，提高了中国的国际声誉。[①]

其次，中国支持东盟发挥主导性的作用。在所谓的东盟地区主导权之争上，美国一直希望加速论坛的制度化，并尽可能地摆脱东盟的控制。美国认为，东盟地区论坛应当改称为"亚洲地区论坛"或"亚太地区论坛"，才能反映论坛的实际情况。要把论坛建成一个尽可能独立于东盟之外的机构。美国不希望论坛抵制或削弱美国的亚太联盟的作用。

应当说，东盟地区论坛某种程度上是"东盟方式"向外拓展的产物，[②]它关注的是东南亚及其周边的安全态势，作为发起者的东盟理应成为论坛的主导者。而且东盟本身对于外部大国持开放态度。它认识到，东盟的地区安全不可能排除地区外大国的参与。东盟认为，多边主义必须与地区的势力均衡综合起来加以考虑。它希望外部大国应当是平衡者而不是主导者。[③]在 2000 年的 ARF 会议上，由于中国、俄罗斯、印度等国的支持，东盟的主导地位再次得到肯定，与会代表多数同意东盟在 ARF 中继续发挥作用，但 ARF 的主导权之争今后仍将是影响 ARF 深入发展的一个问题。

最后，作为东盟地区论坛的重要对话伙伴，中国并非被动地

① 马燕冰："东盟地区论坛的创建、发展及前景"，《和平与发展》季刊，2000 年第 4 期。

② 阿米塔·阿查亚教授认为东盟方式对东盟地区论坛产生了重要的影响。他认为，东盟地区论坛在很大程度上是东盟方式向外的扩展。参见阿米塔·阿查亚：《建构安全共同体：东盟与地区秩序》，第 250 页。

③ 东盟大部分国家并不希望美国完全撤出亚洲，但也不排斥中国的崛起。它们更愿意看到的是各种力量在政治、经济和军事上达成一种力量平衡。参见李焰："和亚洲并肩成长：中国经济引擎的区域冲击波"，2005 年 6 月 29 日《华盛顿观察》周刊第 23 期，转引自《环球时报》2005 年 7 月 6 日，第六版。

参与到东盟地区论坛之中，它也通过自己的影响力引导着东盟地区论坛的发展。

中国希望东盟地区论坛循序渐进地发展。东盟地区论坛在1995年的第二次会议上，确定了ARF的三个分阶段目标：建立信任、预防外交和冲突解决。但是，中国并不赞成过快地赋予东盟地区论坛“预防性外交”的重任，而主张将重点放在建立信任措施、扩大对话交流与合作方面，循序渐进地推进地区合作。因为预防性外交将可能使东盟地区论坛过早成为直接介入地区冲突、必要时干预其他国家内部事务的安全组织，在目前亚太基本的信任问题尚未解决之时，要达到这个目标显然是不现实的，也有违论坛促进对话合作的初衷，也不符中国一贯主张的不干涉主权国家内部事务的原则。如果一味强行推进预防性外交的进程，无疑将使论坛面临难以承受的挑战。[①] 作为对中国关切的回应，东盟地区论坛将“冲突解决”改为“处理冲突的设想”。[②]

三、中国与东亚峰会

东亚峰会是东亚各国力图建立泛东亚安全共同体的一种努力。在“东盟10+3”机制下，峰会在东盟各国轮流主办，中日韩是东盟邀请的“客人”，体现不出东亚地区作为一个整体的存在。因此，从长远来看，“10+3”只能看作是东亚区域化进程的一种过渡形式。在适当时候，“10+3”有必要转化为更大范围的

---

① 丁奎松：“东盟地区论坛与亚太安全合作”，《现代国际关系》，1998年第7期。

② 阿米塔·阿查亚：《建构安全共同体：东盟与地区秩序》，王正毅等译，上海世纪出版集团，2004年8月版，第252页。

东亚合作。于是东亚峰会也就应运而生。2004 年 11 月 29 日在老挝万象举行东盟与中、日、韩（“10＋3”）领导人会议第八次会议，就 2005 年在马来西亚召开首届东亚峰会达成共识。2005 年 12 月，来自东盟 10 国和中、日、韩 3 国以及区域外的澳大利亚、新西兰和印度 3 国共同在吉隆坡举行首届东亚峰会(“10＋3＋3”)，会议签署了《东亚峰会吉隆坡宣言》，就加强合作、相互依存、共谋发展达成广泛共识。“东亚峰会”在名称上凸显“东亚”，显示出强烈的东亚整体认同。“10＋3”峰会升格为东亚峰会，就是东亚区域合作进一步深化和成熟的标志。它弥补现有“10＋3”机制的缺陷，更好地发挥中、日、韩的作用，平等推进东亚一体化进程。[①] 东亚峰会成为进一步推动东亚共同体建设的重要平台。至此，东亚已经初步形成以东盟为核心、逐次向外延伸的次区域合作体系。

中国一如继往地支持东亚地区的合作，视东亚峰会的举行为促进东亚地区全面合作的契机。中国在东亚峰会中的政治主张和积极作为包括如下几个方面。

1. 中国积极支持东亚峰会召开，促进东亚一体化进程。温家宝总理在首次东亚峰会上指出，峰会的召开是东亚合作进程中的一件大事，是经济全球化与区域合作加快发展的客观要求，为与会各国共商发展大计提供了一个新的平台，必将推动东亚合作向更大范围、更广领域和更高水平迈进。中国政府认为东亚峰会与业已形成的“10＋3”机制并不矛盾，如果继续本着协商一致、循序渐进的精神，这两个机制都可以向前推进。中国重视东亚峰会，尽管认为它只是一个新的进程，但参加者范围更大，各国领导人也可以就更广泛问题交换意见。

---

① 杨伯江等：“东亚峰会与区域整合的深化”，《现代国际关系》，2005 年第 3 期。

2. 中国支持东盟在峰会上发挥主导作用，同时主张开放的地区主义关于东亚峰会的参与国问题，各方在峰会召开前就掀起了争论。马来西亚等国力主排斥美国等区外国家的参与，希望峰会成为名副其实的东亚国家自己的会议。但一些国家为了平衡中国的影响，要求印度、澳大利亚和新西兰也参加进来。美国反对东亚峰会成为架空 APEC 的地区论坛，尽管自己没有受到邀请，也没主动申请，但希望依靠日本和澳新等国在内部充当自己的代言人。中国政府坦言中国绝不会在东亚地区谋求支配性地位，继续支持东盟在东亚合作进程中发挥主导，同时坚持开放的地区主义原则，支持东亚合作保持透明和开放，反对搞封闭的、排他的和针对任何特定一方的东亚合作，主张在开放中推动各国共同进步、促进共同发展。

3. 中国主张构建东亚共同体的基础，应当是共同利益的维护和促进东亚地区的合作，而不是所谓的“民主价值观”。地区共同体的建设基础是地区认同。当前东亚的地区认同并没有一个价值标准，其最大公约数是各方都认可维持地区的安定与繁荣。李光耀等人曾经宣扬“亚洲价值观”，但其影响力已今不如昔。美国以及在一定程度上可以看成是其在东亚代理人的日本，一直处心积虑地想要把所谓的西方式民主价值观作为东亚峰会的基调，借“民主”和“人权”打压中国，同时转移其他国家对日本历史上侵略问题上的关注。由于忽视了东亚各国的具体国情和历史文化传统，并未得到多数东亚国家的支持。

4. 应当采取务实的态度推进东亚共同体建设。即使东亚峰会宣言也只是指出 16 个东亚峰会参与国“在这个正在建立的共同体中扮演战略角色”，而回避使用“东亚共同体”字眼。中国政府在“东亚共同体”目标上同样持谨慎、务实、渐进的态度，认为东亚合作的进程只能是一个循序渐进的过程。亚洲利益共同体更多地是一种远景而不是现实。建立一个所谓的东亚共同体，势必是一个漫长而曲折的历史过程。但是只要有关各方共同努力，相信这一远景目标是有可能实现的。

四、几点结论

1. 东亚尚需建立一个整合性的地区安全机制。东亚地区安全机制的建构，不可能脱离东亚地区的具体区情，如各国历史传统的差异、价值观的多元以及经济发展水平的落差等等。因此照搬欧盟模式并不现实。但是欧盟先由经济合作后再“外溢”至政治领域的途径对于东亚未必没有借鉴意义。未来的东亚安全机制必定是建立在东亚地区经济一体化到相当程度的时候才具有一定的现实性，而且必须考虑到民族国家仍是东亚地区最主要的行为者的现实。因此，现在的朝核问题会谈机制的继续发展，不能仅仅停留在安全上，解决安全困境的根本最终还是要加大地区的经济合作力度。

2. 东亚安全机制的建构离不开中国的合作和积极参与。事实证明，中国在东亚地区各种次区域安全合作中发挥了巨大的作用，无论是朝核问题“六方会谈”，还是东盟地区论坛，中国的影响力在与日俱增。离开了中国，东亚地区安全机制的进程肯定会陷于停滞。

3. 务实、开放与包容是中国参与东亚地区安全机制构建的主要特点。中国主张以务实的态度推进东亚地区安全机制的建设。例如，中国积极参与东盟地区论坛，但不愿意看到它在时机还未成熟时即仓促发展到预防冲突阶段，因为这将涉及到各国维护主权的敏感问题。中国的务实性还体现在针对不同的次区域而侧重于不同的参与手段。例如，在东北亚，主要以大国合作协调的方式应对朝核问题。在东南亚，强调以东盟为主导，尽量降低传统权力政治中的霸权力量如美、日等国的影响。而在事关东亚地区稳定的台海问题上，更多地依赖于中美两国的双边互动。中国也以开放和包容的心态看待与本地区利益攸关的区外大国对区内安全合作的参与。中国并不一味排斥美国在本地区发挥影响力，而是希望其在地区安全合作中发挥建设性作用。

4. 中国对于地区安全合作的主导权采取超然态度。东亚地区是对中国国家安全影响最大的地区之一。中国对于本地区安全机制的建设非常积极。但是与一些国家热衷于争夺本地区各种安全合作机制与组织不同，中国采取了相对超然的立场。中国认为，东亚地区安全机制的建设中，东盟模式可资借鉴。中国所主张的新安全观与东盟所宣传的合作安全有很多相似之处。中国支持东盟在地区安全机制进程中发挥主导作用，不仅有利于平息大国围绕主导权产生的无谓争端，而且有利于这一机制沿着“东盟方式”所确立的平等、开放、包容的民主化方向演化。

先发制人、预防性战争与21世纪中国的安全战略[①]

孙德刚*

内容提要： 目前学界一般认为，先发制人与中国的和合文化传统、外交理念与核心价值体系背道而驰。本文通过对先发制人和预防性战争的内涵与特征的比较研究后发现，预防性战争是非正义的，应为中国安全战略所拒绝；先发制人在应对非传统威胁层面是正义的，与中国传统战略文化和当今外交理念相兼容。尽管在实践中，某些国外政治家试图混淆先发制人与预防性战争的本质区别，但是二者属于不同类型的安全战略这一点不容置疑。21世纪前20年，在积极应对恐怖主义、分裂主义和极端主义等非传统安全问题上，先发制人应是中国积极防御安全战略的重要补充。

① 本文属上海外国语大学校级一般项目“中东国家先发制人战略研究”的前期成果；本文受“2006年上海高校选拔优秀青年教师科研专项基金项目”和上海市重点学科B702资助。

* 孙德刚，上海外国语大学中东研究所助理研究员，博士。

中国是世界上最大的发展中国家，背靠广袤的欧亚大陆，面对广阔的太平洋。中国既具有发展海权与陆权的优越地理条件，又面临遭受陆权国与海权国两面夹击、全面围堵的风险。自伊拉克战争结束以来，澳大利亚、英国、俄罗斯、法国、日本、印度和巴基斯坦分别提出了自己的先发制人战略；美国、土耳其和以色列则在实践中展示了本国版的“先发制人战略”，如2003年美国发动的伊拉克战争、2007年以色列对叙利亚可疑核设施的打击和2008年土耳其对库尔德工人党的越境袭击。就中国而言，在独立自主的基础上奉行积极的防御政策应是未来20年中国安全战略的重要原则。但是，中国实现安全的手段是什么？中国的安全战略是否需要先发制人或预防性打击？本文试图对先发制人和预防性战争这两个概念作深入比较研究，分析二者对未来20年中国安全战略的意义。①

一、广义与狭义上的先发制人概念

先发制人属于自卫，但自卫不一定属于先发制人。只有在敌人实施侵略前采取反击措施，从而阻止敌人的侵略行动才属于先发制人。从采取军事行动的时间来看，在敌人发动进攻前抢先采取军事行动属于先发制人自卫，在敌人采取军事行动后再采取行动一般称为后发制人自卫，或曰报复性自卫。在实践中，战争发

① 国内对此议题的研究尚处于起步阶段，目前作者尚未见到一本系统论述先发制人或预防性战争的理论著作。研究先发制人的论文可参见刘阿明、王联合：《先发制人与预防性战争辨析——以布什政府国家安全战略为例》，《学术探索》，2004年第11期。

起者往往有意混淆前两种自卫与预防性战争之间的区别，例如，布什政府将伊拉克战争称为先发制人自卫，实际上混淆了先发制人与预防性战争的本质差异。如果先发制人的实施者能够显示其受到了迫在眉睫的威胁，且被迫作出了相应反应，这种行为就在国际法允许的范围之内。从这种意义上说，先发制人的发动源于对威胁的恐惧，而预防性战争的发动源于对物质财富和精神财富的掠夺和占有。[①]

按照学者们的不同解读，先发制人的概念有广义与狭义之分。广义上的先发制人系指决策者从维护国家利益出发，为阻止迫在眉睫的威胁的出现，减少采取军事行动的成本，抢先采取某些预防性措施。[②] 广义上的先发制人既包括有限和无限使用武力，也包括采取其他非军事预防手段；既包括预防性战争，也包括打着先发制人旗号发动的侵略战争。例如，德国发动的一战可理解为其对俄罗斯威胁的担心；德国发动的二战也可解读为德国防止英国和苏联对德国两面夹击；而日本发动太平洋战争则是为了消除美国等对其采取的制裁措施；1999 年美国领导下的北约发动的科索沃战争也可以理解为对南斯拉夫政府的先发制人打击。[③] 按照上述界定，先发制人的外延相对宽泛。

---

① Russell D. Howard and Reid L. Sawyer, *Terrorism and Counterterrorism*, Guilford, Connecticut: McGraw-Hill, 2004, p. 352.

② Robert J. Pauly, Jr., and Tom Lansford, *Strategic Preemption: US Foreign Policy and the Second Iraq War*, Burlington: Ashgate, 2005, pp. 41—42.

③ 有些学者在研究预防性战争时，实际上将它与先发制人放在一起笼统地加以讨论，参见 Lyle J. Goldstein, *Preventive Attack and Weapons of Mass Destruction: A Comparative Historical Analysis*, Stanford, California: Stanford University Press, 2006。该书提出了预防性战争的一些基本假设，并选取了冷战初期美国对苏联、20 世纪 60 年代美国对中国、20 世纪 60 年代末苏联对中国、60 年代中国对印度、80 年代以色列对伊拉克 5 个实例加以考察。

学术界还存在一种狭义上的先发制人概念。理查德·贝茨（Richard Betts）在《突然袭击》一书中对先发制人的界定是："当敌对双方都发现战争即将来临时，其中一方为赢得有利的军事地位首先开火，亦即在事先未发出警告的情况下抢先对敌人主动发起进攻。"[①] 在此情况下，敌对双方都有可能实施先发制人打击，且首先采取军事打击的一方往往能够获得主导优势。因此做好充分军事和心理准备的一方一般会抢先实施先发制人。丹麦国际问题研究所 2005 年的研究报告将先发制人界定为："有确凿证据显示：敌人的袭击是迫在眉睫的，在此基础上，受威胁者被迫采取军事行动以应对危机。"此界定方式与上面的界定不同，因为它强调先发制人的实施主要不是出于利益最大化的考虑，而是出于威胁最小化、损失最小化的考虑。而 2002 年美国《国家安全战略》报告则强调，新威胁需要制定新政策，因而对先发制人作了新的界定，即"在威胁尚未完全成型之前，对其采取军事打击。"[②] 按照此界定方法，先发制人不是为了消除迫在眉睫的威胁，而是为了预防迫在眉睫的威胁的出现。

本文为研究需要，采用狭义上的先发制人概念。先发制人得以实施的前提条件可分为不同类型。例如，从实施主体来看，先发制人可分为主权国家和非国家行为体实施的先发制人；从形式来看，先发制人可分为公开宣布的先发制人（如 2003 年美国发动的伊拉克战争）、不宣而战的先发制人（如 1967 年以色列对埃及的战争）以及秘密实施的先发制人（如 2002 年 11 月 4 日美国中央情报局在也门下令用导弹袭击了乘载 6 名"基地"成员的越

---

① Lawrence O. Dahl, *Just War and Preemption Strategic Legitimacies*, Carlisle Barracks, Pennsylvania: U. S. Army War College, 2005, p. 1.

② Danish Institute for International Studies, *New Threats and the Use of Force*, Copenhagen, Denmark: Danish Institute for International Studies, 2005, p. 29.

野车)。[①]

二、广义与狭义上的预防性战争概念

要深入考察先发制人的内涵，必须选择参照物和比较对象，即预防性战争。英文中的预防（Prevention）一词来自于拉丁文中的动词“Praevenire”（剥夺），意思是“剥夺行动或成功的能力或希望（to deprive of power or hope of acting or succeeding)；英文中的先发制人（Preemption）一词来自于拉丁文中的动词“Praemere”（抢先购买），后延伸为“阻止某事发生或存在”（to keep from happening or existing)。[②] 在漫长的历史中，预防性战争与先发制人的概念经历了演变，其内涵与外延也逐步发生变化。当代军事战略学中的预防和先发制人与过去已经有很大不同。

同先发制人一样，预防性战争有广义和狭义之分。广义上的预防性战争包括三类：一是决策者根据现实的威胁判断，认为战争不可避免，在形势仍然对己方有利的情况下采取军事行动；二是决策者认为尽管眼前己方并未面临迫在眉睫的威胁，但是未来的形势发展将导致难以承受的严重后果，因此不得不采取军事行动；三是采取军事行动以预防人道主义危机，包括防止出现种族

---

① 关于这一点也可参见 Daniel L. Zajac, *The Best Defense Is a Good Offense: Preemption, Ramifications for the Department of Defense*, Carlisle Barracks, Pennsylvania: U. S. Army War College, 2003, p. 21.

② Alexander T. J. Lennon and Camille Eiss, eds., *Reshaping Rogue States: Preemption, Regime Change, and U. S. Policy toward Iran, Iraq, and North Korea*, Cambridge, Massachusetts, and London, England: The MIT Press, 2004, p. 6.

清洗。[①] 按照广义上的概念，所有的军事干预行动都属于预防性战争。

狭义上的预防性战争是指决策者在认定抢先采取军事行动有利于维持对已方有利的权力平衡条件下对潜在敌人采取的军事行动，在此条件下，潜在敌人尚未变成现实敌人，潜在威胁也未变成迫在眉睫的威胁。正如利维（J. S. Levy）在《衰弱国家与预防性战争的意图》一文中所指出的："预防性战争就是现在发动战争，以避免将来随着形势恶化，战争的风险增加。因为此目的是避免战争在将来发生，所以称之为预防性战争。"[②] 预防性战争的实施者主要希望预先发动一场战争使敌人丧失发动进攻的能力和决心。例如，近代英国对路易十四时期的法国政府发动了预防性战争，原因是法国和西班牙都属于波旁王朝，且都是英国的敌人，它们之间形成的战略合作被英国视为难以消除的隐患。[③] 因此，预防性战争是典型的进攻行为，其实质是侵略，为国际法所反对。

三、先发制人与预防性战争的相似之处

先发制人同预防性战争最为接近，二者都是通过强制手段塑造对自己有利的权力关系。关于上述两个术语的关系，学术界目

① Johathan Renshon, *Why Leaders Choose War: The Psychology of Prevention*, Westport, Connecticut: Praeger Security International, 2006, p. 6.

② J. S. Levy, "Declining Power and the Preventive Motivation for War," *World Politics*, Vol. 40, No. 1, 1987, p. 82.

③ Patrick Kayden, Tom Lansford and Robert P. Watson, *America's War on Terror*, Burlington: Ashgate, 2003, p. 117.

前存在三种看法。第一种观点是：先发制人属于预防性战争的一个分支，亦即先发制人属于预防性战争，但预防性战争不一定属于先发制人。当一国在安全受到威胁的情况下采取反制措施就是先发制人，同样也是一种预防战略。但并非所有的预防性战争都是在即将受到攻击时作出的，因而并非所有的预防性战争都属于先发制人。第二种观点是：先发制人等同于预防。这是某些国家政界所持有的观点，如 2002 年美国《国家安全战略》报告交替使用了这两个术语，认为先发制人就是预防性战争，预防性战争就是先发制人。第三种观点认为：先发制人与预防性战争是两种不同概念，二者虽联系密切，但互不隶属。这是目前学界普遍持有的观点，也是学者对先发制人作理论解析的开始。

毋庸置疑，预防性战争与先发制人存在某些共同之处：1. 两种战略都属于抢先进攻，即抢在敌人进攻前实施军事打击，且都属于控制战略——战略实施者并不寄希望于敌人采取善意立场，也不寄希望于敌人采取谨慎态度，而是认为敌人的意图是难以通过威慑或胁迫战略而发生改变的，这种对敌人的猜疑与恐惧成为其实施军事打击的重要原因。2. 先发制人和预防性战争都不是为了取得均势（Balance of Power），而是为了取得战略优势（Strategic Predominance）。当决策者认定战争将是不可避免的，他们就倾向于实施突袭战略，通过发动突袭占领敌人的领土，迫使敌人退出战略要地，或者为采取进一步的攻势赢得时间。[①] 3. 先发制人与预防性战争主要是为了消除决策者内心的恐惧，而不仅仅是侵略本身。通过发动战争而非外交谈判，决策者

① Alexander T. J. Lennon and Camille Eiss, eds., *Reshaping Rogue States: Preemption, Regime Change, and U. S. Policy toward Iran, Iraq, and North Korea*, Cambridge, Massachusetts, and London, England: The MIT Press, 2004, p. 39.

认为可以更好地消除威胁，至少可以改善其易受攻击的处境。4. 预防性战争和先发制人的发动者心里均怀有某种期望，亦即将敌人作为攻击目标而予以打击，均认定武力是维护自身安全的重要手段，也是实现政治目标的重要手段。5. 预防性战争和先发制人均是为了改变现状而不是维持现状。对先发制人的实施者来说，维持现状意味着他们将很快成为侵略战争的受害者，而对预防性战争的实施者来说，维持现状则意味着他们在将来更脆弱、更容易被击败。[①] 对于二者来说，进攻比防守更有利，因为积极的进攻是最好的防御，被动的防御会使国家趋于保守，作茧自缚。

以上 5 点表明了二者在实施层面具有相似之处，这就是为什么许多政治家乃至学者将预防性战争等同于先发制人的缘故。然而，先发制人与预防性战争存在许多本质区别，现分析如下。

四、先发制人与预防性战争的区别

先发制人同预防性战争的差别不是程度上的，而是类别上的，因为二者属于不同性质的安全战略。它们的本质区别主要体现在以下几点：

1. 先发制人与预防性战争处于不同时期。如果将冲突划分为 6 个不同阶段——（1）和平阶段、（2）潜在危机阶段、（3）爆发

① 关于二者的最后三点相同之处可参见 Samuel S. Kim and Tai Hwan Lee, *North Korea and Northeast Asia*, Boulder: Rowman & Littlefield Publishers, 2006, p. 221.

严重危机阶段、(4) 冲突发生阶段、(5) 冲突结束阶段、(6) 和平恢复阶段，便可以发现预防性战争指向未来，它爆发于第二阶段，决策者事实上拥有众多战略选择，包括军事、政治、法律和外交等手段，甚至就军事手段而言，决策者仍然拥有遏制、胁迫等非战争手段；而先发制人指向于眼前威胁，它爆发于第三阶段，其面临的威胁是巨大的、突然的，使受威胁方别无选择，战争成为消除威胁、保护国家安全利益的最后诉诸手段。从这一点来看，先发制人具有策略性，因为它仅仅出于应对迫在眉睫的威胁的需要，如敌人的军事部署与军队调动，不采取行动就会受到敌人的进攻，且丧失还击能力。对于预防性战争的发起者来说，即使它现在不采取军事行动，今后仍然有时间通过发展国内经济、促进政治和军事变革、加强联盟以及改善同敌国的关系等手段消除潜在威胁。除采取军事手段外，战争实施者还可以通过改变权力关系来避免战争，可以采取观望政策，也可以在条件成熟时再发动战争。[①] 从这一点来看，预防性战争的发动者掌握了战争的主动权，而先发制人的发动者无法掌握战争的主动权。

先发制人与预防性战争爆发的不同阶段：

和平时期（第　阶段）→ 潜在危机（第二阶段）（预防性战争）→ 爆发严重危机（第三阶段）（先发制人）→ 冲突发生（第四阶段）→ 冲突结束（第五阶段）→ 和平恢复（第六阶段）

2. 预防性战争的发动者是加害方，先发制人的发动者是受害方。预防性战争是非法的和非正义的侵略战争，为国际法和国际伦理所禁止；先发制人是合法的和正义的自卫战争，为国际法

---

① J. S. Levy, "Declining Power and the Preventive Motivation for War," *World Politics*, Vol. 40, No. 1, 1987, p. 91.

和国际伦理所接受。预防性战争会导致国际社会重新回到弱肉强食的“自然状态”，导致各国之间彼此猜疑，不确定因素增加，还可能导致不同民族国家相互怨恨。预防性战争可能会在心理上给予决策者某种慰藉，但实际上通过武力往往并不能真正解决安全问题。[①] 先发制人在发动前一般会征得国际社会的同意，从而确保战争执行者能够占领道义制高点。

3. 预防性战争的发动出于追求利益最大化，先发制人的发动出于追求威胁最小化。预防性战争爆发的内在逻辑是收益—成本之间的核算，亦即预防性战争的实施者是机会主义分子，他们会选择他们认为的最节约成本的战争形式、规模、时间、地点和对象；先发制人的实施者是被动的应对者，他们不得不在战争与死亡面前选择其一。预防性战争的发动者能够选择战争爆发的时间，因而通常会选择发动战争的最佳时间；先发制人的发动者只能被动接受战争爆发的时间，难以选择战争爆发的最佳时间。从这一点判断，预防性战争的发动者一般是大国或强国，因为只有大国或强国才具有发动战争的资本。先发制人的发动者既可能是大国或强国，又可能是小国或弱国，因为中小国家在重大安全利益受到威胁时或者在核心价值观受到挑战时也会被迫采取先发制人打击。

预防性战争的发动主要是为了打击潜在敌人，因为战争发动者深信：潜在敌人迟早会威胁到自己的安全利益；先发制人的发动主要是为了消除眼前的威胁，因为敌人构成的巨大威胁已经存在。由于预防性战争是在缺乏迫在眉睫的威胁的情况下采取的军

---

① Elizabeth A. Castelli and Janet R. Jakobsen, eds., *Interventions: Activists and Academics Respond to Violence*, New York: Palgrave Macmillan, 2004, p. 97; Joseph S. Nye, *Understanding International Conflicts: An Introduction to Theory and History*, New York: Longman, 2003, p. 157.

事行动，它对敌人威胁的判断通常是“想象的”。美国学者理查德·哈斯在《新干涉主义》一书中指出：“预防性使用武力，就是要阻止另外一个具有威胁性的国家或者集团开发军事能力，或者在拥有这种能力之后对其进行阻挠或破坏。”[①] 这也正如阿拉斯泰尔·芬兰（Alastair Finlan）在《国际安全》一文中所指出的：“当我们采取先发制人行动时，敌人的拳头已经紧握；当我们采取预防性行动时，敌人的拳头还未举起来，但已经鼓足勇气并决定在未来某个时间对你采取行动；前者是在危机爆发的紧急关头，决策者被逼无奈作出的；后者是决策者为避免危机爆发而对威胁源采取的预防性行动。”[②]

4. 尽管从外在表现来看，先发制人与预防性战争都是进攻性行为，但从发动战争的动机来看，预防性战争的发动者处于进攻态势，是在常规情况下主动使用武力；先发制人的发动者处于防守态势，是在特殊情况下被迫使用武力。现以中东预防性战争为例加以说明。1956 年以色列以打击位于西奈半岛上的阿拉伯恐怖分子为由，向埃及发动了苏伊士运河战争，这属于预防性战争，因为以色列担心未来埃及的军事力量将超过以色列，挑战以色列的军事强国地位。1967 年埃及总统纳赛尔和叙利亚总统阿萨德声称要消灭以色列，当年 6 月 5 日以色列被迫对埃及、叙利亚和约旦实施先发制人打击，这次六日战争属于先发制人，因为这是以色列出于防御目的的无奈之举。预防性战争至少有两个目

① ［美］理查德·N·哈斯：《新干涉主义》，殷雄、徐静译，北京：新华出版社，2000 年版，第 51 页。系统探讨先发制人和预防性战争之间区别的还可参见 John T. Rourke, *Taking Sides: Clashing Views in World Politics*, 12th ed., Dubuque: MaGraw-Hill, 2007, pp. 219—220。

② Mary Buckley and Robert Singh, eds., *The Bush Doctrine and the War on Terrorism*, London and New York: Routledge, 2006, pp. 157—158.

的：第一个目的是解除敌人的武装，使其在军事上处于明显的弱势，不再具有威胁他国的实力；第二个目的是改变敌人的“政治性格”，在对敌人实施打击后，即便敌人今后重新武装也不再愿意对别国构成威胁，不再具有威胁他国的主观意图。先发制人的发动是应对式的：它不得不消除敌人眼前构成的强大的威胁，因为敌人有伤害他国的意图。① 至于未来敌人是否有能力或侵略意图，先发制人的发动者并不关心。

先发制人与预防性战争的差异比较

比较对象 异同点	预防性战争	先发制人
战争发起者的身份	加害者	受害者
爆发时机	潜在威胁时期	严重威胁时期
战争目的	防止敌人在未来构成威胁	消除迫在眉睫的威胁
战略目标	争取收益最大化	争取威胁最小化
战争手段	主动发起战争	被迫诉诸武力
合法性	违反国际法	符合国际法
战略选择	最节约成本的选择	最后的选择
攻防态势	进攻型	防守型

① Lawrence Freedman, "Prevention, Not Preemption," *The Washington Quarterly*, Vol. 26, No. 2, 2003, pp. 105—106. 另可参见 Alexander T. J. Lennon and Camille Eiss, eds., *Reshaping Rogue States: Preemption, Regime Change, and U. S. Policy toward Iran, Iraq, and North Korea*, Cambridge, Massachusetts, and London, England: The MIT Press, 2004, p. 38. Lawrence Freedman, "Prevention, Not Preemption," *The Washington Quarterly*, Vol. 26, No. 2, 2003, pp. 105—106.

五、先发制人与预防性战争的实践

尽管从理论上讲，先发制人与预防性战争存在类别上的差异，但由于对上述类型的判断具有主观性，偏见在所难免，在实际操作中很难严格判定先发制人和预防性战争。正如克里斯托弗·希钦斯（Christopher Hitchens）在《漫长且短暂的战争》一书中指出的：很难找出先发制人与预防性战争之间的区别，只有事后人们才清楚（而且并非是绝对的）……所有潜在的战斗者总是按照自己的方式为采取的暴力措施和使用的武力寻找借口。①

由此可见，学者们尽力找出预防性战争和先发制人在学理层面的差别，政治家则根据自己的利益偏好牵强附会地模糊二者的差别。例如，1981 年，以色列以萨达姆政府研制核武器危害到了以色列国家安全为由，深入阿拉伯国家内部 1000 多公里，对伊拉克巴格达附近的奥西拉克核设施（法国和意大利政府曾帮助修建）发动了先发制人打击。随后，以色列政府指出，此次军事行动纯粹是出于自卫目的的先发制人打击，其理由是：1. 伊拉克政府参与了针对以色列的 1948 年、1967 年和 1973 年三次阿以战争；2. 伊拉克始终拒绝承认以色列拥有生存权；3. 伊拉克研制核武器旨在毁灭以色列，会对以色列构成毁灭性打击。出于以上三点原因，以色列认为自己采取的“先发制人”打击完全出于自卫需要，符合国际法和《联合国宪章》

---

① Robin Andersen, *A Century of Media*, *A Century of War*, New York: Peter Lang, 2006, p. 45.

的宗旨和原则。[①] 但由于伊拉克的核设施并未对以色列构成迫在眉睫的威胁，以色列动武并非唯一和最后选择，以色列很难提供证据证明：其采取的军事行动具有必要性。相反，种种迹象表明，以色列此次采取的军事打击是为了防止未来以色列同伊拉克之间爆发冲突，因而是典型的预防性战争。安理会随即通过第487号决议，强烈谴责以色列对伊拉克的军事进攻，因为其行动违反了《联合国宪章》和国际关系行为准则，[②] 是非法的，它本质上是预防性战争而非先发制人。在实践中，许多声称是“先发制人”实质上属于预防性战争，真正意义上的先发制人案例很少。

为什么决策者常常打着先发制人的旗号，实际上实施的是预防性战争？是政治家们没有意识到二者之间的本质区别，还是因为他们出于某种目的有意混淆二者间的区别？从实证研究中不难看出，国打着先发制人战略的旗号，主要是为了增加军事行动的合法性，因为从理论上讲，先发制人是在迫在眉睫的威胁面前，国家为维护自己的“生死存亡利益”实施的先发制人打击。国家领导人在威胁尚未变得迫在眉睫时采取预防性战争，主要是因为在此阶段实施打击更加有效，成本也更低。等到敌人实力壮大、即将构成迫在眉睫的威胁时再采取打击将非常困难、成本更高、更具有不确定性。而且，只要敌人尚未实施侵略，即便在迫在眉睫的威胁出现时采取打击也往往会受到国际舆论的谴责，因

① Roger Coate, “The UN and the Legal Status of Preemptive and Preventive War,” in Betty Glad and Chris J. Dolan, eds., *Striking First: The Preventive War Doctrine and the Reshaping of U.S. Foreign Policy*, New York: Palgrave, 2004, pp. 168—169. 另可参见 Shai Feldman, “The Bombing of Osiraq-Revisited,” *International Security*, Vol. 7, No. 2, 1982, pp. 114—142.

② Alex Conte, *Security in the 21st Century*, Burlington, VT: Ashgate, 2005, pp. 104—105.

为敌人的侵略意图是永远无法证明的，采取军事行动的必要性亦是永远无法得到证明的。与其终究受到谴责，不如抢先发动军事打击。[①] “9·11”事件后，美国2002年《国家安全战略》报告甚至宣布未来将根据敌人的能力（Capability）和目标（Objectives）作为是否采取先发制人打击的判定标准，用所谓的“充分威胁”（Sufficient Threat）代替迫在眉睫威胁（Imminent Threat），视其为该战略付诸实施的“临界点”。

不管政治家如何狡辩，国际舆论和联合国始终是先发制人与预防性战争的仲裁者，它们会作出最终评价。正如丹·赖特（Dan Reiter）在《国际安全》期刊上撰文指出的：从严格意义上说，1816年至1980年，世界上只爆发过3次先发制人，而预防性战争则多达64次。这3次先发制人都是在迫在眉睫的威胁下发动的，它们是第一次世界大战、1950年中国出兵朝鲜而发动的朝鲜战争和1967年以色列发动的六日战争。[②] “9·11”事件以来，除美国外，提出先发制人战略的还有其他国家，如法国、俄罗斯、日本、印度、巴基斯坦、澳大利亚等许多国家政治领导人均认为本国有权在必要时先发制人，目的是为了减少战争的成本。

---

① Steven Rosefielde and D. Quinn Mills, *Masters of Illusion: American Leadership in the Media Age*, New York: Cambridge University Press, 2007, p. 321.

② Reiter, Dan, “Exploding the Power Keg Myth: Preemptive Wars Almost Never Happen,” *International Security*, Vol. 20, No. 2, 1995, p. 6. 还有学者选取了1816年以来国家间爆发的30次战争作为分析对象，结果也发现只有3个先发制人的案例。参见 William W. Keller and Gordon R. Mitchell, eds., *Hitting First: Preventive Force in U. S. Security Strategy*, Pittsburgh, Pa.: University of Pittsburgh Press, 2006, pp. 28—29.

六、先发制人与21世纪中国的安全战略选择

受中国国情、国家身份和中国战略文化的影响，中国未来将执行独立自主的和平外交政策，倡导积极防御，反对预防性战争。但是，不可否认的是，先发制人在中国应对非传统安全方面具有重要意义。

中国的先发制人战略深深植根于源远流长的中国军事思想与政治文化。中国古代先人对先发制人战略的研究也较为深入，《左传》、《汉书》和《孙子兵法》均提出了先发制人（或曰先声夺人、先下手为强）的理念。在中国传统军事战略语境下，先发制人的“发”指的是发动；“制”是控制，原指在战争中的双方，先采取行动的往往处于主动地位，可以制服对方，而当代先发制人泛指先下手采取主动措施。学界一般认为，中国古代对先发制人作深入探讨的典籍主要是东汉班固《汉书·项籍传》：“先发制人，后发制于人”，此典籍介绍了公元前209年，项梁和侄子项羽为躲避仇人的报复跑到吴中，以先发制人的手段杀死会稽郡郡守殷通的事件。[①]

就先发制人的概念而言，目前国内学界和政界存在一定的认识误区，尤其是伊拉克战争以来，中国学者和政府官员一般认为先发制人是个“贬义词”，它只不过是侵略的代名词，同预防性战争是一对“孪生姐妹”，与中国构建和谐世界、实现国际关系民主化、坚持和平共处五项原则和《联合国宪章》等背道而驰。

---

① 可参见 http：//baike. baidu. com/view/45937. htm。

实际上，先发制人战略的实施一方面出于打击敌人的需要，另一方面出于避免冲突的需要。先发制人既表现为军事手段，亦表现为非军事手段。后者主要是指为避免危机的爆发或恶化而采取的预防性手段，如经济制裁、军事封锁、政治对话、外交谈判、制定立法等，使矛盾在萌芽阶段就可能得到消除。这对中国政府在危机爆发前有效化解民族矛盾、消除分裂势力的影响、搁置与他国的争议，通过应急机制应对各种不确定性因素等方面具有重要借鉴意义和政策参考价值。

俄紧急情况部运作机制对我国危机管理的启示

张健荣*

内容提要：在非传统安全威胁日益凸显的今天，建立和拥有出色的应对突发事件及危机管理协调能力是衡量一个政府执政能力的重要标志。在汶川抗震救灾中，俄罗斯国际救援队的出色表现给我们留下了深刻印象。通过对俄罗斯紧急情况部的运作机制分析，我们从中受到了很大启发。俄紧急情况部的建制与运作模式对提高我危机管理水平有很大的借鉴意义。为了进一步完善我国危机管理体系，必须采取一系列管理措施，加强我危机管理制度建设，为此，作者建议，尽快制定我危机管理体系中的《紧急状态法》，建立高层次的危机管理的领导、指挥和协调机构，组建消防、搜救、民防力量合一的专业队伍，提高和完善信息发布系统，加强安全文化建设与发展，积极推

* 张健荣，上海社会科学院欧亚所助理研究员。

进国际防灾救灾互助协作。

在非传统安全威胁日益凸显的今天，建立和拥有出色的应对突发事件及危机管理协调能力是衡量一个政府执政能力的重要标志。在面对“5·12”汶川大地震时，中国政府领导全国人民众志成城，英勇抗震救灾，彰显了中国共产党以人为本、执政为民的政府形象，赢得了国际社会的普遍称赞。各国纷纷向中国政府伸出人道援助之手，其中俄罗斯政府救灾部门在中国地震发生后的第二天就向中国紧急运送救援物资，随后又火速派出救援队赶赴中国地震灾区进行抢救，并向中国灾区派遣了空中流动医院，为治疗灾区伤员提供了很大帮助，[①] 中方对俄政府所提供的人道主义帮助给予了高度赞扬。俄罗斯紧急情况部快速而有效的国际救援行动不仅体现了中俄人民之间深厚的传统友谊，而且也向世界展示了俄救灾运作机制的快捷与高效，成为我们研究世界各国尤其是俄罗斯危机管理机制的一个很好的切入点。

一、俄救灾运作机制及其特点

俄紧急情况部（全称“俄罗斯联邦民防、紧急情况和消除自然灾害后果部”）成立于1994年1月，其前身为俄紧急情况国家委员会，被列为俄联邦五大执行权力机构之一，由俄总统直接管

① 据报道，俄罗斯紧急情况部流动医院的俄罗斯医生从5月20日起的两周内救治了将近1500人，进行了102例手术，有272人接受了住院治疗。http://news.sina.com.cn/w/2008-06-10/001513991476s.shtml。

辖，享有法律章程所规定的权限与职能，[①] 总部设在莫斯科。作为俄罗斯处理紧急情况以及突发事件的组织核心，俄紧急情况部是“全权负责在民防、预防和消除紧急状态领域实行统一的国家政策和进行国家管理的执行权力机关”，[②] 其主要任务是提出和落实在民防和应对突发事件方面的国家政策，实施一系列预防和消除灾害措施，对国内外受灾地区提供人道主义援助等。

（一）俄紧急情况部指挥系统

俄紧急情况部机构设置分工明确，各司其职。部长谢·绍伊古，副部长 4 名，军事首席专家 1 名，消防总监 1 名。下设 11 个司（行动指挥司，国际合作司，地方政策司，民防司，组织动员司，行政司，监督司，普通消防、特种消防及民防部队司，经济财政司，人事政策司，后勤与装备司）和 11 个局（航空与空中救援技术局、总监察局、司法局、科学技术局、放射性事故与灾难后果处理局、心理医疗保障局、固定基金与基本建设局、信息与公关局、信息保护与救援工作安全保障局、联邦地方援助局、小型舰船事故检查局）。[③] 该部可以通过政府总理办公室请求获得私人、国防部或内务部队的支持，拥有国际协调权及在必要时调用本地资源的权限。

该部在俄联邦六大行政区分别设有紧急情况救灾中心，每个中心在莫斯科总部直接领导下负责所辖地区各种灾害事故的预防

① 《Положение о Министерстве Российской Федерации по делам гражданской обороны, чрезвычайным ситуациям и ликвидации последствий стихийных бедствий》. Утверждено Указом Президента Российской Федерации от 2августа 1999 г. N953.

② 上海太平洋国际战略研究所：《俄罗斯国家安全决策机制》，北京，时事出版社，2007 年版，第 169 页。

③ 参见俄紧急情况部网站（http：//www.mchs.gov.ru）。

和处理。每一中心都设有一套完整的管理和组织机构以及一些独立部门，负责各类自然和人为灾难的预警、预防、救灾工作，包括相关的法律、宣传、通讯、国家机密保护及监察等方面的工作。根据俄联邦防灾救突中期计划，其最近又成立了国家危机情况管理中心和全俄居民信息通报综合系统，旨在完善俄全国危机情况预防和应对体系，加强政府各部门之间危机管理指挥与协作，同时保证社会民众及时了解有关灾害和事故现场情况的准确信息。

（二）俄紧急情况部财政系统

俄紧急情况部经费主要由国家财政拨款，预算外的资金来源十分有限，除了下属一些检查机构对违规单位和个人进行处罚的罚款收入之外，民防部队中也有一些三产企业收入，但所占份额很小。该部提供的一些数据显示，俄联邦财政对该部的拨款逐年上升，2004 年该部联邦预算拨款为 240 亿卢布，2005 年则达到 320 亿卢布，2008 年联邦预算额则超过了 480 亿卢布，[①] 比上年增加了 74%，达到了历史最高水平。该部年终总结报告提到，2007 年投资计划框架内所拨资金超过了 60 亿卢布，各地区部门采购额比上年增加了 30%。俄联邦预算对联邦主体拨款中还专门有一项总额 300 亿卢布的安全经费，并且预算计划中还设有消防安全专项资金，所以该部财政情况总体上是十分不错的。救灾部门是一项耗资的部门，比如燃料成本的上升、一些昂贵的尖端技术设备需要从国外进口，其每年预算对设备采购的控制则相当严格，由专门预算机构进行审核把关。

① 1 美元约合 25 卢布。

（三）俄紧急情况部信息系统

俄罗斯紧急情况部十分重视防止紧急情况突发及减轻损失后果预防工作。目前俄罗斯各个行政区分别建立了一套完整的紧急情况监控与预报系统，通过“预报不间断技术循环”体系，保持预报程序连续不断，同时利用卫星技术建立起航天监控与预报体系，全国分布 5 个卫星信息接受与处理点，从而保证获取境内所有的作业信息。近年，俄罗斯紧急情况部对全国中央与地方信息发布系统进行了更新，在莫斯科与圣彼得堡两地建立了 13 个街头信息发布点，将信息收集与观察、声音随传和信息安全系统结合，融为一体，在莫斯科等几个大城市人居密度高的 279 座建筑物内设立信息发布点以及 105 个流动的信息发布点，同时对分布于各地区的潜在危险设施的发布系统予以完善，及时向居民公布准确信息，避免谣传和民众恐慌。2006 年初起，建立起“安全评审”独立风险评价体系，加强对各种自然和人为灾难后果的专家分析评估制度。在必须投保情况下，要求业主对其企业进行安全评估。这种对企业安全的监督机制保证了业主在物质上与消防安全利益相关，有效地避免国家消防监督部门检查人员可能出现的腐败行为。

（四）俄紧急情况部救援系统

俄紧急情况部拥有包括国家消防队、民防部队、搜救队、水下设施事故救援队和小型船只事故救援队在内的多支应对紧急情况的专业力量。它会针对不同灾害、事故制定详细的应对条例，其行动中心可对突发事件做出及时、快速反应。可以说，哪里有险情，哪里就有该部救援队。

俄民防部队是民防力量的重要组成部分。冷战期间一直隶属国防部直接领导，从 1991 年起正式列入俄紧急情况部。俄民防部队在编制上分为独立机械化旅、团、营，机动兵团和部队，独立专业营，工程技术营和其他营。这些兵团和部队划分为中央属和地区属两种，可独立执行任务，也可与非军人民防组织共同执行任务，在有些情况下还可以与军区、舰队和部队、分队协同行动。必要时，民防部队可在作战时转隶共和国、自治州和自治专区、边疆区、州和市的行政管理机关。民防军由志愿服役军人（合同制军人）和应征服役军人组成，享有与武装力量军人同等的待遇。

俄搜救部队由 6 个地区搜救队和 24 个分队组成，搜救队在编人数共 3758 人，其中具有救援专业证书的人员占 50%。事故救援队在编人数共 9311 人，其中具有救援专业证书的人员占 55%。俄罗斯中央飞行机动救援队是一支可 24 小时向任何事发地点提供救援人员、交通运输工具以及展开快速救援行动所需技术装备的队伍。它对其救援力量奔赴事故地点有着明确规定，按事发地点距离远近其出动时间为：汽车 30 分钟之内，直升飞机 1 小时之内，大型飞机 3 小时之内。

俄紧急情况部搜救队和水下专业搜救队主要执行不同事故情况下的搜救工作。其特殊装备多数进口，一部分国产，有些设备具有双重功能，并且拥有各种类别的航空、工程、通信、交通、海上、水下、生化、放射检测与救治等相关后勤装备服务设施。如空降系统、专业运输车、声学、红外线和光纤仪器，水压与气压分隔设备。其“先导”搜救中心拥有先进的机器人自动设备，如水下 1500 米机器人搜索装备，水声定位和磁力测定设备，水下遥控装置。这些设备曾在各种特殊场合承担过搜救工作，有力地提高了搜救水平和工作效果。

俄紧急情况部力量曾参与了无数次国内紧急情况抢险救援工

作。据统计，仅2006年俄紧急情况部各力量共进行了16600次救援行动，消防队共出动了20多万次，特殊部门工兵发现和排除了3万多个爆炸物品，空中救援在紧急情况地区共进行了11000多次救灾飞行，空中投送人员24000多人、物资9000多吨，消防部队和救援人员共救援10多万人。[①] 在救援实践中，紧急情况部救援队还摸索出一些行之有效的施救方法，极大地提高了生命救活率。值得一提的是，在1995年萨哈林岛地震救援工作中，该部救援工作获得了广泛好评。[②]

（五）俄紧急情况部科研系统

在应对自然和人为灾害措施上，俄紧急情况部强调科学制度管理，科研与培训相结合，加强安全文化建设。俄紧急情况部一方面从制度建设上保证管理的科学性，设立民防科学院、救援人员培训中心、民防与紧急情况研究所、紧急事态反应协会，举行紧急情况领域专家学术研讨会；另一方面注重普及应对紧急情况知识，建立全国性展览馆，普及预防救灾知识和推动青少年安全防范教育。俄紧急情况部拥有多所院校，其中包括沃罗涅日消防技术学校、俄罗斯国立消防学院、俄罗斯民防学院等。截至2006年底，在俄罗斯51所大学分别开设与招收"紧急情况防卫"和"消防安全"专业大学生，共招收了5450名学生，每年

---

① http：//www.mchs.gov.ru。

② 1995年萨哈林岛（即库页岛）地震发生前一个月，该部已经预测到地震危险已经迫近，为此专门布置并进行了有针对性的演习，这显示了该部预测工作的准确率。地震发生后，该部依靠从模拟演习中获得的经验以及从日本阪神地震应对过程中获得的经验教训，应对工作进行得有条不紊。在这次抗震行动中，紧急情况部创造了一种搜救人员8小时工作法，8小时中的头一个小时用于静听，搜救人员仔细搜听被掩埋的幸存者所发出的求救声，在接下来的7个小时中，搜救人员标出重点区域并开始救人。除了对突发事件做出反应之外，该部还将长期预测列入了其重要工作日程。

毕业人数达到 440 名，从 2010 年起其毕业生每年将达到 1000 人。这些教学机构源源不断地为俄紧急情况部输送专业人才，从而使俄预防和处理灾害事故的能力得到极大加强。据统计，2006 年俄罗斯接受民防、预防紧急情况和消防安全问题培训的人员超过了 3800 万人，同时还对各级领导岗位人员和专业人员共计 5200 人进行了再培训。在普通教育与专业教学机构中将近 1600 万名学生在大学接受过生命活动安全基础知识教育。此外，俄紧急情况部还拥有自己的科研机构——全俄急救和放射医学中心。该中心主要负责为消防队员和其他救援人员提供专门医疗服务。

（六）俄紧急情况部国际合作系统

俄紧急情况部重视危机管理领域国际间的合作，与国外签有 40 多个政府间有效协议，并且与欧盟、联合国系统、欧洲理事会黑海经济合作组织、国际民防组织、北约等组织建立了合作伙伴联系。1995—2006 年期间，俄紧急情况部先后组织和参与了应对各类危机情况的国际救灾演习，其中 1995 年的消除核电站事故后果以及跨境影响后果的“极地曙光”演习；2000 年的营救海上游轮遇难事故的北约和平伙伴计划“联合防卫”演习；2001—2002 年的应对类似“9·11”恐怖袭击的联合救灾演习；2004 年的消除海上油井火灾与污染事故的“加里宁格勒—2004”海上演习等。通过这些国际救灾演习，取得了处理突发事件的可贵经验以及对救援力量和装备可靠性和机动性的检验，有效地提高了本国处理紧急情况与危机管理的能力与水平，同时增强了国与国之间、国际组织之间在应对非传统安全威胁上的合作。

俄紧急情况部一直主张建立危机管理的国际性联合机构。俄方曾向联合国秘书处建议设立国际紧急情况部，以便在某一国家发生紧急突发事件时行使协调管理职能，更有效地集中人力、财力、物力、智力等方面资源用于处置紧急情况。2006年俄紧急情况部力量先后在吉尔吉斯斯坦、摩尔多瓦、伊朗、黎巴嫩、塔吉克斯坦、朝鲜等国参与了国际人道救援行动。在沙特、巴基斯坦、黎巴嫩等国开展俄罗斯公民救援撤离工作，撤离了2000多名俄罗斯和独联体公民，其中包括585名儿童。部分专业人员还先后参加了在意大利与哈萨克斯坦举行的国际救援演习，得到了联合国相关部门的称赞，其中一些专业救援队被允许进入世界各地灾区实施人道主义援救工作。[①]

二、对完善我国危机管理机制的建议

汶川地震，或者类似印尼海啸和切尔诺贝利核事故等重大灾情，给社会造成的损失是无法估计的，一方面给受害国经济带来极大消极影响，另一方面甚至导致社会动荡和邻国的恐慌。为了加强与健全我国危机管理机制，提高对各种危机的防范能力和应对能力，有必要建立统一的、完整的、垂直的国家危机处理常设机构，在其基础上采取相应的措施与对策。

首先，必须统一我国危机管理体系中的法律法规，增强政府执政能力和应对能力。目前我国危机管理机制有两类：一类是应对自然灾害和技术事故的管理机制，分别根据不同险种形成了各

---

① 在对前南斯拉夫地区开展国际救援的工作中，俄紧急情况部曾组织两个货运车队向该地区输送救援物资，车队配备几十名司机及多名领队、协调员、机械师和医生。这些人员由联合国支付工资，许多司机经验丰富，曾参与紧急情况部在奥塞梯、格鲁吉亚和阿布哈兹等地的行动。按照与联合国难民事务高级专员办事处签订的合同，车队人员每班工作两到三个月，每一次运送大约90吨食品、药物和衣物。紧急情况部车队行动如此出色，以至于联合国难民事务高级专员办事处后来与紧急情况部签订协议，允许它的货运工具可以在全球范围内的人道主义行动中使用。

种危机管理机制，其中包括抗震、防洪、抗旱、防疫、防火、防核泄、防化等，并且制定了相应的各种法律法规；另一类是处理人为破坏、制造社会动乱的戒严制度，其中包括反恐、反独、反分裂、反暴力等危机处理机制，由我国宪法以及相应的法律予以规定，在发生动乱或者冲突的情况下以保证处理相关的社会危机问题。但是，冷战结束后，非传统安全威胁开始愈加凸显，中国先后遭遇的几次重大突发事件，使我们愈加认识到，国家必须尽快制定与出台一部《紧急状态法》。在现代法治原则的支配下，只有通过制定法律来调整紧急状态下的各种社会关系，才能防止紧急状态导致整个国家和社会秩序的全面失控。因此，制定关于在紧急状态时期如何处理国家权力与国家权力、国家权力与公民权利以及公民权利与公民权利之间关系的紧急状态法，是一个国家紧急状态时期实行法治的法律基础。只有这样，才能贯彻法治原则，保障政府在紧急状态时期也能够贯彻依法行政原则，保障公民的权利不受侵犯。

其次，建立高层次的危机管理的领导、指挥和协调机构，积极发挥政府职能。众所周知，危机管理是各级政府、各个政府职能部门的职责和责任。把危机管理的职能整合到各级政府和各个政府部门的职能体系中，整合到各级政府和各个政府部门的日常工作之中，是十分重要的。但是，危机管理需要统一的领导来统一指挥，需要动用各种资源和力量，需要常态的管理战略、政策和机制。我国的危机管理机制是根据我国自身的特点来建立的，与国外一些国家的危机管理机制相比，我国的优势在于危机管理是分行业、分部门来进行的，国家民政部、卫生部、环保总局、地震局、气象局、国家防汛办、海事局以及国家安全部门中均设有危机处理相应机构。涉及到地震灾害的，由抗震救灾指挥部统一管理；涉及到防洪的，由防洪救灾指挥部统一指挥；涉及到传染病的，由防疫指挥部来处理。这种危机管理机制专业性比较强，有利于发挥专业救灾的优势。但是，也存在着一些缺陷，由于没有统一的、规定各种危机事件的《紧急状态法》，政府在处理不同危机事件时所根据的法律依据有所差异，容易各自为政，一旦发生重大危机险情，往往出现各路人马蜂拥踏至，各行其是，影响现场指挥抢险效果。当涉及需要调动军方或跨地区、跨行业救援力量投入时，这种危机处理机制又带有一定的滞后性和行动局限性。特别是这种以部门和专业危机处理模式为基础的危机管理机制不可能应付灾害并发的问题，如果同时发生一种以上的危机事件，政府就没有办法依法迅速建立统一的危机处理机构。此外，分散型的危机管理机制也很容易使政府在处理危机事件中的自由裁量权过大，公民无法根据统一有效的法律来对抗政府行使行政紧急权的行为，不利于保护公民的权利。为此，有必要在中央政府建立类似紧急情况部的危机管理协调机构，并在各地方建立类似分支机构，分别规定其各部门在特定危机中所应承担的职能和职责，并与社会各行各业之间建立相应的协调机制，保持各方面之间危机防范与预警的协调能力，从而形成统一领导、分工协调的危机管理体系。

第三，提高安全预警、预防、救援行动能力，建立统一指挥的多支救援专业力量。为了有效应对敌对势力的重大破坏活动、严重的自然灾害以及各种人为事故与技术灾害型危机，建立消防、搜救、民防力量合一的专业队伍，有利于提高政府应对各种安全威胁的整体能力，有利于政府采取快速、有效的应对行动。在工业化与现代化社会，为应对各种新出现的危机险情，传统的救援力量已不能适应时代的要求，而需要具有特殊部队素质的快速反应救援部队，包括一支能够参加国际救援行动的搜救队。为此，必须加强救援力量的人员技能训练，原则上要有国家颁发的相应资格证书，促进救援人员专业技能和文化素质水平的提高。事实证明，具备良好的救援技能、精良救援装备和专业知识的队伍不仅能够减少和避免救援过程中的操作失误，而且可以减少、减轻救援中的意外事故以及生命财产的损失与伤害。

第四，建立客观、适时、准确的信息发布系统，提高政府应对各类危机措施的可行性与透明度。政府的危机管理，无论是危机前的预防、准备阶段还是危机发生后的反应和恢复阶段，都必须建立在准确、全面、适时的信息基础上，同时政府危机管理的政策制定、危机决策也离不开信息系统所提供的信息。对于任何有关危机的信息应当有畅通的信息传播机制，使得信息可以迅速传递给利益相关者。这包括相关信息通过内部渠道传递给中央政府及各省、市、县的决策者，相关信息通过大众传媒传递给千家万户。而目前我国政府在信息收集上还存在很多问题，主要表现在一些地方政府还存在隐瞒信息的现象及一些政府和媒体之间没有形成良性互动，公众无法及时了解权威的危机信息。因此，当前建立和完善我国危机信息管理系统，首先要发挥媒体的监督职能，创造一种让媒体公正介入危机事件的程序，形成一种信息披露透明化的公正机制。同时，要完善危机信息管理的联动机制，加强危机预防科学管理工作，建立风险专家鉴定机制，定期公布相关法律和条例，及时向国内发布境内可能发生紧急情况的预警公告，建立城市固定和流动信息发布站点，对分布于各地区的潜在危险设施予以公布，保证信息发布统一准确，阻止突发事件期间各类谣言及社会恐慌出现。对一些严重违反安全措施或造成社会重大事故的单位和个人在处罚基础上还应将其列入“黑名单”，予以公布，以告诫当事人反省自律以及提醒社会对其监督。

第五，在加强预防机制建设的同时，应注重安全文化建设。安全文化建设不仅是政府危机管理的一个方面，而且是全民素质教育的具体体现。首先应提高基层领导的重视与安全防范意识，推广专业知识普及与培训。其次，加强企业职工安全培训与教育，提高监督职能部门的责任。在社会各公众场所，在各种社会大型活动中，公民的自我安全意识与防范意识是社会整体安全的重要保证，政府要提供安全保障，但更重要的则是抓教育与培训。比如，在中学与大学课程中有必要增设“紧急情况防卫”和“消防安全”知识课程；在城市街道和小区开展预防救灾知识宣传活动，包括在机关、学校、商场等地进行安全防范宣传；在各地发展旅游事业的过程中，应该注重对游客的安全与行为管理，包括人身保险以及监督与预防工作中的违规行为。

第六，积极推进国际救灾互助协作，共同应对各类新威胁和挑战。在构建新型国与国之间关系上，广泛参与国际救灾事务是一个负责任大国和平外交的举措。在这方面，中国政府应扩大有关全球性、地区性及专业性国际组织的协作，与相关机构缔结协定，定期举行针对不同灾情的国际救援联合演习，包括举办国际救灾学术会议，专业人员培训和交流，救援设备和技术成果展览，气象与测控卫星信息资料交换等国际合作。今年中俄之间签订了救灾互助协定，同时，在上海合作组织中成员国之间也早已签订了多边救灾互助协定，所以，只要积极推动这些运作机制，就能带动中国救灾国际行动的顺利展开，并以此为起点，逐步深化，推动中国参与国际组织的各种救援行动及计划，促进双边和多边的应急管理合作机制顺利展开。

俄美关系：安全·经贸·大选

丁佩华*

内容提要：俄美在非传统安全领域的合作共识在于：两国在21世纪面临新的非传统安全问题和共同敌人的挑战，为此，两国应该以战略伙伴身份共同应对新的威胁。这一领域的合作提升两国关系水平，但在一系列问题上两国曾经存在重大分歧，影响合作进程。俄美经贸合作具有互补潜力，近期得到较快发展。不过，较之经济规模，两国经贸合作相对薄弱，实际合作状况与合作潜力不相适应，在俄美关系中不占主导地位。美国总统候选人对俄不同立场使两国关系面临新的抉择，抉择权很大程度上掌握在美国民众手上，他们的历史性选择或者使俄美关系继续沿传统轨迹运行，或者发生变轨，从而使俄美关系乃至国际关系格局发生历史性变化。

俄罗斯总统大选已经结束，新总统德米特里·梅德维杰夫明

* 丁佩华，上海社会科学院俄罗斯研究中心副主任，副研究员。

确坚持前任总统普京的路线，使得俄对美关系依然保持过去 8 年的基本方针。美国总统大选中两位候选人持不同的对俄关系立场，使得俄美关系前景变得扑朔迷离：如果共和党人约翰·麦凯恩上台，俄美关系很大程度上会沿着传统轨迹运行；如果民主党人巴拉克·奥巴马上台，俄美关系有可能趋向于积极化，从而使国际关系格局发生重要变化。因此，有必要对俄美关系进一步梳理、分析和研究。

一、基础：传统安全领域合作

某种意义上，俄美关系与苏美关系具有很大的相似性。1993 年 1 月 3 日，俄罗斯作为苏联遗产的继承者，与美国完成谈判并签署《第二阶段削减进攻性战略武器条约》，使双方至 2003 年 1 月 1 日前各自拥有的战略武器弹头削减三分之二（俄保留 3000 枚，美保留 3500 枚），销毁全部陆基多弹头洲际弹道导弹，将潜艇发射的弹道导弹核弹头削减至 1700—1750 枚等等。① 在俄罗斯处于政治制度急剧变更和经济衰退，根本无财政能力维护庞大的核武库的历史条件下，《第二阶段削减进攻性战略武器条约》的签署使俄罗斯很体面地实现了进攻性战略武器的"对等"削减。实际上，由于美国核弹的命中率等质量指标高于俄罗斯，而俄罗斯原来具有爆炸当量优势的陆基多弹头洲际弹道导弹又被列入全部销毁之列，加上削减数量上的不对等，美国依然保持着高

---

① ДОГОВОРмеждуРоссийскойФедерациейиСоединеннымиШтатамиАмерикиодальнейшемсокращениииограниченииистратегическихнаступательныхвооружений （СНВ-2），http：//www.armscontrol.ru/START/rus/docs/dogovor.htm。

于对方的战略核优势。相对于苏美《第一阶段削减进攻性战略武器条约》谈判花费二十多年时间，俄美完成《第二阶段削减进攻性战略武器条约》谈判只用了一年时间，反映了冷战后俄罗斯基本政治制度的转变使得苏美对抗转变为俄美合作的基本倾向和趋势，其中也体现出俄罗斯财政的拮据状况以及俄罗斯在自身大国地位和国际影响力急剧下滑时期急于有所表现、有所作为的大国心态，因为这至少让国人感觉到俄罗斯在安全领域依然拥有重要国际地位从而增强自信心。在 1993 年条约基础上，2002 年 5 月 24 日，俄美两国签署新的《关于削减进攻性战略力量条约》，规定在 2012 年 12 月 31 日前，俄美双方进攻性战略核弹头削减到 1700—2200 枚的水平。①

俄美之间最大的利益分歧也是在传统安全领域。为了部署全球反导系统，美国于 2001 年 12 月 13 日单方面退出了签署于 1972 年的《美苏关于限制反弹道导弹系统条约》。这样，美国在部署反导系统方面就不再受到条约中有关仅限于两国首都 150 公里半径范围和其他设施、导弹数量限制等约束，将它的反导系统推向全球甚至宇宙。美国这样做的目的表面上是为了防止国家恐怖主义袭击事件，实际上将俄罗斯等国也列入了其军事防范和控制的视线之内。尤其是美国建造规模庞大的反导系统将打破与俄罗斯原先保持的相对的军事战略平衡，换言之，美国只是在进攻性战略武器方面与俄罗斯维持相对的战略平衡，而在军事防御领域则致力于构建自己的绝对战略优势。可能结果只有两种：如果俄罗斯与之抗衡，那么冷战时期的军备竞赛将重现；如果俄罗斯

① Совместные заявления: Американо-российский Договор о сокращении стратегических наступательных потенциалов, 24.05.2002, http://russian.moscow.usembassy.gov/joint-statements013.html。

无动于衷、熟视无睹，那么它除了步步退让之外，以前关于俄美军事战略平衡的一切努力将付之东流，使自己原有的进攻性战略核打击能力进一步缩水。从态势看，这已经成为俄美关系健康发展的敏感区域和爆发战略利益冲突的主要触点之一。

除此之外，北约东扩、美国军事影响力在中亚的扩大亦形成对俄安全利益和“特殊地区利益”的侵犯。第一，北约扩大至波罗的海三国客观上在俄西部边境形成了对俄遏制的军事屏障。第二，美国支持乌克兰、格鲁吉亚等国加入北约的立场使俄罗斯潜在安全形势趋于严峻。第三，美国对中亚（包括阿塞拜疆）的政治和军事渗透使俄罗斯利益受到来自“后院”的可能干扰。也许，美国对俄罗斯并不抱有侵犯意图，但综合分析美国采取的一系列措施和行动可以清晰地看出，它至少对俄具有明显的遏制和防范意图，即使它不想威胁俄罗斯安全，它也需要挤压和紧缩俄罗斯的利益空间，使它在关键时刻难以施展手脚，在参与解决诸如科索沃危机等问题上难以有所作为。

这是美国在冷战结束后对俄关系采取的新的基本立场。它需要继续保持超级大国地位和发挥独一无二的政治、经济影响力而无需担心俄成为强大的竞争对手；它有雄厚的财力实施俄罗斯暂时无法施行的庞大安全战略方案；它有俄罗斯所需要的（如同意俄加入世贸组织、取消对俄贸易限制法案等）有利资源，必要时可以将这些资源作为缓和双边关系的交换手段。美国与俄罗斯基本政治制度的接近使两国关系已经失去了传统意义上意识形态的对立和敌视。它们已经不是政治对手，很少可能产生政治对抗或直接的军事冲突，但无法摆脱利益竞争，在利益竞争过程中，美国继续占据主动和优势地位，并不断获得新的战略利益，而俄罗斯在对每一次美国损害其战略利益或安全利益的事件做出激烈反应之后，往往在经过谈判使不利结果得到部分化解之后即告一段落。一方面，俄美之间经常发生利益纷争甚至尖锐的冲突；另一方面，俄美之间的矛盾与冲突一般不影响它们保持正常的合作关系，不影响它们在战略利益一致的领域紧密和有效合作。

二、战略盟友：非传统安全合作

较之传统安全领域，俄美在非传统安全领域的合作起步较晚，合作中双方追求的目标并不完全吻合，但由于有共同的利益基础，这一领域的合作不但得到较好发展，并且一度带动了双边关系的整体推进。某种意义上，两国在反恐领域有共同的敌人。“9·11”事件不但使俄美在非传统安全领域的合作进入全新阶段，也使俄美关系发生新的历史性变化。一方面，俄为美欧向阿富汗运送兵力和军事物资打击塔利班和“基地”组织提供了空中走廊，从而为美国在短时间里推翻塔利班政权提供了重要的条件保障；另一方面，俄罗斯在反恐领域增强了与西方的互信关系，使美欧对俄反恐的态度和立场发生有利于俄的重要转变。新的合作共识在于：第一，两国在 21 世纪面临新的全球非传统安全问题挑战，面对威胁它们安全的共同敌人。为此，两国应该在非传统安全领域加强合作，以伙伴身份共同应对全球和平和自身安全新的威胁。第二，正式宣布俄美两国相互视对方为敌人和战略威胁的时代已经终结。① 这意味着发展非传统安全领域合作的基本障碍已经消除。

---

① МосковскаядекларацияовыхстратегическихотношенияхмеждуРоссийскойФедерациейиСоединеннымиШтатамиАмерики24. 05. 2002，http：//www. kremlin. ru/interdocs/2002/05/24/0000 _ type72067 _ 84410. shtml。

俄美两国的合作几乎涉及非传统安全领域的所有方面：从反恐怖主义袭击到反跨国有组织犯罪（毒品、武器运输和交易等）；从放射性核物质、核技术、核爆炸装置保护管理与控制到对核试验地区和国家的监控；从反金融恐怖主义到反洗钱犯罪；从生态安全到对大规模流行性疾病和疫情的防范。不过，合作重点在反国际恐怖主义暴力袭击和防止大规模杀伤性武器的扩散。按照俄外长拉夫罗夫的说法，在“基地”组织和其他恐怖主义组织致力于获取“核潜力”情况下，同核恐怖主义斗争具有极其重要的意义。[①] 2006 年 7 月，俄美两国总统在圣彼得堡 8 国首脑会议上提出了打击核恐怖主义的“全球倡议”，其要点包括：拥有核敏感技术的国家加强管理和保护核物质、核装置和核设施，防止核扩散。这项倡议得到全球响应，参加“全球倡议”联合工作组的成员从最初的 12 个国家增加到 2008 年 6 月的 73 个国家。[②] 俄美联合反恐的积极意义在于，进一步促进了世界反恐力量的联合，使核领域的管理得到加强，也使联合国防止核扩散决议得到尊重和实施。

俄美反恐合作过程中也存在一系列分歧和问题，在俄罗斯进行反恐怖主义和反分离主义的车臣战争时期，美国并未表现出积极支持的立场，只是在 2004 年别斯兰事件后，美国才开始对俄反车臣恐怖主义采取默认态度，为此，俄罗斯对美国的“双重标准”曾多次提出尖锐批评。同样，美国以伊拉克拥有大规模杀伤性武器为借口发动的伊拉克战争引起俄罗斯的不满和抵制。俄美两国对伊朗核问题虽然有着反对核扩散的一致立场，但显然，与

---

① МИД РФ：проект конвенции по борьбе с ядернымтерроризмом согласован，2апреля 2005.

② Российско-американскаярабочаягруппапоборьбестерроризмом. 20июня2008г，http：//Russian moscow. usembassy. gov/ctwg. html。

朝核问题一样，仅凭俄美两国的合作，伊朗核问题难以妥善解决。

三、不对称发展：经贸合作

近年来，俄美经贸合作得到较快发展，2007 年，两国贸易额达到 276 亿美元，比 2006 年 245 亿美元增加 12.7%。双边贸易中俄罗斯的优势在于：第一，始终保持着大比重的贸易顺差，例如 2007 年，它对美出口 202 亿美元，顺差 128 亿美元。[①] 第二，石油出口比重明显增加。从 2002 年夏美国休斯敦港口首次接纳靠岸的俄油轮起到 2005 年，美国已经达到每天进口俄罗斯 46.6 万桶原油和油品的规模，也就是说，全年规模已经超过 2000 万吨。[②] 2007 年俄对美出口原油及其产品 115 亿美元，占全部出口的 57%。除此之外，俄正积极规划对美大规模液化气出口，并在 2005—2007 年三年中，实现了最初的对美试验性输出。第三，一系列合作项目受到美国市场的欢迎。目前，俄卢克石油公司已经在美新泽西州和伊利诺伊州拥有 2000 多座加油站，俄欧亚集团于 2006 年收购了钒产量占世界 45%的美国矿产公司（Minerals Corporation）75%的股份。俄北方钢铁公司则已经在美国拥有年产 850 万吨钢产量的生产能力。在这种情况下，俄美相互投资水平已经十分接近（80 亿美元∶85 亿美元）。此外，俄

① МИНИСТЕРСТВОИНОСТРАННЫХДЕЛРОССИЙСКОЙФЕДЕРАЦИИ：ЭКОНОМИЧЕСКИЕОТНОШЕНИЯМЕЖДУРОССИЕЙИСША28-04-2008，http：//www. ln. mid. ru/ns-rsam. nsf。

② Российско-американскиеотношения，МатериализВикипедии-свободнойэнциклопедии，http：//ru. wikipedia. org/wiki/。

罗斯的其他资源（如煤、镍、林木和纸浆等）在美市场也有巨大需求。美国的优势在于：第一，市场“权威”效应和影响。俄罗斯需要美国对其市场经济地位的认可，需要美国对其加入世贸组织的权威支持，这是它加速与世界经济一体化过程的必要条件和基本保证。除此之外，在诸如和平利用核能领域，俄罗斯的一系列方案和计划需要得到美国的支持。例如，美国支持俄罗斯在本土与哈萨克斯坦共建浓缩铀国际中心，以及2008年5月俄美签署俄进口从美拆卸和销毁的核武器的核燃料从事加工及和平利用的长期协议，不但确立了俄罗斯核燃料生产中心国家的地位，而且保证了俄罗斯对外开展核能合作的合法地位和积极前景；不但使得俄罗斯通过扩大核能开发和生产基地获得可观的经济效益，而且进一步增强了俄在处理国际核冲突事务中的作用和影响力。第二，科技、投资实力和发达的服务体系。俄罗斯除了需要美国油气领域的开采技术和先进设备外，也需要其他机械制造技术，例如，它对美国的汽车制造感兴趣，与福特、通用公司积极合资合作。在2007年从美进口的74亿美元商品中，机器制造设备和交通工具达到44亿美元，占从美全部进口的59%。① 俄罗斯也对美国的市场服务体系感兴趣，包括实现了俄联合航空公司与美波音公司在飞机售后服务领域的合作。实际上，美国科技领域和市场对于俄罗斯的吸引力远不止这些，在宇宙空间技术、信息技术、核能技术以及生态和环保技术等方面美国都有着巨大优势，都是使俄罗斯产生合作冲动和愿望的重要领域。

不过，较之两国巨大的生产能力和国内生产总值，两国年贸

---

① МИНИСТЕРСТВО ИНОСТРАННЫХ ДЕЛ РОССИЙСКОЙ ФЕДЕРАЦИИ：ЭКОНОМИЧЕСКИЕ ОТНОШЕНИЯМЕЖДУРОССИЕЙИСША28-04-2008，http：//www.ln.mid.ru/ns-rsam.nsf。

易规模与之不相匹配；两国经贸互补潜力巨大，合作的领域广泛，但缺乏相应的规模效应；美国对外投资实力雄厚，俄罗斯吸收投资需求巨大，但美对俄投资不足百亿美元。这一系列情况可以看出，俄美两国经贸合作潜力和实际合作规模之间的巨大反差和不相协调性。同样，相对于经贸合作潜力，两国涉及经贸合作的法律文件十分欠缺。至目前为止，两国协调经贸合作的基本文件仍然沿袭 1990 年美国和苏联签署的《贸易关系国际协议》。1992 年两国曾草签《相互鼓励和保护投资条约》，但因文件与俄加入世贸组织谈判的预期立场产生矛盾，没能最后生效。除此之外，涉及经贸合作内容的文件还有 2001 年 11 月 13 日两国总统签署的《俄美经贸领域新关系声明》和 2008 年 4 月 6 日在索契签署的《俄美关系战略框架宣言》。前者在强调增强合作动力，促进扩大两国人民之间的联系，建立贸易和投资环境，进行银行和过境合作等框架性合作意向的同时，也列入了美国支持俄加入世贸组织，共建里海石油管道和埃克森公司对俄罗斯的萨哈林—1 方案投资 120 亿美元等具体承诺和合作项目。但 7 年后，除了能源领域，原先的合作意向在新的关系宣言中继续保持“框架”状态。这并不意味着俄美之间的经贸合作没有发展，而是说明，俄美经贸合作仍然处于“雷声大，雨点小”，发展相对缓慢的状态之中。

近年来，俄美经贸合作的一些指标得到改善，如 2007 年美国对俄出口比上年猛增 57%。[①] 但这并不意味着两国经贸合作关系进入全面的、系统的、协调发展阶段。总体上看，俄罗斯对于

---

① МИНИСТЕРСТВОИНОСТРАННЫХДЕЛРОССИЙСКОЙФЕДЕРАЦИИ：ЭКОНОМИЧЕСКИЕОТНОШЕНИЯМЕЖДУРОССИЕЙИСША28-04-2008，http：//www. ln. mid. ru/ns-rsam. nsf。

同美国发展全面经贸合作关系的意向更为强烈，行动更为主动。为了获得经济利益，它甚至需要在其他合作领域付出代价。美国在欧洲部署反导系统和北约东扩是目前和将来影响俄罗斯国家安全利益的两大战略步骤，为了平息和减少俄罗斯的不满，除美国国家政要在言论上表达对俄善意外，就是给予俄罗斯在经贸领域一系列合作“优惠”。第一，支持俄罗斯加入世贸组织。从俄罗斯于21世纪初开始申请加入世贸组织以来，美国一直积极支持俄罗斯入世，并承诺在俄入世后取消“杰克逊—瓦尼克”和“贸易关系正常化”两项对俄贸易限制法案。[①] 第二，2002年6月，美国宣布承认俄罗斯“市场经济国家地位”，扩大双边贸易和投资，扩大开放两国市场。第三，加强能源领域对话。通过两国能源工作组积极推进两国油气合作，寻找加强能源安全和多元供应途径——借助有理由的路线和运输手段，同在圣彼得堡8国首脑会议通过的原则相适应。通过新的建设性的能源对话加强综合的能源合作，包括扩大能源供应的同时不破坏生态环境，推进生态型液化煤生产合作。2007年7月3日两国通过发展核能共同行动声明，俄提出的建浓缩铀国际中心得到美支持，计划包括与哈萨克斯坦联合在俄建立低浓缩铀合资企业，实现低浓缩铀生产，产品将供应国际市场等等。

四、总统换届的抉择

在俄美关系发展的历史演变过程中，俄美当政领导人对两国

---

① Декларация о стратегических рамках российско-американских отношений，5—6апреля 2008，http：//www. norway. mid. ru/news _ fp/news _ fp _ 73 _ rus. html。

关系的促进或阻碍，发展或滞后往往起关键作用。戈尔巴乔夫的“新思维”在结束苏美冷战的同时也断送了苏联，叶利钦在90年代前期的亲西方外交遭到西方的冷遇，而普京的联合反恐则为俄美关系的发展开创出一片新的天地。现在，俄美关系又面临新的抉择，如果说俄罗斯新总统梅德维杰夫因沿袭普京路线对美方针未做重大改变，那么，美国下届新总统对俄所采取立场和态度将成为俄美关系发展的新的关键因素。2009年，现在的共和党总统候选人约翰·麦凯恩和民主党总统候选人巴拉克·奥巴马中会有一人将接任美国新一届总统，复杂性在于：一方面，这两位候选人与现总统布什的对俄立场相去甚远；另一方面，两候选人对俄立场明显不同。除此之外，候选人对俄立场也有着前后发生变化的实例和可能。

麦凯恩的对俄立场具有明显排俄、抵俄成分。这与他的保守主义立场密切相关，基本主张大致可归纳为：第一，加强美国作为世界唯一超级大国的地位和作用，致力于向世界推广美国政治意识形态和价值观，实现全球政治扩张和维持主导地位。他公开反对联合国在建立和实现对外政策领域起中心作用，认为现在的联合国“绝对无效”，已经成为“为付费争论的俱乐部”，所以必须建立“没有俄罗斯和中国的新联合国”，只有这样的国际秩序才能够应对21世纪的挑战，这个新联合国就是他所向往的国际“民主联盟”。[①] 第二，坚持在欧洲部署反导系统的立场，认为“不可避免”，并致力于对宇宙空间和计算机网络空间实施监控。第三，坚持北约东扩立场，2007年曾积极支持格鲁吉亚和乌克兰加入北约的要求。第四，认为美国与俄罗斯的“最基本价值

---

① АЛЕКСАНДРШИРОКОВ：“Лигадемократий” vsРоссия＋Китай，02. 06. 2008，http：//www. rbcdaily. ru/2008/06/02/focus/348644。

观”不同，认为俄罗斯国内的反民主和反市场资本主义力量威胁美俄关系的基础，并营造着两国新的“冷和平”时代的气氛。2003年麦凯恩指出：美对外政策应该反映这样的结论，即：不分享美国最基本价值观的俄政府不能是美的朋友或伙伴。[①] 他在斯洛文尼亚同普京会见之后说：“我向普京瞟了一眼，看到了他眼里的三个字母：KGB。”[②] 2005年，他曾和别的参议员一起提出中止俄作为八国集团成员的提案，要求将实施市场民主制度领先的国家——巴西和印度接纳进八国集团，同时取消俄罗斯的成员资格。同年，他还是美参院谴责俄政权对尤科斯石油公司总裁霍多尔科夫斯基和该公司另一重要股东列别杰夫提出司法诉讼是“出于政治动机”的决议的发起人之一。[③] 第五，美俄“不是敌人”的观点开始转变。尽管麦凯恩公开承认“痛恨俄罗斯人”，[④] 在处理对俄罗斯的关系取向上充满敌意，但作为总统人选之一，他还是需要回到现实，需要为将来“不可避免”地与俄罗斯打交道作铺垫。2008年5月，麦凯恩的对俄关系出现较大调整，他在宣称美俄不是敌人，支持签订新的战略武器条约的同时，准备扩大同俄签署一系列其他协议，包括缩减核武器和采取必要的相互监督对方核武库等措施以推进限制进攻性战略武器条约的落实，同时号召“认真考虑”俄关于扩大取消中短程导弹条约生效范围的建议，因为建议的实质是要求其他拥有核武器国家也参与

---

① ЖуткийамериканскийпроектДжонаМакКейна，Источник：ВойнаиМир，http://zvezda. ru/geo/2008/06/19/mc. htm。

② МихаилБасков，НатальяАлександрова：Трибуквы，http://newtimes. ru/news/2007—10—24/。

③ ЖуткийамериканскийпроектДжонаМакКейна，Источник：ВойнаиМир，http://zvezda. ru/geo/2008/06/19/mc. htm。

④ А. Дугин：《Обама-аргументпредателей》，http：//www. km. ru/magazin/view. asp? id=4399FD9D02C44B21A26ABD6E902A2330。

签署这项条约。[①]

民主党候选人奥巴马的对俄立场则温和、积极得多，他深信加强接触和外交的作用，表现出对俄发展关系若干新的思路和取向。其基本主张包括：第一，认为俄罗斯既不是美国的敌人，也不是亲近的盟友，美国没有看到来自俄罗斯的直接威胁，这个威胁早已消失。美应该将与俄罗斯的关系集中在双方感兴趣的、有意义的方面。第二，强调大国在联合国范围内加强合作。奥巴马说："当我们坚持在联合国安理会采取更严厉的制裁措施时会加强我们同俄罗斯和中国关系的立场。"[②] 他明确表示，不会支持取消俄罗斯八国集团成员资格的提议。第三，美国在欧洲部署反导系统应该加强与俄合作。对此，奥巴马的对俄事务顾问麦克尔·马克福尔曾以"独立专家"身份指出：俄可以在古巴和委内瑞拉部署反导系统，前提是：如果美政府将来敌视俄罗斯，准备用核武器对付俄罗斯；美国在欧洲部署反导系统问题上应该最大限度地与俄合作，如允许俄官员进行观察，也可以制定联合方案或交换相关信息。[③] 第四，加强双边或多边的核领域合作。奥巴马在 2007 年 4 月曾表示，将与俄合作，继续缩减核武库，并防止大规模杀伤性武器的扩散，使每一件核武器、每一座核材料仓库得到有效保护。他认为，需要改变美国仍然倾向于苏联时期的核遏制的政策和做法，同俄合作是为减弱洲际导弹军事准备状态，争取大幅度减少两国的核武器数量和材料，并开始寻找在全

---

① ПАВЕЛ ЗАХАРОВ：Кульбиты МаккейнаАмериканский русофоб призвал улучшить отношения с Россией，http：//www. rbcdaily. ru/2008/05/29/focus/347643。

② МеждународноеИнформационноеагентство "Тренд，" Рассылкановостей，http：//subscribe. ru/blog/country. other. trend/post/20080605004406。

③ ЗнаетлиОбамаонегритянскомрусскомпоэтеПушкинеичиталлиего? 28. 04. 2008，http：//www. carnegie. ru/ru/pubs/media/78196. htm。

球禁止扩大生产制造核武器材料的可能性，争取在全球范围内限制中短程导弹数量。第五，在解决伊朗核问题上，还没有用完所有非军事手段。第六，北约扩大不是针对俄罗斯。俄罗斯应该被看作是北约的伙伴，在欧洲和国际事务中起重要作用。[①]

从总体上看，俄美关系正面临新的抉择，抉择的主动权很大程度上掌握在美国民众手中，他们做出的历史性选择或者使俄美关系继续沿着以往的轨迹运行，或者使两国关系运行发生变轨，从而导致俄美关系乃至整个国际关系格局出现调整的前景。

① ЗнаетлиОбамаонегритянскомрусскомпоэтеПушкинеичиталлиего? 28. 04. 2008，http：//www. carnegie. ru/ru/pubs/media/78196. htm。

非传统安全

非传统安全及其相关概念辨析

傅　勇*

内容提要：冷战后随着安全环境的变化和全球化的发展，国家面临多样化的安全挑战，各种新安全观不断涌现出来，它们突破了传统安全观对安全的狭隘理解，对安全的主体、安全的内涵以及实现安全的手段都有了全新的认识。这些安全观包括综合安全观、共同安全观、合作安全观以及人类安全观等，它们与非传统安全具有某些共同的属性，但在内涵和外延方面还是存在很大的不同。非传统安全是对冷战后出现的新安全问题的总体概述，是指来自非国家行为体的对国家的主权和利益以及个人、群体和全人类的生存和发展的非军事威胁和侵害，它以共同安全为基础，包括了综合安全研究的非军事领域，运用合作安全的手段，来保障国家、个人和社会的安全。

冷战后安全环境的变化和全球化的发展使国家安全呈现多样

* 傅勇，上海社会科学院欧亚研究所副研究员，法学博士。

化的局面，为了应对这些多样化的安全挑战，各种新安全观不断涌现出来，它们突破了传统安全观对安全的狭隘理解，对安全的主体、安全的内涵以及实现安全的手段都有了全新的认识。这些安全观包括综合安全观、共同安全观、合作安全观以及人类安全观等等。各种新安全观大多是在 20 世纪 70 年代后出现的，并在冷战结束后得到迅速发展，它们与非传统安全问题关系密切，为更好地理解非传统安全概念的含义，有必要对这些安全概念做一些辨析。

“综合安全”（Comprehensive Security）强调经济、环境和社会等非军事领域安全问题与军事安全同等重要，这一概念在日本、东盟和中国等亚洲国家得到普遍认同和推广。“共同安全”（Common Security）概念是欧洲国家基于处理冷战时期安全问题所发展出来的，尽管它仍然强调军事安全和战略问题，但是认为各国生存与安全是相互依赖的，单方面的安全已经不再可能，安全应当相互保证共同生存。“合作安全”（Cooperative Security）概念是澳大利亚和加拿大等国倡导的，提出相关国家应通过合作、对话、信心建立、非零和的竞争关系等途径来获得安全。人的安全（Human Security）是 1994 年由联合国提出的，关注的是现实中的人，它将安全关注的首要目标转向对社会、群体和个人安全的非军事威胁。

一、非传统安全

国外非传统安全问题研究和探索从 20 世纪 70 年代就已经开始。当时，东西方关系得以缓和，经济的重要性在国际关系中日益凸显。以此为背景，1972 年罗马俱乐部发表了《增长的极限》、《人类处于转折点》等报告，率先预警了人类社会面临的某些非军事性灾难。[①] 这一时期的安全理论研究主要是对传统现实主义安全观的反思和批判。一些新兴的国际关系理论流派，特别是国际政治经济学（International political economy）和环境政治学（International politics of environment）的学者对拓展非传统安全研究的领域，建构非传统安全的理论框架做出了许多贡献。[②] 冷战结束后，非传统安全问题日益突出，后现代主义、女性主义和建构主义学者等纷纷参与其中。在他们的努力下，非传统安全正在成为国际关系学中的一门显学。

国际关系政治经济学（IPE）对于非传统安全研究的贡献大致有三，即：通过对政治与经济互动的研究，使经济安全成为非传统安全研究的重要对象；通过对国内问题与国际问题相结合的研究，把非传统安全研究的视野扩展到国家、国际和全球三个层次；通过对非国家行为体的研究实现了使非传统安全对象的多元化。这三大进展构成了如今国际学术界对非传统安全研究的重要理论取向。[③] 国际关系政治经济学中的新自由制度主义者在超越传统安全观方面的理论探索十分显著。罗伯特·基欧汉（Robert Keohane）和约瑟夫·奈（Joseph Nye）提出的复合相互依赖理论明确提出，由于非国家行为体直接参与世界政治，政治和经济、军事与外交、国际和国内之间不存在明确的等级之分，因此武力并非有效的政策工具，军事安全并非始终是国家关系的首要

① 王逸舟："重视非传统安全研究"，《人民日报》，2003年5月21日，第七版。

② 相关著述包括罗伯特·吉尔平的《国际关系政治经济学》（杨宇光等译，经济科学出版社，1998年版）；Richard Ullman, "Redefining Security," International Security, 1983, No. 1, Vol. 8; Jessica Mathews, "Redefining Security," Foreign Affairs, Vol. 68. (Spring) 1989.

③ 参见刘中民、桑红：《西方国际关系理论视野中的非传统安全研究》，提交给"中国的非传统安全与国际关系理论会议"的论文，第187—196页。

方面。他们认为，在复合相互依赖条件下，一国不通过对他国动用武力也能有效解决两国间或地区间甚至全球性问题。正如哥本哈根学派对国际关系政治经济学的评价所言，新安全研究“分析框架的多数议程都存在于国际政治经济学研究议程，原因是新自由主义经济学倾向于超出单纯的安全事务而将之变成其他领域的问题”。[①]

环境政治学将环境问题引入了非传统安全研究领域，将环境和安全问题联系起来研究。环境政治学除了对人类环境与生态危机发出警告外，[②] 还呼吁重新定义国家安全概念。[③] 1983 年和 1989 年理查德·乌尔曼（Richard Ullman）和杰西卡·马修斯（Jessica Mathews）分别在《国际安全》（*International Security*）和《外交》（*Foreign Affairs*）上发表“重新定义安全”的文章，提出国家安全和国际安全的概念应该扩大，应该包含非军事的全球问题，比如资源、环境和人口问题等等。冷战结束后，环境安全问题的研究更为深入，主要集中在环境变化、人口增长、资源匮乏与国际冲突之间的关系等方面。[④]

---

① 巴瑞·布赞等：《新安全论》，浙江人民出版社，2002 年版，第 259 页。

② 相关著述主要包括：罗马俱乐部的报告《增长的极限》、《人类处于转折点》，以及世界环境与发展委员会的《我们共同的未来》等报告；David Wirth，“Climate Chaos，” Foreign Policy，No. 74，1989（Spring）.

③ 相关著述主要包括：Lester B. Brown，“Redefining National Security，” World Watch Paper，No. 14，1977. Neville Brown，“Climate，Ecology and International Security，” Survival，Vol. 31，No. 6. 1989（November/December）. Norman Myers，“Environment and Security，” Foreign Policy，No. 74. 1989.

④ 相关著述主要包括：Thomas Homer-Dixon，“On the Threshold：Environmental Changes as Causes of Acute Conflict，” International Security，Vol. 16，No. 2. 1991（Fall）. Lowi，“Bridging the Divide：Transboundary Resource Disputes and the Case of West Bank Water，” International Security，Vol. 18，No. 1（Summer 1993）. Peter Gleik，“Water and Conflict：Fresh Water Resources and International Security，” International Security，Vol. 18，No. 1（Summer 1993）.

冷战结束后的非传统安全研究非常活跃，而且与冷战时期有很大区别。学者们不仅主张安全研究应该把非军事安全威胁包括在内，而且还质疑将国家作为安全研究的主要对象，他们呼吁将研究重点从主权国家的安全转向关注社会安全和人的安全。[①] 这种学术观点被称为批评性安全研究，在他们看来，安全不仅仅局限于特定的主权国家，还包括所有的社会和所有人的社会关系。布斯（Ken Booth）指出，真正的安全只有通过人民和集体才能获得，只有他们不被安全所剥夺，也就是说只有他者获得了安全，自己才能有安全。安全取决于相互依赖。他强调："安全和解放是一个硬币的两面，解放、没有强权或指令才是真正的安全。"[②] 布赞认为："个人的安全陷入了一个悖论，在其中它部分依赖于国家，又部分为国家所威胁。"[③] 有些学者甚至认为："国家不再是安全的目标而成为维护安全的手段。"[④] 他们认为，和外部威胁相比，国家有时可能成为对公民生命安全和福祉的直接威胁。[⑤] 在质疑国家安全主体地位的基础上，批评性安全研究者把"人的安全"和"全球安全"概念放在非传统安全研究的突出地位，强调使安全观念从传统的防御外来

---

① 相关著述包括：Ken Booth，"Security and Emancipation，" Review of International Studies，Vol. 53，No. 3，1991. Norman Myers，Ultimate Security，New York：W. W. Norton & Company，1993.

② Ken Booth，"Security and Emancipation，" Review of International Studies，Vol. 17，No. 4，pp. 313－327.

③ 巴瑞·布赞等：《新安全论》，浙江人民出版社，2002年版，第5页。

④ Ken Booth and Peter Vale，"Security in South Africa：After Apartheid，Beyond Realism，" International Affairs，Vol. 71，No，2，1994，pp. 285－304.

⑤ Commission on Global Governance，Our Global Neighborhood，Oxford：Oxford University Press，1995，p. 81.

敌对国家的军事侵略转向对全球生态系统以及人的福祉的保护上来。[①] 在某种程度上，人的安全或全球安全概念既可以代表安全领域的横向扩展，包括了大量的诸如贫穷、流行性传染病、政治不公正、自然灾害、有组织犯罪，甚至失业等问题，也可以使安全主体从民族国家向上、下两个层次纵向延伸。[②]

哥本哈根学派对冷战后的非传统安全研究也产生很大影响。巴瑞·布赞（Barry Buzan）在1991年出版的《认同、移民与欧洲的新安全议程》一书中对传统的军事政治安全的含义做了探讨，认为社会安全是理解欧洲新安全议程的最有效工具。哥本哈根学派的另一位代表人物奥利·维夫（Ole Waever）建议用“社会”来取代国家作为安全的主体。哥本哈根学派通过对社会安全问题的研究深化了领域概念，并且将社会关系置于安全分析的核心位置。在《新安全论》中布赞明确提出安全主要涉及到五个相互关联的领域：军事安全、政治安全、经济安全、社会安全和环境安全，其中经济、社会和环境安全扮演着与军事、政治安全同样重要的角色。[③]

冷战结束前后的国际关系理论发展，使我们可以清晰地看到安全概念扩展的两条主线：一是安全研究领域的扩展，从军事安全扩展到经济、环境、社会、文化和政治领域。二是安全研究主体的扩展，从以国家为中心到以国家以及个人、社会等非国家行为体的多元主体。这样，传统的安全概念就扩展为包括上述两方

---

① United Nations Development Programme, “Redefining Security: The Human Dimension,” Human Development Report 1994, Oxford: Oxford University Press. Commission on Global Governance, Our Global Neighborhood, Oxford: Oxford University Press, 1995.

② Ken Booth and Peter Vale, “Security in South Africa: After Apartheid, Beyond Realism,” International Affairs, Vol. 71, No, 2, 1994.

③ 巴瑞·布赞等：《新安全论》，浙江人民出版社，2002年版，第10—11页。

面问题的非传统安全概念。可以说在安全概念扩展前，安全只与国家以及战争与和平紧密相关，在非传统安全概念提出后，安全又与个人、群体，以及稳定和发展相互关联。尽管我们对非传统安全的概念要素比较清楚了，但是还需要对非传统安全概念做进一步的界定。

随着非传统安全威胁的不断扩大，国内学术界对非传统安全的研究显著加强。然而，目前学者们仍对非传统安全概念存在不同的观点：有学者认为非传统安全是与传统安全相对的一个概念，传统安全是指领土完整，即主权不受侵犯，安全威胁主要来自外部。非传统安全即除了传统安全以外的危及一国安全的全部因素，包括经济安全（金融安全、贸易安全、货币安全、财政安全）、政治安全、文化安全、科技安全、人才安全、信息安全、生态安全、能源安全、国际恐怖主义、民族分裂主义、跨国犯罪等。[①] 党的十六大报告中将非传统安全问题解释为：相对于传统安全因素而言，指除军事、政治和外交冲突以外的其他对主权国家及人类整体的生存与发展构成威胁的因素。非传统安全问题包括经济安全、金融安全、生态环境安全、信息安全、资源安全、恐怖主义、武器扩散、疾病蔓延、跨国犯罪、走私贩毒、非法移民、海盗、洗钱等。[②] 俞晓秋等认为，涉及军事领域冲突的安全威胁即是属于传统安全范畴，否则便是非传统安全范畴。[③] 王逸舟在“重视非传统安全研究”中认为非传统安全指的是人类社会过去没有遇到或很少见过的安全威胁，具体而言，即指近些年逐

① 曹文振：《经济全球化对中国非传统安全的挑战》，提交给中国社会科学院国际论坛关于“中国的非传统安全与国际关系理论”会议的论文，第1页。

② 江泽民：《在中国共产党第十六次全国代表大会上的报告》，人民出版社，2002年版。

③ 俞晓秋：“非传统安全论析”，《现代国际关系》，2003年第5期，第49页。

渐突出的、发生在战场之外的安全威胁。李伟、符春华将非传统安全定义为与其他一个国家或多个国家相互作用，并对本国的生存与发展构成重大威胁的，非军事、政治、外交冲突引起的其他领域的安全问题。[①]

那么应该如何界定非传统安全概念呢？大卫·鲍德温认为对安全概念做界定时，应该考虑从“谁的安全”、“何种价值的安全”、“多少安全”、“来自何种威胁的安全”，以及“通过何种方式实现安全”等方面来加以说明。[②] 具体而言，也就是谁的安全或什么的安全，即安全的主体是什么？什么样的价值观和利益受到了威胁，即安全的目标是什么？什么东西导致了不安全，即安全的威胁是什么？如何才能实现安全和维护安全，即安全的手段是什么？[③] 不管是传统安全研究还是非传统安全研究都必须要对这些问题进行回答，因此，在试图对非传统安全概念做出界定时，应该从安全主体、安全目标、安全威胁和安全手段等因素来加以考虑。

笔者认为非传统安全是对传统安全的扩展，它在安全领域和安全主体两方面扩大了传统安全的概念。可以将非传统安全定义为：非传统安全是指来自非国家行为体的对国家的主权和利益以及个人、群体和全人类的生存和发展的非军事威胁和侵害，它具有跨国性、多元性、社会性和相互关联性。从这个定义我们可以看出，非传统安全并不排斥国家，国家以及个人和社会等非国家

---

① 李伟、符春华：“非传统安全与国际关系”，载中国现代国际关系研究所：《全球战略大格局——新世纪中国的国际环境》，时事出版社，2000年版，第488页。

② David Baldwin，“The Concept of Security，” Review of International Studies，Vol. 23，1997，pp. 5—26.

③ 参见 Muthiah Alagappa，ed. Asian Security Practice：Material and Ideational Influences，Stanford：Stanford University Press，1988，p. 17. 转引自潘忠岐：“非传统安全问题的理论冲击与困惑”，《世界经济与政治》，2004年第3期。

行为体等行为体都是非传统安全的主体。非传统安全的目标是对国家以及人类的生存和发展等根本利益的维护，涉及军事安全以外的政治、经济、社会、文化和环境等诸多领域中的问题。非传统安全威胁来源既可能来自国内也可能来自国外，还可能是内外因素互相作用的结果，既可能是人为的破坏也可能是自然灾害的后果。维护安全的手段也是多元化，军事力量不再是确保国家安全的关键。[①] 应对非传统安全威胁则更多地依靠双边与多边的合作来解决，当然也不排除用战争的方式解决的可能性。

二、综合安全

"综合安全"是最接近非传统安全的概念。"综合安全观"认为除了军事安全外，国家安全还应该包括政治、经济、环境、文化、科技、社会和信息等领域的安全。"综合安全观"扩展了安全的内涵，并成为冷战后许多国家制定安全政策和进行安全合作的一种重要理论依据。

"综合安全"的概念是由日本首先提出来的，它最初主要反映了日本对国际能源和粮食供应等经济问题的关注。[②] 1973 年爆发的世界石油危机使日本开始感到，对日本的安全构成威胁的不止是军事方面，保障经济安全更为重要。1977 年野村综合研究所提交了一份题为《适应国际环境和国内经济社会的变化，开展

① Steve Smith, "The end of the Unipolar Moment? September 11 and the Future of World Order," International Relations, Vol. 16, No. 2, 2002.

② Yukio Satoh, The Evolution of Japan's Security policy, A delphinium Paper No. 178, London: International Institute for Strategic Studies, 1982, p. 7., 转引自阿米塔夫·阿卡亚："人类安全：东方对西方"，《世界经济与政治》，2002 年第 5 期。

综合政略》的报告，从控制危机角度提出了日本的综合安全观。1980 年 7 月日本提出《国家综合安全报告》，该报告认为日本的“综合安全”包括八点内容：1. 安全是要防止来自外部和内部的威胁。国家安全的价值基于内外环境，包括军事安全、领土统一、经济稳定和国家政治稳定；2. 威胁来自多方面。包括来自外部的破坏国家独立和主权的军事威胁，国家经济稳定可能由于国际经济体系的动荡（如能源和粮食的匮乏）而受到的威胁，价值观可能受到来自内部的威胁，以及个人的生命和财产可能受到地震或其他自然灾害的威胁；3. 如果至关重要的利益受到威胁，可以用多种方法来处理，这些方法包括军事的、经济的、外交的、唤起公众关注、道义支持等方法；4. 为了应付这些威胁和采取多样的方法，国家必须具备相应的各种能力；5. 综合安全的内容还包括国家的政治、经济稳定和国家活力；6. 尽可能运用非军事手段解决安全问题；7. 军事安全与非军事安全并重；8. 防止危机发生优于危机处理。[①]

冷战后“综合安全”概念被许多国家不同程度地接受，并将其作为一种安全概念、理论、战略和政策加以运用。东盟国家开始从“综合安全”的角度来分析自身所面临的安全问题，印度尼西亚、马来西亚和新加坡等国相继提出了超越军事目标和军事手段意义的独特的安全概念。菲律宾在 20 世纪 90 年代也提出了类似的观念。[②] 但是，东盟国家的综合安全观与日本有很大差异。日本的国家综合安全主要强调应付可能的外部威胁，东盟则注重于处理内部事务，认为“安全并不仅限于军事

① 丛鹏主编：《大国安全观比较》，时事出版社，2004 年版，第 21 页。

② David Dewitt, “Common, Comprehensive and Cooperative Security,” The Pacific Review, 1994, Vol. 7, No. 1, pp. 4—5.

能力，国家安全与政治稳定、经济成就及社会和谐密不可分”。[①] 1994年7月召开的第一届东盟地区论坛曾做出研究“综合安全”概念的决议。1995年第二届东盟地区论坛认可的“综合安全”概念不只包括军事层面，还包括政治、经济、社会和其它议题，强调综合安全的含义扩大到包括“通过意识形态、政治、经济、社会文化和军事等社会生活的各个方面的努力，实现国家的均衡发展”这一原则。

不论是日本的“综合安全观”还是东盟的“综合安全观”，其共同特点就是把安全保障扩展到纯粹的军事领域之外，把环境、生态、人口等可能加剧国家间紧张关系甚至导致动用武力的非传统安全挑战也包括在内，而不管威胁是源于境外还是国内。“亚太安全合作理事会”综合安全与合作安全工作组曾在1996年发表了“亚太安全合作理事会关于综合安全与合作安全第三号备忘录”。备忘录指出：“不论是集团安全还是力量平衡都不足以成为适合本地区的组织原则，因为重大利益和基本价值的安全远远超越军事范围，而‘综合安全’只有通过建立在共同利益基础之上的合作方可取得。因此，集团安全和力量平衡需要由‘综合安全’补充，有时还需要被‘综合安全’所取代。”备忘录将“综合安全”定义为：在国内外主要通过合作方式追求所有领域（包括人、政治、经济、社会、文化、军事和环境）的可持续安全，[②] 并详细说明了“综合安全”概念的显著特征有7条原则，即：综合原则、相互依存原则、合作和平安全与共享安全原则、自力更生原则、包容性原则、和

---

① 克雷格·斯奈德：《当代安全与战略》，吉林人民出版社，2001年版，第141页。

② 阿米塔夫·阿卡亚：“人类安全：东方对西方”，《世界经济与政治》，2002年第5期。

平接触原则以及好公民原则。[①]

欧洲安全和合作组织也在积极推动和倡导“综合安全观”。1996年，欧安组织首脑会议通过了《建立一个21世纪的共同和综合安全模式的里斯本宣言》（又被称为“21世纪欧洲安全模式宣言”），详尽地阐述了欧安组织的“综合安全观”。其基本内容是：1. 新时期国际安全问题呈现出综合性、不确定性的特征，国内冲突国际化，主权观念发生变化。2. 手段的综合性：应在西方的民主、人权、自由和市场经济等价值观的基础上，走合作安全的道路，建立信任，预防冲突，谋求安全“双赢”、“共赢”的“共同安全”。3. 欧安组织成员国应享有平等的安全地位，相互尊重各自安全利益，不以他国安全为代价增加自身安全。4. “综合安全观”具有普遍适用性，有必要在国际上推广欧洲安全模式。[②]

中国倡导的新安全观也包含了“综合安全”的许多因素，中国的新安全观是对“综合安全观”的丰富与完善。中国政府于2002年7月正式向东盟论坛外长会议提交了中方关于新安全观的立场文件，指出新安全观的核心是互信、互利、平等、协作；实质是超越单方面安全范畴，以互利合作寻求共同安全。中国的新安全观摒弃了狭隘的单纯军事安全观，强调国内安全与国际安全的紧密联系，倡导地区和国际安全合作，强调传统和非传统安全问题交织，经济发展是安全的基础，不同社会制度的国家应相互尊重，平等相待，不干涉别国内政。因此，中国的“综合安全观”包括两层特殊的含义：第一，从安全内涵上看，“综合安全”

---

① 苏浩：《从哑铃到橄榄：亚太合作安全研究》，世界知识出版社，2003年版，第50页。

② 杨万明：“论综合安全观”，《国际问题研究》，2005年第4期。

需要同时容纳传统安全与新安全的内容；第二，从行为主体观察，“综合安全”需要把范围扩展到比国家（state）更大的层面。[①]“综合安全”中经济安全议题包括贫穷和失业问题、国家的经济竞争能力，经济独立和外债负担、食品与能源的短缺等等；社会安全包括毒品走私、恐怖主义、移民问题、跨国犯罪、以及传染病等公共卫生安全；政治安全包括内部动乱、国家分裂、种族与极端宗教活动等；环境安全包括全球温室效应、生物多样性被破坏、跨国境的空气污染、资源的可持续使用等。军事安全包括外来侵略的威胁、领土争议、海路通行安全、核武器及其他大规模杀伤性武器的使用和扩散，以及军事的强化等。

“综合安全”所涉及的内容是非传统安全研究的重要领域，但与非传统安全研究不同：首先，“综合安全”认为安全问题应包括对一个国家总体利益构成的军事和非军事威胁两方面，其中军事防御仍然是“综合安全”的核心要素；而非传统安全强调安全的非军事性，特别是经济、社会、环境等领域的安全威胁。其次，“综合安全”是所有影响国家安全的综合因素，是国家安全在领域和范围方面的扩展，其研究对象主要是国家，是国家的“综合安全”；非传统安全则不仅包括国家的安全，还包括对个人安全、地区安全乃至全球安全和人类安全的关注。

---

① 王逸舟：“综合安全论”，《世界经济与政治》，1998年第4期。

人口、移民与贫困化：影响中亚地区和谐发展的不稳定因素

罗爱玲*

内容提要：中亚各国转型初期在一些政策上处理不当，各国的贫困化问题非常突出。同时，中亚的人口分布不均衡、人口增长率又特别快，在贫困化的条件下导致失业问题极其严重、移民活动逐渐频繁。年轻化的人口、高比例的失业人群、日益突出的移民现象，加之错综复杂的民族构成和宗教信仰，成为了影响中亚地区稳定的重要安全因素。而这些因素一旦遭遇极端思想的传播，就很容易滋生暴力活动，破坏该地区的和谐发展。

苏联解体后，中亚五国作为地缘政治的一股新力量开始

* 罗爱玲，上海社会科学院欧亚所助理研究员。

出现在国际舞台上。但是，中亚五国独特的地理位置和丰富的资源，以及内部众多的移民及跨界民族问题，加之以美国为首的西方国家的“民主干预”，使得独立后的中亚国家在维护国家主权和民族独立的同时，还面临着政治和经济转型的任务。在这一转型的过程中，中亚各国错综复杂的人口、移民与贫困化问题相互交织，为中亚各国三股恶势力的滋生与蔓延，为西方势力推动下的“颜色革命”的发生，提供了经济和社会基础，并成为中亚地区必须大力解决的非传统安全问题之一。

一、中亚地区的民族人口状况

中亚地区的生态和自然环境对人口分布的影响相当明显，不同生态和自然环境下人口的分布有着鲜明的特点，主要表现为人口分布不均、人口增长较快、年轻人口比例高等特点。

中亚地区人口增长比较快，特别是乌兹别克斯坦和土库曼斯坦，1996 年乌兹别克斯坦的出生率为 32.5‰、死亡率为 7.5‰，吉尔吉斯斯坦的出生率为 26‰、死亡率为 8.2‰。[①] 乌兹别克斯坦是中亚五国人口最多的国家，其独立后国内的人口总数每年都在增加，基本上每年增加 39 万左右，而且农村人口发展速度远远高于城市人口发展速度。1989 年全国人口只有 1990.5 万，到 2003 年就增至 2556.5 万，这其中具有劳动能力的人口就达 1360 万，占乌兹别克斯坦总人口的一半以上。这主要是因为乌兹别克

① 薛君度、邢广程主编：《中国与中亚》，社会科学文献出版社，1999 年版，第 186 页。

斯坦的人口出生率高，年轻人为全国人口的生力军，在全国2556.5万的总人口中，15岁以下的年轻人就有960.4万人，而且大部分居住在农村。[①] 这意味着未来几年，解决这批没有接受过高等教育的年轻人的就业问题将会是乌兹别克斯坦政府的重中之重，否则该国的社会安全形势会很严峻。从人口结构来看，中亚各国属典型的年轻型国家，这种高比例的年轻人口结构决定了其人口增长速度不可能放慢。但转型期的中亚各国经济问题丛生、腐败现象严重，造成了就业门类的单一和缺乏，结果导致劳动力过剩、社会开支过大、经济负荷过重等一系列问题。

除了人口的年轻化外，中亚地区的人口密度也很大，乌兹别克斯坦和塔吉克斯坦的人口密度已经超过世界平均水平，乌兹别克斯坦为每平方公里56.9人，塔吉克斯坦为每平方公里41人，如果将该地区的地理和气候条件比较差、水资源不足等等因素考虑进去，实际上中亚地区适合经济活动的空间非常狭小，如塔吉克斯坦90％的领土是山地，土库曼斯坦80％以上的国土被卡拉库姆沙漠所覆盖。[②]

中亚地区的人口分布也很不均衡，例如乌兹别克斯坦的干旱地区和沙漠地区人口稀少，克孜勒库姆沙漠每平方公里不到1人，而一些主要绿洲和适合人类居住的地区人口非常稠密，如安集延州每平方公里人口密度高达544.2人，费尔干纳州每平方

---

① E. Y. Sadovskaya, "Labour Migration and Its Impact on Social Stability in Central Asia," in *Towards Social Stability and Democratic Governance in Central Eurasia. Challenges to Regional Security*, ed. By Morozova, NATO Science Series, IIAS, Leiden, The Netherlands, 2005, p. 211, p. 215.

② 薛君度、邢广程主编：《中国与中亚》，社会科学文献出版社，1999年版，第187页。

公里为414.6人。[①] 这种现状造成了个别地区人口压力非常大，劳动力绝对过剩，失业现象非常普遍。另外，中亚国家中幅员最辽阔、自然条件最好的哈萨克斯坦由于俄罗斯人大量迁走，人口却出现了负增长，又造成人口分布极不平衡。

人口城市化水平也较独立前有所下降。[②] 1999年初，乌兹别克斯坦城市人口数量大约为910万，仅占全国人口总数的37.6%。[③] 吉尔吉斯斯坦的人口分布也很不均衡，有80%以上的居民生活在谷地与山前地带。塔吉克斯坦的人口增加也是以农村人口为主，农村人口的增长速度要远远大于城市人口的增长速度，75%的人口集中在农村，农村的贫困现象更为严重，其赤贫比例远远高于城市地区。[④] 土库曼斯坦的人口分布情况也基本上是农村多于城市。

目前，中亚国家除哈萨克斯坦和土库曼斯坦经济情况稍好外，塔、吉、乌目前的经济都比较困难，失业率较高，居民构成年轻化现象比较突出，多子女的思想观念在人口占多数的农村地区比较严重，所以人口与经济发展之间存在着严重的比例不协调。

---

① E. Y. Sadovskaya, "Labour Migration and Its Impact on Social Stability in Central Asia," in *Towards Social Stability and Democratic Governance in Central Eurasia. Challenges to Regional Security*, ed. By Morozova, NATO Science Series, IIAS, Leiden, The Netherlands, 2005, p. 211.

② 吴宏伟:《中亚人口问题研究》，中央民族大学出版社，2004年版，第79页。

③ E. Y. Sadovskaya, "Labour Migration and Its Impact on Social Stability in Central Asia," in *Towards Social Stability and Democratic Governance in Central Eurasia. Challenges to Regional Security*, ed. By Morozova, NATO Science Series, IIAS, Leiden, The Netherlands, 2005, p. 211, p. 215.

④ 杨恕:《转型的中亚和中国》，北京大学出版社，2005年版，第157页。

二、经济转型导致贫困问题突出

20世纪90年代初独立以来，处于转型期的中亚国家没能处理好经济发展问题，导致贫困人口不断增加，贫困成为中亚国家普遍存在的问题。到21世纪初，中亚国家人口约为6300多万，其中有近1/4的人生活在贫困线下。[①] 按照购买力平价来折算，在哈萨克斯坦，20世纪90年代中期全国大约有35%的人口收入低于最低生活水平，在20世纪90年代末期，这一比例上升到大约43%；在吉尔吉斯斯坦，这一数字分别为40%和51%；在土库曼斯坦，1993年全国21%的人口每天的生活消费能力不到1美元，另有59%的人口每天的生活消费能力不到2美元；在乌兹别克斯坦，1993年全国人口中，大约27%的人口每天的生活消费能力也不到2美元。[②]

以吉尔吉斯斯坦为例，该国1991年的失业率仅为0.01%，约100人。[③] 1992年的失业人数为1800人。到1996年，登记失业人数就增加到5.21万人，实际失业者增加到7.7万人。到1998年失业率为3.1%，约5.59万人。为此，吉尔吉斯斯坦总

---

① 王海燕：“贫困化：严重影响中亚地区稳定的问题”，载潘志平主编：《“颜色革命”袭击下的中亚》，新疆人民出版社，2006年版，第93页。

② Leonid Friedman, “Living Standards and National Security of Central Asian Countries,” in *Towards Social Stability and Democratic Governance in Central Eurasia. Challenges to Regional Security*, ed. By Morozova, NATO Science Series, IIAS, Leiden, The Netherlands, 2005, p.169.

③ 独联体跨国统计委员会编：《1994年独联体国家统计手册》，莫斯科，1995年，第64页，转引自艾莱提·托洪巴依：《吉尔吉斯斯坦：中国西部邻国》，新疆社会科学院中亚研究所，2004年版，第151页。

统阿卡耶夫宣布1998年为“与贫困作斗争年”，并制定了中、长期“脱贫计划”，但1999年的失业率依旧高达3.0%，而且至今情况还是未能改变。据吉尔吉斯共和国劳动和社会保障部2004年6月18日发布的消息，2004年该国失业人口增加了1.54万人，已达17.47万人。失业人口主要集中在首都比什凯克市、巴特肯州和纳伦州等地。而反对派说，实际失业人口要多于政府公布的这一数字。1987年生活在贫困线以下的人口在吉尔吉斯斯坦为12%，在哈萨克斯坦为5%，土库曼斯坦为12%，乌兹别克斯坦为24%。到1994年，生活在贫困线以下的人口在吉尔吉斯斯坦为84%，在哈萨克斯坦为50%，土库曼斯坦为57%，乌兹别克斯坦为47%。[①]

塔吉克斯坦1992—1997年的民族冲突导致该国产生69.8万名无家可归的难民，占全国总人口的11.5%，其中有6万名难民流向了阿富汗，19.5883万名难民流向了独联体各成员国。[②]尽管1997年内战结束后大部分难民都返回了塔吉克斯坦，但传统的就业体制毕竟还是因内战而崩溃了：在工业生产领域，就业率从战前的21%跌到8.2%，交通和通讯领域的就业率从5%跌至2.3%。同吉尔吉斯斯坦一样，失业率尤其是年轻人中的高失业率、较低的工资收入以及贫困都成为了产生劳动移民的主要原因。

乌兹别克斯坦虽然在中亚五国中矿产资源相对比较丰富，

---

① 乌兹别克斯坦经济研究中心编：《1999年乌兹别克斯坦人权发展报告》，塔什干，2000年，第26页，转引自艾莱提·托洪巴依著：《吉尔吉斯斯坦：中国西部邻国》，新疆社会科学院中亚研究所，2004年版，第151—152页。

② E. Y. Sadovskaya, “Labour Migration and Its Impact on Social Stability in Central Asia,” in *Towards Social Stability and Democratic Governance in Central Eurasia. Challenges to Regional Security*, ed. By Morozova, NATO Science Series, IIAS, Leiden, The Netherlands, 2005, p. 210.

气候条件也较好，但和其他中亚国家相比，乌兹别克斯坦的经济发展状况并不好。例如，尽管2003年乌兹别克斯坦的GDP与2002年相比，增加了4.5%，2002年的GDP与2001年相比增加了3%，但依旧没能超越其在1991年的GDP水平，也低于其他独联体国家的4%—7%的经济增长率。[①] 专家估计乌兹别克斯坦具经济自立能力的人口中，失业率高达6% 。[②] 最贫困的地区是人口最密集的卡拉卡尔帕克自治共和国和费尔干纳谷地。

哈萨克斯坦近年来虽然经济发展势头比较好，但也存在诸多问题：机械制造业、电力生产及铁矿石的生产能力严重过剩，开工率仅10%左右。食品工业生产也在下降。失业人口的数量不断增加，2000年失业人口90.6万，2001年降为78万，但失业率仍达10.4%，而且工资和养老金都存在严重的拖欠问题。[③]

中亚国家的贫富差距非常大。乌兹别克斯坦是中亚地区收入分配最不平等的国家，全国10%的最低收入人口只占有1.2%的收入分配；在土库曼斯坦，最低收入人群占有的收入分配为2.6%，哈萨克斯坦为2.7%，吉尔吉斯斯坦和塔吉克斯坦为3.2%。在乌兹别克斯坦，仅占全国人口10%的高收入人群掌握着全国32.8%的收入，土库曼斯坦为31.7%，吉尔吉斯斯坦为

① "Kazakhastan and the CIS countries. Agency of statistics of the Kazakhastan Republic," Quarterly Journal 1：Almaty，2003，p. 3.

② E. Y. Sadovskaya，"Labour Migration and Its Impact on Social Stability in Central Asia，" in *Towards Social Stability and Democratic Governance in Central Eurasia. Challenges to Regional Security*，ed. By Morozova，NATO Science Series，IIAS，Leiden，The Netherlands，2005，p. 211.

③ 杨恕：《转型的中亚和中国》，北京大学出版社，2005年版，第165页。

27.2%，哈萨克斯坦为26.3%，塔吉克斯坦为25.2%。[①] 在吉尔吉斯斯坦，生活在贫困线以下的人口占了全国的80%，但该国最富有的100名富翁中，就有在总统府、政府、议会和各部委工作的高官，还有伊塞克湖州、纳伦州、巴特肯州和奥什州的行政长官，以及总统大儿子阿伊达尔、总统女婿阿地力·托伊果尼巴耶夫。据吉尔吉斯斯坦社会学家苏勒坦巴耶夫估计，1989—1993年从吉尔吉斯斯坦迁出的人大多是有钱人，1994年以后迁出的人则大多是穷人。从1994—1998年，吉尔吉斯斯坦有28万人因生活困难等原因从吉尔吉斯斯坦迁出，有5万人迁入吉尔吉斯斯坦成为难民。[②]

导致贫富悬殊的主要原因在于中亚国家在转型过程中腐败问题丛生。美国著名的印度裔学者巴格瓦蒂（J. N. Bhagwati）针对转型国家提出“贫困化的增长”观点，认为在经济转型国家里，因政策失误而导致的国内生产等一切要素市场的扭曲（如直接的非生产性牟利活动的增多），会引致国民福利水平的下降。这一现象在转型国家尤为突出。中亚国家被认为是世界上最腐败的国家之一。据联合国工发组织和发展计划署在吉尔吉斯斯坦所做的调查，接受调查的所有外国投资者一致认为：腐败是妨碍吉尔吉斯斯坦进一步增强其对外资吸引力的最主要因素，也是造成吉尔吉斯斯坦利用外资效益不高的基本原因。[③] 中亚国家腐败的

---

① E. Y. Sadovskaya, “Labour Migration and Its Impact on Social Stability in Central Asia,” in *Towards Social Stability and Democratic Governance in Central Eurasia. Challenges to Regional Security*, ed. By Morozova, NATO Science Series, IIAS, Leiden, The Netherlands, 2005, p. 211.

② 艾莱提·托洪巴依：《吉尔吉斯斯坦：中国西部邻国》，新疆社会科学院中亚研究所，2004年版，第153页。

③ 艾莱提·托洪巴依：《吉尔吉斯斯坦：中国西部邻国》，新疆社会科学院中亚研究所，2004年版，第119页。

方式主要是政府官员利用职务之便收取种种好处费、政府从企业经营中收取额外的税收、政府机构巧立名目收取赞助费等等。腐败使得中亚国家慢慢走向日益恶化的贫困和社会不稳定，并成为中亚地区发生“颜色革命”的原因之一。

三、贫困所致的移民现象日益突出

中亚国家在历史上的苏联时期形成的经济体系具有很强的不平衡性，因此苏联解体后这些国家虽然政治上获得了独立，但必要的经济基础却没能建立起来，各国在进行经济纠偏和平衡发展的过程中，出现了严重的经济下滑和贫富不均现象，结果导致苏联解体后，中亚地区的跨国移民人数大量增加。移民所去国家在独联体国家中主要是俄罗斯和哈萨克斯坦两国，在非独联体国家中主要是德国。

中亚地区的移民活动主要分为两个阶段：第一阶段为 20 世纪 90 年代初期各国独立之初，主要是政治因素在起作用。因为苏联后期以及苏联解体以后中亚地区的民族矛盾日益突出，加剧了社会动荡，这是促使各民族居民外迁的一个重要原因。在苏联成立以后一直到 20 世纪 80 年代以前，生活在中亚地区的各个民族在社会主义体制下基本上能和睦相处，但苏联解体后，在不少地区因上述提及的劳动力过剩、就业困难、人均耕地面积减少等问题而引发的一些民族之间的矛盾一下子就爆发出来了，中亚国家独立后不少动乱的起因都和民族有关，其中不少发生在原居民和迁入居民之间。所以苏联解体后中亚地区的民族矛盾既有当地民族与外来民族的矛盾，也有当地民族之间的矛盾。这些矛盾的激化使人们，特别是外来民族没有安全感，从而导致了大量移民的出现。第二阶段为20世纪90年代末以来，是经济因素在起主要推动作用，而且在今后一段时间内经济因素会继续成为中亚地区跨国移民的主要原因。例如，吉尔吉斯斯坦在苏联解体后，由于农村地区的劳动力生产水平大幅下降，特别是南部地区的许多人生活处于非常困难的境地，再加上局部地区发生了较为严重的各种生态灾难，成千上万的农村居民纷纷迁居他处。而居民的迁离使这些地区的社会和心理状况更加复杂，出现了新的盲流无产者，犯罪状况越来越严重，形成了恶性循环，并最终破坏原来就不太稳定的社会结构，从而孕育着新的社会冲突的危险。

在其他中亚国家，也存在农村人口大量向城市迁移的现象。但是由于城市在经济转型期面临着产业结构调整的问题，因此很难再接受更多的就业人员。在此情况下，一部分人就选择了去独联体其他国家做劳动移民这条道路，或者在伊斯兰极端组织的宣传鼓动下，走上了极端暴力活动，成为影响中亚地区政治稳定，威胁国家安全的不利因素。在中亚地区居民从农村迁移到城市的同时，也有居民从农牧区迁移到自然条件较好的盆地、河谷和绿洲。但这些地区本来就人满为患，已经处于饱和状态，大量外来人口迁入同样加重了这些地区的人口负担，结果是人们为相互争夺土地和水源而发生冲突，引发了民族之间以及原居民和外来居民之间的矛盾与冲突，1993年塔吉克斯坦发生的内战就是例证。这场内战使塔吉克斯坦成为苏联解体后中亚地区的主要难民输出国，来自这一地区的难民纷纷涌入吉尔吉斯斯坦等周边中亚国家，并给这些国家带来了许多社会问题，使失业人数激增。与此同时，大量青壮年劳力向城市和经济发达地区转移也使得中亚许多原本就很落后的农牧区雪上加霜，使农牧区恢复经济的努力更加渺茫，加剧了地区间发展的不平衡。

导致中亚五国独立以后失业现象严重、劳动移民大量出现的原因主要有：首先，原有的计划经济模式被迅速打破，新的市场经济模式没能立刻建立起来，属于劳动力密集型的轻工业和第三产业发展缓慢，无法提供更多的就业岗位，这使得原来就存在的“隐性失业”公开化；其次，中亚五国各地区之间人口发展状况很不平衡，在一些自然条件较好的盆地、河谷地区，人口密度非常高，加之苏联解体后农牧区经济状况日益恶化，农村人口大量涌入城市，而城市里又缺少现代工业和比较发达的第三产业，因此加重了原来就已经存在的劳动力供求之间的不平衡，于是在就业市场处于饱和状态下只能不断向外输出劳动力；最后，从前述可知，中亚五国的人口都处于非常年轻化的时期，并且人口的增速很快。从各国人口统计可以看出，各国 28 岁以下人口占了相当大的比重。他们都正处于需要就业的黄金时段，而目前的经济状况使中亚国家没能提供足够的工作岗位，因此青年人的失业率最高。以乌兹别克斯坦为例，从该国政府的登记数字看，2001 年，处于 16—18 岁的青少年失业人数占失业总人数的 13.5%，处于 18—30 岁年龄段之间的失业人数占失业总人数的 41.3%，30—50 岁之间的失业者占失业总人数的 40.8%。吉尔吉斯斯坦总统阿卡耶夫也多次指出，目前在吉尔吉斯斯坦一半人以上都属于穷人，其中 18%处于极端贫困状态。[1]

上述原因交织在一起，使中亚地区的失业和移民现象日益突出，尤其是难民和非法移民的存在对中亚国家产生了一定程度的影响，这些难民和非法移民对中亚国家社会稳定和国家安全构成了直接的威胁，大量难民和移民的进入增加了国家的财政支出，加剧了他们和住地原居民的紧张关系，成为了影响社会政治稳定

---

① 吴宏伟：《中亚人口问题研究》，中央民族大学出版社，2004 年版，第 241、243 页。

和经济发展的非传统安全问题。

总之，中亚国家独立后，社会主义经济体制的瓦解，社会保障制度的缺失，又没有一套完善的市场经济机制来运行，加之腐败的盛行，使得各国经济发展缓慢，社会两极化、贫困化现象严重。在失业率居高不下、人民生活水平下降的情况下，就很容易滋生各种各样的社会问题。例如，乌兹别克斯坦的人口过度增长和经济的下滑、土库曼斯坦和吉尔吉斯斯坦的经济停滞、塔吉克斯坦 1992—1997 年内战结束后艰难的重建工作等都迫使人们纷纷向外移民寻找生存的机会。中亚地区的居民历史上一直处于不稳定的颠沛流离状况，经常的迁徙和频繁的战乱使该地区成为了地缘政治激流中的一个旋涡。冷战结束前，中亚各国在苏联的控制下，政治与经济的独立性都很差，独立后，除了要完成民族国家的建构和经济上的转型，还得面对大量的居民跨界迁移问题。而且由于转型初期各国在一些政策上的处理不当，各国的贫困化问题非常突出。同时由于中亚的人口增长率又特别高，在贫困化的条件下失业问题极其严重，年轻化的人口，高比例的失业人群，加之错综复杂的民族构成和宗教信仰，成为了影响中亚地区稳定的重要安全因素。这些因素一旦遭遇极端思想的传播，就很容易滋生暴力活动。中亚地区的伊斯兰极端恐怖组织“伊扎布特”（全称“伊斯兰解放党”，Hizb-ut-Tahrir）之所以能够在中亚的布哈拉、费尔干纳和塔什干等地区生存、活动，就是因为除了这些地区历史上就是伊斯兰教的活动中心这一传统因素外，还与中亚一些国家的政府腐败严重、经济落后造成了大量的贫困和失业人群有关。“伊扎布特”提出的一些主张正好获得了社会中下层人民和弱势群体的信任和认可。于是，以“伊扎布特”为首的极端恐怖组织就在中亚的偏僻落后的农村地区找到了适合自己滋生蔓延的土壤，并形成了以费尔干纳谷地为中心，向四周辐射的活动区域。加之中亚各国民族跨境居住的特征比较突出、移民活动比较频繁的特点，使得中亚的伊斯兰极端恐怖组织具有多国组成、跨国流窜、渗透性强、波及面大和影响面广的特点，严重干扰了中亚地区的和平与稳定。

国际气候制度建设中的多维博弈与中国负责任的发展

胡　键*

内容提要：国际气候制度的建设还处在起步阶段，相应的国际气候制度还在形成的过程中；同时，由于各国都试图在未来的国际气候制度框架中获取更大的利益，因此，各国在现有国际气候制度框架中的利益博弈呈现出多维性和复杂性。中国作为一个新兴的大国，在国际气候制度的博弈中无疑是一个重要角色。对于构建国际气候制度，中国坚持“共同但有区别的责任原则”，不仅是一个积极的、活跃的、负责任的参与者，而且也是重要的建设者，但同时也应该看到，中国在国际气候制度建设中仍面临着种种压力。

近年来，随着气候变暖问题日趋严重，全球气候变化越来越成为国际政治中的最重要议题之一，节能减排问题也就成为政治

* 胡键，上海社会科学院欧亚研究所研究员，博士。

议题中的重要话题。长期以来，温室气体的排放一直处于无规制、无治理状态之中。然而，随着越来越多的国家进入工业化时代，温室气体排放量越来越多，直接影响到人类自身的生存与发展问题。因此，建设全球范围内的环境管理制度体系在 20 世纪 90 年代最终成为一个重要国际议程，国际社会寄希望于通过这一议程来解决，至少要缓解全球气候变暖问题，以实现人类的可持续发展。不过，在这一议程中，西方大国处于主导地位，所以没有过多地追究历史责任问题，相反，随着近年来中国等新兴大国的崛起，国际社会，尤其是西方大国更多关注的是中国在经济发展过程中对国际气候变化产生的影响，甚至大肆炒作“中国已经成为全球最大的温室气体排放国”、“中国是气候变化的主要威胁”，要求中国像发达国家一样“承担起减排的责任”。那么，中国到底是不是全球气候变化的主要威胁呢？从中国在国际气候制度建设中的作用来看，所谓的“中国发展是不负责任”的论调是毫无根据的。

一、国际气候制度框架下的多维博弈

从发展角度看，人类对自身生存环境的关注始于 20 世纪 60 年代，而对气候变化的关注则更晚。直到 1988 年，联合国环境规划署和世界气象组织才联合成立了政府间气候变化专门委员会，以期通过科学评估活动来提高全球对气候变化问题的认识。进入 20 世纪 90 年代，随着全球经济的快速发展，经济活动对气候变化的负面影响越来越大，也越来越直接。国际气候问题因此日益成为重要的国际政治议题而被纳入到国家间的谈判框架之中。1992 年，在里约热内卢召开的联合国环境与发展会议签署了《联合国气候变化框架公约》（以下简称《气候框架公约》），标志着国际气候制度建设迈出了最关键的一步。1997 年，联合国环境与发展会议在公约基础上签署《京都议定书》，明确规定了发达国家减排温室气体的定量目标；2002 年 8 月，在南非约翰内斯堡召开的世界可持续发展首脑会议发表《约翰内斯堡宣言》，并通过了全球可持续发展战略的《实施计划》，进一步推动了国际气候制度建设。尽管如此，国际气候制度的建设仍然处在起步阶段，相应的气候制度还在形成过程中。由于各国的利益分歧及影响各国气候谈判立场因素的复杂性，国际气候制度建设呈现出多维博弈的格局。

首先，在减排问题上，南北之间利益冲突严重。1992 年签署的《气候框架公约》明确指出，历史上和目前全球温室气体排放的最大部分源自发达国家，发展中国家的人均排放仍相对较低，但因其社会和经济发展的需要，它在全球排放中所占的份额将会逐渐增加。为此，公约确立了公平原则和发达国家与发展中国家“共同但有区别的责任原则”，规定发达国家应率先减少温室气体的排放，要求其在 2000 年将温室气体排放稳定在 1990 年的水平上；鉴于发展中国家的首要任务是发展经济和消除贫困，对其减排任务未做明确规定。1997 年《京都议定书》对附件Ⅰ国家[①]在具体的承诺期（2008—2012 年第一承诺期）数量减排目标是：在 1990 年的水平上平均减少 5.2%。然而，美国、日本、加拿大、澳大利亚等发达国家一直不愿提出自己的具体减排指标，美国还以气候变化是全球性问题为由，极力要求发展中国家

① 指由发达国家和经济转型国家组成的 41 个缔约方，包括欧盟、21 个 OECD 国家、10 个经济转型国家以及依据公约第三次缔约方会议（COP3）有关决议增加的 6 个国家。其他公约缔约方则被称为非附件Ⅰ国家。

“自愿承诺”限排温室气体义务，并声称它只能在2008—2012年将其温室气体排放量保持在1990年的水平上，2012年以后再考虑减排。即便如此，美国仍然有一个前提：要求议定书规定联合履行、排放贸易、主要发展中国家承诺参与减排。发展中国家则认为，议定书的任务是为发达国家规定具体的减排指标和时间表，不能为发展中国家规定新的义务；而且，发展中国家认为，它们历史积累排放有限，不应该过早承诺承担减排或限排义务。

其次，发达国家内部在减排问题上矛盾尖锐。美国以占世界4%的人口，排放占世界25%的温室气体，因而担心减排要求会大大损害其经济，使美国企业丧失国际竞争力。最终，布什政府退出了《京都议定书》，使国际气候谈判陷入困境。欧盟是全球温室气体减排最主要的推动力量，也是国际气候谈判的主要发动者，并且在减排方面作出了努力，如欧盟主要国家德国、英国、法国等温室气体的排放量自进入21世纪以来都有明显下降。欧盟从抬高自身竞争力考虑，在国际气候谈判中直逼美国，主张发达国家应在2012年将温室气体排放量在1990年的水平上减排15%。但是，欧盟因内部存在利益矛盾，也没有真正达到议定书规定的减排目标。例如，根据议定书的规定，从1990年到2002年，普遍规定的减排目标是8%，但欧盟实际减排量仅下降了2.5%，其中英、法超目标完成减排任务，德国接近完成指标，而意大利未减反增，一些被允许排放增长的国家如西班牙、葡萄牙，实际排放增长幅度大大超过了规定限度。[①] 另外，澳大利亚以陆克文为首的工党政府在气候政策上也与美国拉开了距离。2007年12月12日，澳大利亚在巴厘岛气候会议上签署了气候

---

① 陈迎：“后京都时代国际气候制度的发展趋势”，《国际技术经济研究》，2005年第2期，第3—4页。

协议，陆克文政府承诺2050年前将减排温室气体60%，还强调“所有发达国家”都应把“目标”落在“行动和事实”上，其矛头实际上直接指向了美国。由此可见，在减排问题上，不仅欧美之间、欧盟内部有矛盾，而且美澳在气候变化问题上也产生了矛盾。

再次，发展中国家内部在减排问题上分歧明显。总体上看，在国际气候制度谈判中，发展中国家一直坚持“历史责任原则”和“共同但有区别的责任原则”，认为发达国家对全球变暖负有历史责任，并要求其对发展中国家提供资金和技术支持。但是，不同的发展中国家发展差异悬殊，因而在国际气候制度谈判中的立场各异。中国、印度是发展中的大国，以发展为第一要务，需要谋求更大的发展空间，因而主张把发展中国家的“生存排放”与发达国家的“奢侈排放”结合起来考虑，反对在《气候框架公约》非约束性“承诺”之外讨论发展中国家将怎样及何时做出排放量承诺，并反对单个发展中国家做出自愿承诺。[①] 石油输出国由于担心全球减排会降低国际石油消费量，导致全球能源市场紧缩。因此，在谈判中尽可能要求所采取的保护全球气候的行动不会对石油消费构成影响。与石油输出国组织成员相反，韩国、阿根廷等国则是减排目标的积极推动者，并曾经做出自愿减排的承诺。小岛国家联盟由于环境脆弱，海平面低，受气候变化影响最大，加之自身排放量小，因而提出了更为苛刻的减排目标，强烈要求世界各国大力减排温室气体，从而给发展中大国形成了巨大的减排压力。77国集团加中国认为阿根廷等选择自愿承诺违背了《气候框架公约》的公平原则和“共同但有区别的责任原则”，

---

① 唐更克、何秀珍、本约朗：“中国参与全球气候变化协议的立场与挑战”，《世界经济与政治》，2002年第8期，第36页。

并认为它们是在利用自愿承诺减排义务换取《京都议定书》谈判中的原始排放配额，从而通过排放权交易来吸引发达国家的投资，改善国内经济。[①] 它们尤其担心阿根廷等国的自愿承诺会成为发达国家对发展中国家施加压力的借口。

当前在减排问题上，多维博弈的实质就在于各国都想通过合法利用全球公共品追求自身利益最大化。气候保护已越来越具有全球公共品的特性，或者说它已经成为全球公共品。也就是说，气候保护的收益是非竞争性的和非排他性的，全球各国都享受到一个国家或地区削减排放所带来的气候改善，承诺削减排放的国家和地区不可能阻止其他国家和地区从中获益。因此，出于国家利益的考虑，各国都试图在气候变化谈判中尽可能地获得"搭便车"的机会。

二、中国在国际气候制度多维博弈中面临的压力与挑战

国际气候制度还没有完全建立起来，这对中国来说既是机遇，也是挑战。无论是作为能源消费大国，还是作为综合国力高速增长的大国，中国在国际气候制度建设中无疑是一个重要角色；同时，由于中国仍然是一个发展中国家，内部的发展压力非常大，需要通过在国际气候制度建设的博弈中，谋求必要的生存排放和发展排放。而国际气候制度还处于构建的过程中，这为中国在国际气候制度构建中发挥相应的作用和施加中国的影响提供

① 庄贵阳、陈迎：《国际气候制度与中国》，世界知识出版社，2005年版，第96—97页。

了契机。但是，国际气候制度建设中的多维博弈又使中国在机遇面前必须要应对来自外部的挑战和内部的压力。

在多维博弈中，对中国来说，最大的挑战来自于发达国家的政治压力。早在关于《气候框架条约》的谈判中，西方大国的态度就已经对中国产生了相当大的政治压力。1991 年 6 月缔约方在日内瓦召开第二次谈判会议，当时，英国、日本提出了“保证和审查”提议，要求各国应当建立自己的温室气体限排战略，并把它们的限排战略定期送交条约的其他成员国审查。由于这一提议是以所有国家都有减排义务为前提的，因此，尽管它不是针对中国的，但作为发展中国家，中国、印度等都表示强烈反对。[①] 后来，“柏林授权”虽然明确规定不得为发展中国家增加新的减排义务，但一些工业国家尤其是美国在审议中不断要求发展中国家承担新的义务。[②] 因此，尽管在第三次谈判中表面上看来是美国作了妥协，但 1997 年 12 月达成的《京都议定书》仍反映了美国所坚持的立场。即便如此，美国仍然认为，《京都议定书》没有确保发展中国家参与减排是有悖于美国的核心目标的。也正因为此，美国众议院在一项拨款法案的附款中，严格限制将任何基金用来实施《京都议定书》的有关规定；[③] 2001 年布什上台后，美国政府干脆宣布退出《京都议定书》。2002 年 2 月布什发布的环境方案称，发展中大国尤其是中国、印度、巴西等没有以某种

---

① Daniel Bodansky, “Prologue to the Climate Change Convention,” in Irving M. Mintzer and J. A. Leonard *ed.*, *Negotiating Climate Change*: *The Inside Story of Rio Convention*, Cambridge: Cambridge University Press, 1994, p. 65.

② Sebastian Oberthur and Hermann E. Ott, *The Kyoto Protocol*: *International Climate Policy for the 21st Century*, Berlin: Springer, 1999, pp. 49—50.

③ Gary Bryner, “Congress and the Politics of Climate Change,” in Paul G. Harris ed. Climate Change and American Foreign Policy, New York: St. Martin’s Press, 2000, p. 119.

有效的方式参与减排，对美国来说是不公平的。美国的退出，实际上是把气候变化的责任推给了发展中大国。更值得注意的是，2008 年 1 月 28 日，布什在他任期的最后一个国情咨文中，只有一次提到中国，即是要求中国承担国际气候责任。欧盟在气候制度建设的博弈中首要的目标是将温室气体的排放由增加转为减少，然后再努力达到《京都议定书》中所承诺的减排目标，即在 2008 年至 2012 年期间，欧盟温室气体总排放量比 1990 年减少 8%。为实现此目标，1998 年欧盟成员国之间达成一项"减排量分担"协议，规定部分成员国（德国、英国和丹麦）必须大幅度减排；法国等国可将排放量维持在 1990 年水平；西班牙、葡萄牙和希腊等国在 1990 年的基础上适当增加排放量。2004 年 5 月 1 日新加入的成员国和那些计划于 2007 年加入的国家没有参与减排量分担协议，但它们有各自独立的京都目标。[①] 正因为如此，欧盟近年来一直在国际重大场合充当环保急先锋，甚至把气候问题拔高到"集体安全层面"。但是，欧盟的高环保标准却给欧盟商品的出口竞争力造成了消极影响。因此，欧盟在国际重要场合强烈要求把能源和气候问题列为首要议题，并试图打破《联合国气候变化框架公约》中"共同但有区别的责任"原则等，闭口不提《京都议定书》为发达国家确立的温室气体减排上的量化标准，而是屡屡将矛头指向中国等发展中大国，强烈要求中国、印度等"分担责任"，在中欧贸易往来中，欧盟更是屡屡向中国打出"节能技术牌"以限制中国商品抢占欧盟市场。由此可见，中国在气候变化问题上面临着来自美国、欧盟等工业大国施加的强大政治压力。

---

① 庄贵阳："欧盟温室气体排放贸易机制及其对中国的启示"，《欧洲研究》，2006 年第 3 期，第 70 页。

其次，中国虽然在谈判中始终站在发展中国家的立场上，但由于各国利益的不同和博弈本身的复杂性，发展中国家的原则并不是始终一致的。作为发展中国家联盟的 77 国集团，主张在气候谈判中立场的一致性：坚持《京都议定书》的“共同但有区别责任”的原则；发达国家对全球变暖负有历史责任；发达国家对发展中国家应该提供自己和技术援助等等。但是，在 77 国集团中，中国、印度是排放量最大的国家，力主自愿承担的方式，要求切实考虑各国自愿留用权利和分配的公平性，而发展缓慢的发展中国家和不发达国家的温室气体排放量小，没有减排的压力，因而主张推进全面减排工作。特别是《京都议定书》正式生效以后，有关后续承诺期的新一轮谈判正式启动。在后京都国际气候制度的谈判中，发展中国家的内部协调将更加困难。特别是哈萨克斯坦、阿根廷、韩国、巴西、墨西哥等国家，要么主动承诺减排，要么在新能源和清洁发展机制等方面已经掌握了相应的技术，因而它们的排放压力将越来越小，并进而对中国提出相应的要求。也就是说，国际气候制度建设的多维博弈中，中国也面临着来自发展中国家内部有关节能减排的技术创新的压力。

除了上述外部挑战外，中国还面临着来自内部的压力。内部的压力往往是中国在国际气候制度博弈中的重要掣肘。首先是二氧化碳排放量不断增加的压力。中国虽然碳排放量的历史积累、人均排放、单位 GDP 排放量等都较少，但随着中国经济的快速发展，中国的绝对碳排放量在逐年增多。在过去几年中，国际上一直预言，中国将超过美国成为二氧化碳最大排放国，只是具体的时间表不一致，有的说最早在 2007 年，也有的预测在 2010 年。2007 年 6 月，荷兰环境评估局发布的一份报告称，2005—2006 年，中国的化石燃料的二氧化碳排放量增加 8%，如果仅仅根据化石燃料的消耗额看，中国仍位于美国之后。但是，中国的水泥生产能力惊人，而且在迅速膨胀，目前生产能力已经占世界的44%。而在生产水泥的过程中会释放大量二氧化碳。综合两方面的数据，荷兰环境评估局认为中国的二氧化碳排放总量为62亿吨，美国为58亿吨。因此，中国已经成为世界上最大的二氧化碳排放国。[①] 国际机构对中国的评估虽然有言过其实的一面，但从另一个方面反映了中国经济高速发展伴随着二氧化碳排放的绝对量不断增大的事实。这将影响中国在构建国际气候制度中的谈判能力。

其次是经济发展与反贫困的压力。改革开放以来，中国的经济繁荣，为世界减贫、扶贫做出了巨大的贡献。但是，中国的贫困问题依然十分严重。世界银行2007年底公布预期的购买力平价修正数据显示，中国经济规模比以往估计的规模小40%。这就意味着，中国生活在世界银行设定的日均1美元贫困线以下的人数约为3亿。[②] 这种情况表明，反贫困仍然是中国未来相当长一段时期内构建和谐社会的头等大事。而反贫困最重要的途径是发展经济，在中国经济发展方式还没有根本转变的前提下，经济发展无疑会带来更大的碳排放量。也就是说，在未来的国际气候制度建设中，中国实际上处于降低碳排放量与降低贫困率的两难困境之中。

再次，中国在国际气候制度建设中还存在着内部环境保护的巨大压力。尽管气候变暖问题是全球性的问题，全球都要承担相应的责任，但是，中国的环境保护压力更大。从气温变化看，根据中国科学院有关研究显示，近100年来中国年地表平均气温明

---

① 《中国二氧化碳排放量，已超美国列世界第一》，http://www.zaobao.com，2007—6—21。

② Albert Keidel，"The Limits of a Smaller，Poorer China，" *Financial Times*，December 15，2007.

显增加，升温幅度约为 0.5℃—0.8℃，比同期全球平均值（0.6℃±0.2℃）要强。在最近的 50 年，中国年平均地表气温增加 1.1℃，增温速率为 0.22℃/10 年，明显高于全球或北半球同期平均增温速率。根据预测，未来 20—100 年中国地表气温将明显增加。与 2000 年比较，2020 年中国年平均气温将增加 1.1℃—2.1℃，2030 年增加 1.5℃—2.8℃，2050 年增加 2.3℃—3.3℃，气温的快速上升已经严重威胁到青藏高原的环境，特别是冻土退化和冰川萎缩。由于青藏高原是中国主要河流的源头，因此，冰川融化将直接威胁到长江、黄河等沿岸人民的生存。

内部环境保护的压力又与中国过去 30 年来的经济增长方式直接相关。中国虽然已经发展成为经济大国，但中国经济的高速增长，主要依靠劳动力、资金、土地、资源和能源等要素的粗放投入，增长效率和质量不高，增长基础也比较脆弱。因此，高投入、高消耗、高污染、低产出实际上是中国过去经济增长的典型特点。所以，一些西方学者指出，虽然中国经济高速增长，但是腐败、贫困、社会阶层差距扩大和环境污染等问题却是中国发展之痛，有可能导致社会动荡、政治纷争、生态灾难等严重后果，使经济高速发展成为“过去式”。① 更有甚者，有西方学者甚至

---

① Wing Thye Woo, “A Harmonious Socialist Society or Bust: China's Quest for Sustainable Development,” http://www.carnegieendowment.org/ChinaDebates, December 1, 2006; Minxin Pei, “China is Stagnating in Its ‘Trapped Transition’,” *Financial Times*, *February* 24, 2006; David Streets, “Black Smoke in China and Its Climate Effects,” *Asian Economic Papers*, Vol. 4, No. 2, 2005, pp. 1－23; Murry S. Turner, “China Rethinks Unrest,” *The Washington Quarterly*, Vol. 27, No. 3, 2004, pp. 137－156; Jeffery D. Sachs and Wing Thye Woo, “Understanding China's Economic Performance,” *Journal of Policy Reform*, Vol. 4, Issue 1, 2000, pp. 1－50.

把环境污染（特别是水污染）和能源问题视为中国经济面临的“八大敌人”中的“两大敌人”。[①] 这种“中国崩溃论”的另类翻版，虽然有危言耸听之嫌，但粗放型的经济增长方式及其导致的环境问题，的确是中国在构建国际环境制度过程中所面临的巨大压力。

三、中国在国际气候制度多维博弈中的战略选择

在国际气候制度建设的多维博弈中，中国虽然面临着种种压力和挑战，但在这一方面，中国同样扮演着“负责任的利益攸关方”的角色。特别是自 20 世纪 90 年代以来，中国融入国际程序的程度越来越深，而随着中国整体实力的提升，中国也具备了一定的议题设置能力，因此，中国通过维护国际程序的权威性并努力完善有关国际程序来充分体现中国的和平发展更是对全世界负责任的发展。

从中国与既有国际气候制度的关系来看，尽管既有的国际气候制度框架同样是西方大国主导下建立起来的，但该框架在相当大程度上体现了应有的公平性、平等性等基本准则，这正是人类发展进程中所必须要遵循的基本原则，因此无论是发达国家还是发展中国家都必须维护。而中国在国际气候谈判的多维博弈中为维护这些国际程序发挥了重要作用。

首先，中国一直坚持不承担量化减排温室气体的义务，维护

① ［美］小查尔斯·沃尔夫等著：《裂缝：中国经济面临的八大敌人》，徐静译，新华出版社，2005 年版。

了《气候框架公约》的公平原则。制度正义是制度建构的前提，它的目标在于确保该制度框架中的所有成员，不论其大小和强弱，都免于承担不成比例的有害的制度后果和解决制度问题的相关成本。国际气候制度的公平原则既是基于对历史的考察，也是根据各国具体情况，如排放责任与义务、经济发展水平与支付能力、低成本的减排机会等，在排放分配中合理体现国家之间的差别。中国认为，从排放的历史数据看，截至1990年，如果以累积碳排放量衡量，附件Ⅰ国家人口仅占世界人口的22%，却占全球总累积排放量的78%；从人均排放量看，1990年全球人均排放约1.0吨碳/人，而附件Ⅰ国家为3.25吨碳/人，非附件Ⅰ国家仅为0.48吨碳/人。[①] 这表明，发达国家在历史上对发展中国家欠下了巨大的环境债。因此，从公平的角度考虑，发展中国家不能承担减排的义务。当然，从全球共同利益的角度考虑，中国在快速发展中要自觉努力降低碳排放量。同时，中国强调，温室气体排放涉及发展中国家的发展空间和增长速度，而且发展中国家的资金、技术和管理能力均较弱，要求发展中国家承诺温室气体的减排，显然有碍发展中国家的经济发展和生活水平的提高。在中国等发展中大国的强烈反对下，《京都议定书》最终没有把发展中国家自愿承诺的条款列入其中，从而最大可能地维护了《气候框架公约》所规定的公平原则。

其次，在贯彻实施公平原则过程中，中国坚持要求发达国家率先减排与强调以人均排放量为基准相结合，从而维护了国际气候保护的共同性责任原则。坚持发达国家率先减排，是因为发达国家在温室气体排放空间的“无限供给”阶段获得了碳排放产

---

① 庄贵阳、陈迎：《国际气候制度与中国》，世界知识出版社，2005年版，第134页。

权，进而转化为投资、科研优势；而且，温室气体排放空间从过去的“无限供给”发展成为今天的稀缺资源、“拥挤”产品，正是由于发达国家过去工业化过程中的碳浓度累积所致。因此，发达国家首先要承担责任，偿还历史上在温室气体排放问题上所欠下的巨额债务。发达国家在历史上优先获得了排放权，而且历史的排放已经无法改变，但这并不意味着这种不公平的排放权可以一成不变。发展中国家面临着巨大的反贫困和发展经济的压力，需要生存排放和必要的发展排放。即使如中国这样发展较快的发展中大国，生存排放权和发展排放权仍然十分重要。如果按世界银行人均一天消费 1 美元以下就算绝对贫困为标准，截至 2005 年，中国仍然有近 3000 万的绝对贫困人口和相当数量的相对贫困人口。这就是说，中国如果完全按照发达国家的要求进行减排，那么，现代化就会成为泡影。因此，中国坚持强调，发展中国家在气候变化问题上作出的任何承诺必须以发达国家率先采取实质性的减排为前提。

坚持人均排放量的基准，是为了充分体现平等主义的价值理念，也就是承认每个人对全球的公共资源享有同等的权利。然而，迄今为止，全球人均温室气体的排放极不均衡。从总体上看，发达国家无论是历史上还是在今天，人均排放量都远远高于发展中国家。发展中国家人口占世界总人口的 4/5，但碳排放量占全球碳排放总量的比例只有 40%。从单个国家看，发展中大国的碳排放总量的确在迅速上升，但人均排放仍然比较低。2004 年，中国的人均碳排放量是 0.99 吨，印度只有 0.28 吨，都远远低于全球人均碳排放量（1.16 吨）平均水平。而同期美国人均碳排放 5.5 吨，是中国的 5 倍还多。加拿大则为 4.93 吨。即使排放量较小的发达国家如日本、欧盟等，人均排放量也分别达到了 2.7 吨和 2.17 吨，仍然比中国、印度等国高。

仅仅要求发达国家减排，可能不现实，但只实行人均排放也会造成不公平。这是因为，发达国家历史上通过过分占用世界平均水平的排放空间已经实现了自身较高的人文发展水平，而如果完全按照人均排放的标准，发展中国家就没有机会在一定的时间段内碳排放水平超出世界人均排放水平。这就意味着发展中国家必须优先承担更大的技术成本来确保国内的碳排放在人均排放水平之内。因此，中国坚持要求发达国家率先减排与按照人均排放基准相结合，以体现平等的权利。

此外，中国支持《京都议定书》的三个灵活机制，即国际排放贸易（International Emissions Trading，IET）、联合履行机制（Joint Implementation，JI）、清洁发展机制。对于这三个灵活机制，中国经历了从不赞同到怀疑、最后到积极支持的转变。中国最初认为三个联合机制特别是联合履行机制不过是发达国家逃避自己采取行动的一种方式，也是让发展中国家承担义务的一种潜在方式。所以，中国对联合履行和排放贸易持怀疑态度，对清洁发展机制的支持也不多。但是，自 1999 年波恩会议后中国开始改变态度，对联合履行和排放贸易表示理解，对清洁发展机制更是表现出浓厚的兴趣。[①] 这是因为，国际排放贸易、联合履行机制和清洁发展机制三种域外减排机制可以使发达国家通过这三种机制，在本国以外取得减排的抵销额，从而有助于发达国家以较低成本减少排放量，促使它们更好地履行《京都议定书》的有关规定。而清洁发展机制从理论上看，更是一项“双赢”机制：一方面，发达国家可以通过这种合作大幅度降低其在国内实现减排所需的高昂费用，加快减缓全球气候变化的行动步伐；另一方

① 张海滨：“中国在国际气候变化谈判中的立场：连续性与变化及其原因分析”，《世界经济与政治》，2006 年第 10 期，第 40 页。

面，发展中国家通过合作可以获得有利于可持续发展的先进技术和急需的资金。正是出于这种双赢的考虑，中国在正式核准了《京都议定书》以后便制定了有关清洁发展机制项目的政策，成立了由相关部门组成的清洁发展机制国家审核理事会。2004 年 6 月 30 日又发布实施了《中国清洁发展机制项目运行管理暂行办法》；同时，中国更是积极推动清洁发展机制的发展。根据“中国清洁发展机制基金”公布的数据显示，截至 2007 年 3 月 28 日，中国已在国际注册的清洁发展机制项目已经达到 49 个，占清洁发展机制基金项目数的 8.55%。[①] 预计 2008 年，中国开发的清洁发展机制项目将达到数百个。[②]

中国不仅为维护已有的国际气候制度框架作出了重要贡献，而且自签署《京都议定书》以后，中国还直接为国际气候制度的建设发挥了积极作用。其中包括：一是推进技术进步，调整产业结构，促进经济发展方式的转变，提高能源利用效率。特别是产业结构的调整带来了巨大的节能效应，从 1991 年到 2005 年，中国累计节约能源约 8 亿吨标准煤，相当于减排 18 亿吨二氧化碳。二是发展低碳能源和可再生能源，改善能源结构。通过国家政策引导和资金投入，加强了水能、核能、石油、天然气和煤层气的开发和利用，支持在农村、边远地区和条件适宜地区开发利用生物质能、太阳能、地热、风能等新型可再生能源，使优质清洁能源比重有所提高。因此，中国一次性能源消费构成中煤炭的比重从 1990 年的 76.2%降至 2005 年的 69.1%。三是大力开展植树造林，加强生态建设和保护。据专家估算，1980—2005 年中国

---

① 《已在国际注册的 CDM 项目情况（截止到 2007 年 3 月 28 日）》，http：//www.cdmfund.org/ list _ detail.asp? ID _ ID= IDID070424173522599547。

② 高广生：“中国 CDM 管理”，http：//cdm.ccchina.gov.cn /Up2File /File391.PDF。

造林活动累计净吸收约30.6亿吨二氧化碳，森林管理累计净吸收16.2亿吨二氧化碳，减少毁林排放4.3亿吨二氧化碳。四是中国政府一直把计划生育作为基本国策，使人口增长过快的势头得到有效控制。到2005年中国累计少出生3亿多人口，按照国际能源机构统计的全球人均排放水平估算，中国仅在2005年一年就相当于减少二氧化碳排放约13亿吨，这是中国对缓解世界人口增长和控制温室气体排放做出的重大贡献。此外，中国还主动进行了减排。根据国家发改委公布的数据显示，从1950年到2002年，中国排放的二氧化碳只占世界同期累计排放量的9.33%，同期发达国家排放量占77%，而此前的200年间，发达国家更是占到了95%。从人均水平看，1950年到2002年的50多年间，中国人均排放量只居世界第92位。从单位GDP二氧化碳排放的弹性系数看，1990年到2004年的15年间，单位GDP每增长1%，世界平均二氧化碳排放要增长0.6个百分点，但中国仅增长0.38个百分点。

更为重要的是，中国还为未来进一步完善国际气候制度在各个方面主动承诺做出积极的努力。根据中国政府颁布的《中国应对气候变化国家方案》和《可再生能源中长期发展规划》，未来在国际气候制度建设中，中国从内部将围绕以下几个方面入手：一是加快技术创新，提高能源利用率，使万元国内生产总值能耗由2005年的1.22吨标准煤下降到2010年的1吨标准煤以下，降幅在20%左右；单位工业增加值用水量降低30%。二是走新型工业化发展道路，致力于减少碳排放，到2020年，力争使GDP的碳排放强度比2000年下降40%以上。三是大力发展高效、清洁的化石能源技术、先进核能技术和可再生能源技术，特别是有序开发水电、积极推进核电建设、加强火力发电的技术进步、推进生物质能源的发展、发展煤层气产业和扶持风能、太阳能、地热能、海洋能等的开发和利用等政策措施，逐步提高优质清洁可再生能源在能源结构中的比例，即从目前可再生规模8%的比例提高到2010年的10%，到2020年使这一比例达到15%，并力争到2050年使非化石能源比重在一次能源构成中占30%以上。此外，加强林业的保护、管理和造林，以及加强农业和草场管理，力争在“十一五”期间使农林业碳吸收在1990年基础上增加1.2亿吨以上。中国作为发展中大国而推出这一系列的方案和措施，无疑将有力地推动国际气候制度向前发展。由此可见，中国在致力于经济发展的同时，已经采取了大量措施来保护全球气候环境，并已把减缓气候变化对策纳入国家经济与社会发展的总体战略与规划之中。

非传统安全中的气候问题

夏　雪*

内容提要：气候变化问题是非传统安全问题的因素之一，是一个全球性问题。由气候变化引发的环境、生态、移民等危机，影响着国际关系的变动，甚至引发国际冲突。气候变化引发的各种危机导致了国家外交政策的变化。在气候问题上的态度和采取的应对措施，成为一国是否“负责任”的标准之一和一国国际形象的标志之一。它所产生的影响关系着人类生命和人类社会的长久生存。但由于国家间合作是有选择性的，所以解决这一问题仍是未来的一项艰巨任务。

人类社会的技术发展，使自身生存的国际环境发生了巨大变化。影响国家安全的因素已经不仅仅限于传统的军事安全，非传统安全问题越来越受到重视，二者相互交织，成为影响国家安全的重要因素。非传统安全包括国际恐怖主义、经济安全、能源安全、环境安全、文化安全等广泛内容，人与自然之间的问题也是

* 夏雪，上海社会科学院国际问题研究中心助理研究员，博士。

其内容之一。气候变化问题是国际社会普遍关心的重大全球性问题，气候变化引发的各类灾难严重危害着人类的生存、健康以及国际社会的安宁，同时也成为非传统安全领域的重要威胁之一，对国际关系乃至人类社会构成挑战。

一、气候问题已经引起全球关注

虽然从1861年开始，人类就对气象进行跟踪记录，但直到20世纪六七十年代，人们才明显地意识到，以破坏环境为代价的经济发展是不可持续的，人类对自然的过度索取，反过来会惩罚自己，温室效应就是最明显的例子。在各国工业化过程中，“经济优先发展”的战略使许多国家付出了惨重代价。生态破坏和污染问题加速发展，工业污染随着工业化的不断深入而急剧蔓延，终于形成了大面积乃至全球性公害。从20世纪70年代开始，工业化国家开始寻求与环境相协调的发展策略。为此，许多围绕气候问题的国际会议不断召开。其中，联合国国际环境大会引人瞩目。

联合国人类环境大会通过的《联合国人类环境会议宣言》被视为全球环保运动的发端。这次大会于1972年6月5日至16日在瑞典斯德哥尔摩举行，是世界各国政府共同讨论当代环境问题、探讨保护全球环境战略的第一次国际会议。会议通过了《联合国人类环境会议宣言》，郑重宣布会议提出和总结的7个共同观点和26项共同原则，呼吁各国政府和人民为维护和改善人类环境，造福全体人民，造福后代而共同努力。会议引发了世界范围的第一次环保主义高潮，此后直到20世纪80年代初，各国环境政策的重点在于通过行政管理和不断完善环境立法来推动环境保护工作的展开，以工业污染的末端治理为主。

1982年，联合国人类环境特别会议在内罗毕召开，会议通过了《内罗毕宣言》。这次会议，一方面为了纪念1972年的环境大会，一方面督促世界环境事业发展。《内罗毕宣言》在充分肯定了《联合国人类环境会议宣言》的基础上，针对世界环境出现的新问题，提出了一些各国应共同遵守的新原则。《宣言》指出了进行环境管理和评价的必要性及环境、发展、人口与资源之间紧密而复杂的关系，认为只有采取一种综合的并在区域内达到统一的办法，才能使环境无害化和社会经济持续发展。《宣言》认为贫苦和浪费都会导致对环境的过度开发，因此必须用计划手段予以调节。《宣言》还表示反对核战争威慑、军备竞赛、种族歧视和殖民主义。从那时起到20世纪90年代初期，兴起了世界范围内第二次环保主义高潮，公众环保意识高涨。国际社会的环保政策开始从“重污染、后治理”的指令性控制模式逐渐转变为公众—市场—法律法规相结合的“边发展、边治理”模式。

1989年12月22日，第44届联合国大会经过协商，通过了第44/228号决议，决定于1992年6月召开联合国环境与发展大会。1992年6月3日，大会在巴西里约热内卢召开，180多个国家和地区的代表、60多个国际组织代表、100多位国家元首或政府首脑在大会上发言。这次大会的宗旨是回顾第一次人类环境大会召开后20年来全球环境保护的历程，敦促各国政府和公众采取积极措施，协调合作，防止环境污染和生态恶化，为保护人类生存环境而共同做出努力。会议的重要成果是签署了一项非约束性的协议，即《21世纪议程》，这是建立可持续社会的全球性行动计划。会议还通过了两项非约束性的原则：其一是关于全球环境和发展的一般性原则，即《里约环境与发展宣言》；其二是关于世界森林的可持续管理原则，即《关于森林问题的原则声明》。

《气候变化框架公约》和《生物多样性公约》则独立于大会进程进行谈判，但几乎同时进行，并在此次会议上签署，因此它们被认为是与此次会议相关的协议。这次联合国环境与发展大会又被称为“地球会议”，是联合国成立以来规模最大、级别最高、筹备时间最长、影响最深远的一个国际会议，是人类环境与发展史上的一次盛会，被认为是全球环境保护史上继 1972 年人类环境大会以来的又一个里程碑事件。会议宣称：和平、发展和保护环境是互相依存、不可分割的，世界各国应在环境与发展领域加强国际合作，为建立一种新的、公平的全球伙伴关系而努力。对促进全球环保意识的提高，深化对可持续发展的认识，推动全球可持续发展战略的实施具有重要意义。①

此后，围绕《联合国气候变化框架公约》还曾召开一系列会议。1997 年 12 月，《联合国气候变化框架公约》第三次缔约方大会在日本京都召开。149 个国家和地区的代表通过了《京都议定书》，它规定从 2008 到 2012 年期间，主要工业发达国家的温室气体排放量要在 1990 年的基础上平均减少 5.2%，其中欧盟将 6 种温室气体的排放量削减 8%，美国削减 7%，日本削减 6%。《京都议定书》2005 年 2 月 16 日生效。

但是，随着《京都议定书》最后执行期限的临近，2012 年之后如何进一步降低温室气体的排放，即所谓“后京都”问题成为在内罗毕举行的《京都议定书》第二次缔约方会议上的主要议题。这个议题也是此后各国关注的焦点之一。2007 年 6 月 6 日至 8 日在德国海利根达姆举行的八国峰会上，德国提出到 2050 年全球温室气体排放应比 1990 年的水平降低 50%、全球平均气

---

① 有关 1992 年联合国环境与发展大会的相关信息详见徐再荣：“1992 年联合国环境与发展大会评析”，《史学月刊》，2006 年第 6 期。

温上升不超过2℃的目标。虽然这一提议遭到美国极力反对，但经过磋商，八国集团各方表示同意“认真考虑”德国的建议，而且愿意2012年《京都议定书》期满后协商通过一个应对全球气候变暖的新的国际协议。评论认为，这一妥协方案的达成向2007年12月在印尼巴厘岛举行的联合国气候大会传递了强烈信息，为各国在2009年之前通过谈判达成“后京都时代”的温室气体减排框架协议奠定了基础。[①]

2007年12月3日，举世瞩目的第四次联合国气候会议在印度尼西亚巴厘岛举行。本次会议发布的决议草案要求发达国家在2020年前将温室气体减排25%至40%。但这一建议遭到美国、日本等一些发达国家的拒绝和反对，它们担心这会影响经济的增长。经过两周的激烈争执与讨论，12月15日，在会议结束的最后时刻，美国终于做出妥协，同意接受一份2009年前应对全球变暖的工作草案。这样，会议通过了“巴厘岛路线图”，其主要内容包括：大幅度减少全球温室气体排放量，未来的谈判应考虑为所有发达国家（包括美国）设定具体的温室气体减排目标；发展中国家应努力控制温室气体排放增长，但不设定具体目标；为了更有效地应对全球变暖，发达国家有义务在技术开发和转让、资金支持等方面，向发展中国家提供帮助；在2009年年底之前，达成接替《京都议定书》的旨在减缓全球变暖的新协议。在美国的坚持下，“路线图”最终并没有制订可行的量化指标，这让许多环保人士感到不安。但会议也使人们看到了问题的积极一面，那就是“虽然还没有哪个国家已经被减排指标约束，但重要的是，也没有哪个国家逃过了这一约束”。[②]“巴厘岛路线图”来之

---

① 方华：“2007年八国集团峰会聚焦”，《国际资料信息》，2007年第6期。

② 常旭旻：“巴厘岛会议最后一刻达成‘路线图’”，人民网环保频道。

不易，但它只是达成减缓全球变暖新协议的开始。人们希望这一“路线图”能指引未来的谈判，为人类有效应对气候变化的挑战创造更为有利的条件。

无疑，正如联合国秘书长潘基文在为2007年2月巴黎“地球公民”环境大会发去的录像讲话中所说的那样：“我们所有人都是环境恶化的见证人，气候变化是最明显的例子，这也是我作为联合国秘书长最重要的挑战之一。但气候变化还不是环境面临的唯一威胁，缺水、水土流失以及物种消失等问题已接踵而至。所有这些威胁都可能把人类的进步破坏殆尽，也有可能把我们对抗贫困和维护和平与安全的努力毁于一旦。”环境问题是全球性的问题，任何一个国家没有能力独自解决这一问题，只有协调一致的国际行动才能有效，联合国当然是最有能力领导这一行动的机构。

二、气候变化引发多种问题

从2004年印度洋海啸、2005年美国卡特里纳飓风、2007年西欧水灾，到2008春节前后中国南方特大雪灾，近几年来，全球极端灾害天气发生的频率在增加，造成了巨大的危害和损失。不仅如此，气候变化因素还会为人类以后的生存埋下隐患。

气候变化引发疾病。2007年7月，60名卫生、环境与气候专家在马来西亚吉隆坡召开会议，讨论全球气候变暖给健康造成威胁的问题。专家们认为，气候变化在一些地区造成台风、洪涝等灾害，使痢疾等疾病更加流行，而沙尘暴则将引发更多的呼吸系统疾病。亚洲地区每年几乎8万人直接或间接死于气候变化引发的疾病。世界卫生组织亚太地区环境卫生顾问小川尚说，过去从未出现过疟疾病例的高纬度地区现在也有疟疾病发生，各国决策者要尽快行动起来，准备好应对未来可能爆发的登革热、痢疾、霍乱等疫情，并应对有可能跟全球气候变暖有关联的其他疫情的暴发。[①] 2008 年 6 月 11 日和 12 日，来自欧盟各国的疾病防控专家在斯德哥尔摩举行会议，评估了全球变暖和生态环境变化对传染病传播的影响，他们认为，全球变暖对蚊子、白蛉、虱蝇和啮齿目动物的生存越来越有利，其活动的范围也越来越大，而不少疾病都是通过这些生物来传播的。因此，欧洲地区未来暴发登革热、西尼罗病毒、基孔肯雅病、森林脑炎等虫媒传染病的危险性会越来越大。[②] 而 2008 年 7 月来自美国疾病控制和预防中心的一份报告称，由于美国的夏季越来越热，传播西尼罗病毒的蚊子大量滋生繁衍，而西尼罗病毒也随着气候变化而产生了变异，它更能适应炎热的气候，这意味着今后北美地区可能要比世界其他地区遭受更多的西尼罗病毒的“袭击”。[③]

气候变化引发移民潮。早在 2005 年，欧洲环境署的执行官员杰奎琳就认为，仅在欧洲内部，从地中海到北极圈这一区域里，就已经可以看到潜在的气候变化引起的难民问题。由于北部永冻带的融化和南部的干旱，人们都将会往中部欧洲迁移。[④]

① 《专家称气候变化导致亚洲疾病多发》，http：//www. voanews. com/chinese/archive/2007－07/w2007－07－03－voa24. cfm。

② 《欧洲专家担忧全球变暖增大传染病威胁》，人民网，http：//scitech. people. com. cn/GB/7380307. html。

③ 《西尼罗病毒新变异毒株因全球变暖而肆虐蔓延》，http：//scitech. people. com. cn/GB/7475359. html。

④ 《气候变化将导致欧洲居“民中欧移民”》，http：//www. ccchina. gov. cn/cn/NewsInfo. asp? NewsId＝2543。

2008年3月，欧盟对外政策专员贝妮塔·费雷罗—瓦尔德纳和欧盟委员会负责外交事务高级代表哈维尔·索拉纳发表报告称，预计今后10年世界上“将出现上百万环境移民，而气候变化是导致此类现象的主要动因”。他们指出，遭受全球变暖沉重打击的部分国家因此会要求国际社会考虑其环境移民问题。他们认为“欧洲必须充分估计不断加大的移民压力”。他们的报告提交给在布鲁塞尔召开的欧盟最高首脑会议，此次会议促使欧洲各国政府认真考虑气候变化给欧洲安全和外交政策带来的影响。[①] 世界自然基金会俄罗斯分会会长伊戈尔·切斯京也曾指出，全球气候变化将导致俄罗斯遭受来自亚洲国家的移民压力。[②]

气候变化引发粮食危机。分析人士认为，非洲粮价上涨受到内外因素的共同影响。但不可否认，近些年来，受全球气候变化的影响，许多非洲国家气候反常。东非地区的持续干旱致使玉米减产，而去年西非地区更是暴雨成灾，许多农民颗粒无收，粮食产量大幅下降。[③] 恶劣气候也是造成其他主要粮食生产国减产的罪魁，比如孟加拉国遭受台风袭击，造成大米减产300万吨。[④] 虽然有人认为，气候变化因素不是目前世界粮食危机的主要因素，气候或天气这一变量早已成为农业、粮食市场的一个常量，并认为，就世界经验来看，气候或天气导致粮食产量变化的上下幅度不过1%—2%，但是，气候变化对粮食生产的影响越来越

---

① 《欧盟官员：欧洲将迎来“气候变化移民”潮》，人民网，http://env.people.com.cn/GB/6990404.html。

② 《粮食短缺引发地区争端》，http://www.cfej.net/Environment/ShowArticle.asp?ArticleID=12817。

③ 《全球高粮价引发非洲粮食危机》，http://gb.cri.cn/19224/2008/04/15/882@2020365.htm。

④ 刘军：《导致世界粮食危机的原因何在》，《光明日报》，2008年5月9日，第8版。

大这一点却不可否认。[①]

气候变化引发水资源危机。2008年初，气候学家和水文学家在美国《科学》杂志刊登研究报告说，由于气候变暖，世界各地水循环系统将发生巨大变化。气候变暖已经对降水、河流产生影响，并对一些地区构成更大的洪水威胁。此外，气候变暖导致海平面上升，而这将威胁沿海地区的淡水供应。[②]

气候变化引起的灾难远不止这些，它还将使人类社会陷于战乱。已经有许多人指出，未来的战争冲突可能将源于气候变化以及因气候变化而发生的生态资源短缺。[③] 在2008年1月的“主要经济体能源安全与气候变化会议”上，联合国秘书长潘基文首次把达尔富尔冲突同全球变暖联系在了一起。在达尔富尔，粮食匮乏被认为是牧民和农民之间发生冲突的原因之一。粮食减产在东非地区引发了大规模移民。这种情况在从肯尼亚到乌干达再到厄立特里亚的东非地区普遍存在。沙漠化和不断增加的人口给日益减少的资源造成了巨大压力。据联合国最近发表的一份报告称，预计东非部分地区将来的粮食产量将下降多达70%。许多分析人士最为担心的是全球变暖推动的这种变化的速度。安全分析人士杰夫·达贝尔科说：“令人担心的不只是资源的绝对匮乏——非洲一直干旱，而是变化的速度。如果变化非常迅速，各机构就没有时间反应。”亚洲方面，印度新德里国际政策中心战略研究专家布拉马·切兰尼1月17日曾在美国国会演讲称，全球气候

---

① 江涌：《直面世界粮食危机》，http://theory.people.com.cn/GB/49154/49155/7449630.html。

② 《气候变化将导致供水危机》，http://news.sohu.com/20080202/n255027371.shtml。

③ 许靖华：《太阳、气候、饥荒与民族大迁移》，《中国科学D辑》，1998年第4期。“Global Warming: New Study Suggests Climate Change Could be the Root of Armed Conflicts,” http://www.springer-sbm.com，2007年7月9日。

改变已经危及到亚洲地区各国的经济、环境和政治，西方发达国家和亚洲各国应该一起努力，共同防止这些因为气候改变造成的更深远的危害。[①]

三、气候问题将长期挑战人类社会

气候变化引起的危机不是单独的，而是环环相扣，而一系列的连锁反应，都将影响全球生命的生存状况，对此，人类社会不断采取应对措施。

由气候变化引发的环境、生态、移民等危机，影响着国际关系的变动，甚至引发国际冲突。气候变化不仅是全球变暖问题，它意味着全球气候系统在发生变化。地球环境的平衡维持了适合生命生存的气候条件，但其中的轻微变化都将影响地球上的生命。但是，研究表明，现在气候变化使全球干旱、洪水、飓风等灾害发生得比以往更加频繁。在受灾地区，失去生存条件的大量人口需要迁移，给其他地区带来压力，这不仅增加了疾病传播的可能性，还造成社会的动荡不安。对于将会产生的“气候难民”，联合国表示目前基本处于“爱莫能助”状态。[②] 不可否认，“气候难民”的跨国迁徙将会引起国与国之间的关系变化。前文提及的、由欧盟外交政策和安全事务高级代表哈维尔·索拉纳和欧盟委员会负责对外关系和欧洲睦邻政策的委员贝妮塔·费雷罗—瓦尔德纳联合撰写的报告预测，全球变暖将使欧洲陷入能源战争、

---

① 《粮食短缺引发地区争端》，http://www.cfej.net/Environment/ShowArticle.asp?ArticleID=12817。

② “全球暖化将形成气候难民潮”，《决策与信息》，2008年第5期。

大规模移民和政治激进化等问题中。报告还警告，全球变暖对于富国和穷国造成的影响不对称，还可导致南北关系紧张加剧，今后几十年可能发生重大潜在冲突。

同时，气候变化引发的各种危机导致了国家外交政策的变化。有专家预言，如何应对气候变化将重新塑造国与国之间关系。种种迹象表明，气候变化正在从一个科学课题演化为长期性的重大国际政治、外交话题，"灾难外交"、"气候外交"这样的词汇正逐步走入人们的视野。的确，气候变暖等问题成为国际社会共同面临的威胁，非传统安全问题日益突出，对人类的生存和发展构成了共同的危机和挑战，每个国家都不能独善其身，从而为"灾难外交"的开展提供了条件。有的国家甚至已经将之视为安全问题和国防问题，提议建立一个尽可能广泛的国际政治联盟，通过政治和外交手段来解决。

而在气候问题上的态度和采取的应对措施，成为一国是否"负责任"的标准之一和一国国际形象的标志之一。当前，各国竞争日益从传统的军事政治等硬实力转向制度、道义和国际形象等软实力之争。而对自然灾难的救助可轻易改善各国国际形象，树立国际威望。美国在2004年底印度洋大海啸后提出建立国际核心集团就有通过"救灾外交"改善美国因为伊拉克战争而日益受损的国际形象的目的。①

由以上分析可以看出，随着非传统安全问题逐渐被重视，作为非传统安全问题因素之一的气候变化问题也不断被关注。气候变化问题不是孤立的，它将引发政治、经济等领域的一系列危机；气候变化问题也不是短暂的，它所产生的影响关系着人类生命和人类社会的长久生存。因此，需要把国家安全和全球安全等

① 《全球性问题成大国结盟的新纽带》，中国新闻网，2008年7月30日。

安全利益结合起来，加强国际间合作。但是我们也应该看到，在当前历史条件下，像应对气候变化这样的非传统安全问题的解决不能脱离地缘政治和地缘经济的相对获益与相对权力地位的考虑，即国家间合作是有选择性的。所以解决这一问题仍是未来的一项艰巨任务。

巴基斯坦产业经济发展中的人力资本安全困境研究

高子平*

内容提要：自分治以来，巴基斯坦形成了双轨式的教育体制，即英式精英教育与伊斯兰大众教育。在人力资本配置过程中，产业经济的三一二结构导致了人力资本需求不足，并过度依赖于体制外利润循环管道，形成了英式高层次人才向欧美发达国家迁出、接受伊斯兰化基础教育的普通劳动力涌向中东产油国的“双轨迁出”，在伊斯兰化的基础教育与英式精英教育之间、人力资本投资与人力资本配置之间、产业发展与人力资本增值之间形成了断层，陷入了持续性的人力资本安全困境。

自 1991 年以来，随着巴基斯坦市场化改革的加快，关于巴国经济发展中的人力资本问题，西方学者分析很多。Nasir 和

* 高子平，上海社会科学院理论经济学博士后流动站、国际问题研究中心助理研究员。

Nazli（2000）对巴基斯坦劳动力队伍的抽样调查显示，教育年限每增加一年，劳动力个体的年收益率便能提高七个百分点，这就从总体上肯定了巴基斯坦人力资本投资的净收益。[①] Haroon 等人的研究（2003）进一步表明，巴国接受过高中教育的个人最高收益率可以达到 16%，并且小学毕业生与中学毕业生的人力资本收益率差距不断扩大，[②] 进一步印证了产业经济缓慢升级的总体趋势。但是，鉴于统计口径不同、巴国市场化程度不高等原因，关于人力资本收益率的相关结论通常基于较为粗略的宏观数据，对于很多间接人力资本收益的估算很难展开，[③] 以致时有偏差。尤其关于人力资本与产业经济的关联度及衍生出的人力资本安全问题，着墨不多。本文拟作尝试。

一、人力资本投资环节

学校教育是巴基斯坦人力资本投资的最主要途径。其中，小学教育共五年，属于普惠式的基础义务教育，投资主体是联邦政府和各省政府。初中教育五年，高中教育两年，投资主体是个体。由于独立后的工业经济发展滞后，封建土地所有制几乎没有

① Nasir，Z. M. and Nazil H.，Education and Earnings in Pakistan，Pakistan Institute of Development Economics Research Report no. 177，Islamabad，2000.

② Husain F. Qasim M. A. Sheikh K. H.，An Analysis of Public Expenditure on Education in Pakistan，The Pakistan Development Review 42（4 II），winter 2003，771—780.

③ Qaisar Abbas，James Foreman-Peck，Human Capital and Economic Growth：Pakistan，1960—2003，this research was carried out as part of the project entitled “Endogenous growth and human capital in Pakistan，” under NRPU projects by Higher Education Commission（HEC）of Pakistan，http：//www. cardiff. ac. uk/carbs/econ/foreman-peckj/.

发生什么变化，社会财富的分配和政治权力的分享均呈现出两级化特征，并通过人力资本投资折射出来，即带有浓厚伊斯兰色彩的基础教育与针对社会上层的英式精英教育并存。

（一）带有浓厚伊斯兰色彩的基础教育

早在1947年，巴基斯坦第一届全国教育会议便确定了普及初等（五年制）教育的目标，由政府直接投资设立公立学校，提供最基本的教学设施和日常管理，遍布全国各地的公立小学成为了公立教育的主体。尤其在农村和西北边境地区，对公立学校一直推行高额补贴政策，作为平衡城乡之间、西南沿海与北部山地之间人力资本投资落差的主要举措，并沿袭了英式基础教育的课程设置。

但是，由于面临国防、外债付息、政府日常开支等的刚性约束，长期低位运行的公共财政开支左支右绌，教育经费时常被压缩到最低，难以满足日渐膨胀的学龄儿童规模和入学需求。[①] 目前，巴基斯坦5至9岁之间的学龄儿童多达2000万，能够进入小学接受教育的仅占一半。就全国而言，小学和初中的入学率低，小学毕业前后的辍学率高，城乡入学率差异大，尤其是女童入学率低、辍学率高，教学质量也不理想。以2001年为例，小学入学率仅为适龄儿童总数的42%，其中，入学女童仅占适龄女童的38%。最根本的原因并不在于传统文化对女童就学的抵制、毕业生就业率低、贫困率太高等，而在于政府根本就无力建立起满足基础教育需求的、运行有序的教育体系，换言之，基础教育的投资太少。

据统计，迄今仍有15%的学校根本就没有任何的教学建筑，

---

① Economic Survey2001/02：Finance Division：Govt of Pakistan，Islamabad.

52%的学校没有围墙，40%的学校不能供水，71%的学校不能供电，57%的学校连简易厕所都没有。[①] 特别是在西北边境地区，缺少教师是基础教育所面临的最主要问题，一些小学教师自己的水平也只相当于五年级，以致很多学校变成了“影子学校”(ghost school)，根本没有教学场地和教学活动，在地方事务中发号施令的地主们也不希望自己部落的人过多地接受世俗教育，特别是反对女童入学，倒是对强化伊斯兰教规的某些“教学”活动颇感兴趣。据1998年的一项统计数据显示，在旁遮普省，有700多所学校根本就不存在，有18000多名教师只拿工资，无法教学；信德省的这一数字分别是340所和7000人。[②] 加之农村和山区的道路遥远，设备过于简陋，多数学校连围墙都没有，学生尤其女童的安全得不到应有的基本保障，很多家长根本不愿送孩子上学。

作为对公立基础教育投资匮乏的弥补，各地的清真寺将大批无法入学的适龄儿童收入，直接由伊玛目担任教职。在巴基斯坦建国初期，作为强化国家伊斯兰认同的重要举措，伊斯兰教育有其必要性。但是，自齐亚·哈克主政以来，教育的伊斯兰化成为了重要国策，而伊斯兰的经院教学也成为了巴基斯坦基础教育的重要组成部分。与伊斯兰社会主义时期的教育国有化相反，齐亚·哈克政权很快便停止了公办教育的努力，加快推进影响甚远的国民教育伊斯兰化。这包括兴建清真寺小学（maktab）和伊斯兰大学（Madrassas，小学毕业基础上的宗教学校），按照伊斯兰教教义重新设置学校课程，从一年级到十四年级（大学二年

---

① The State of Pakistan's Economy, Second Quarterly Report for FY04, pp. 129－132, http://www.thecitizensfoundation.org.

② Education in Pakistan, 6/17/2002, http://www.yespakistan.com/education.

级）都必须专门教伊斯兰教法。特别是设立清真寺小学的做法，使各地小孩得以就近进入清真寺接受教育，入学人数急剧增加，但传统宗教规范方面的课程也大大增加了。[①] 由于讲授课程的那些伊玛目们根本不是受过专业训练的世俗化的学校教师，这种课程的社会实用性有限，很多课程最终被取消了，但影响非常深远，其中包括大批青壮年剩余劳动力向宗教仪规严谨的中东各国的迁出，以致巴基斯坦穆斯林劳工明显比印度穆斯林劳工更受欢迎（中东普遍认为，巴国劳工更有“教养”）。

按照巴基斯坦政府的标准，能够写下自己的名字，并且可以阅读（并不一定能理解）古兰经就算识字。这一标准明显偏低。但即使按照这一标准，巴基斯坦国民的识字率也只是从1960年的16.7%上升到2005年的52.5%，远逊于邻近的东亚各国。尽管巴领导人在各种讲话和书面文件中，多次强调普及五年制的国民义务教育，但实现这一目标的期限一推再推，1990年时将2000年作为最后期限，2000年时又推至2015年。结果，巴基斯坦不仅是南亚教育投入占GDP比重最低的国家（据ICG2004年的统计，巴基斯坦是全球十二个教育支出低于2%的国家之一），而且近年来呈现出进一步下降趋势，这就迫使少数家庭条件好的学童跳出国家的基础教育体系，直接进入高价的私立学校，语种通常是英语，宗教课程也可以简略，这就为后续的精英教育开辟了通道，导致了教育的非均衡化。

（二）以英式高等教育为主体的精英教育

与印度一道摆脱英国的殖民统治后，巴基斯坦继承了英式精英教育的传统，在基础教育薄弱的基础上，大力发展与西方接轨

---

① Case Study：Pakistan，http：//go. worldbank. org/VD7D797810.

的高等教育，主要表现在：

首先，巴基斯坦高等教育的管理体制和学制、学位设立等均继承了英式教育的衣钵，与英联邦国家保持着高度一致，一些管理学院甚至获得了“欧洲质量保证体系”（EQUIS）的资格，保持了与英美发达国家教育目标和模式的完全一致。英语是巴基斯坦的官方语言，绝大多数家长都希望自己的孩子能学习英语，似乎官方的乌尔都语和其他地方性语言只是“方言”，只有会说英语才算得上是文化人。私立学校几乎全部使用英语。从初中阶段的最后两年起（即九年级和十年级），绝大多数公立学校也都使用英语教学，为全英文高等教育奠定了基础。

其次，精英教育还体现在小学教育入学率与中学教育入学率的巨大差距上。与中国的“高考独木桥”完全不同，是否进入中学教育阶段，是巴基斯坦基础教育和高等教育最重要的分界线，因为进入中学阶段不仅意味着家庭个体能够支付各种教育费用，而且标志着学生开始进入与西方接轨的教育阶段，接触与西方发达国家相关的思维方式和教育模式，进入了英式高等教育的“预备期”。

再者，精英教育也体现在高等与基础教育的经费分配上。按照《资助人的发展 2005—2010》的规划，基础教育预算中的公共投资额度为 1030 亿巴卢比，私人投资为 500 亿巴卢比，相当于公共财政投资的一半。但是，在高等教育中，公共投资达到 2230 亿巴卢比，私人投资仅为 700 亿巴卢比，相当于公共投资总额的 1/3 弱。[①] 可见，教育层次越高，政府公共支出的力度越

① Financing Human Development in Pakistan，Speech by Ishrat Husain，Governor of the State Bank of Pakistan，at the Pakistan Development Forum，Islamabad，25April 2005，http：//www. bis. org/review/.

大，突出反映了南亚特有的英式精英教育偏好。

二、人力资本配置环节

巴基斯坦产业经济具有南亚地区的一般性特征，即产业结构的失衡导致了产业发展的制度安排迟滞和人力资本配置的合理性降低，难以实现人力资本与物质资本的有效配置与良性互动，使人力资本投资环节的诸多结构性矛盾暴露无疑，并表现为产业配置空间的狭窄与人力资本大规模外迁。

（一）三一二产业结构的刚性约束使人力资本本土配置的产业空间狭窄，制度安排滞后

识字率低是整个南亚地区产业经济发展的长期性制约因素，巴基斯坦也不例外。早在1960年代初，巴基斯坦仿照计划体制的经济发展战略曾一度引起积极评价，甚至被韩国所羡仿。但是，当时16%的识字率使产业能级无法提升，产业结构与劳动力结构之间的关联性不大，产业高级化进程无法推进，以致很快与东亚、东南亚地区拉开了差距。[①] 1991年市场化改革以来，政府对教育的财政投入不升反降，成了南亚地区唯一一个教育支出逐年减少的国家，在当前的经济转轨国家中极为罕见，并反映了巴国内产业发展与人力资本要素投入之间的脱节。同时，巴将有

① Qaisar Abbas，James Foreman-Peck，Human Capital and Economic Growth：Pakistan，1960－2003，this research was carried out as part of the project entitled “Endogenous growth and human capital in Pakistan”，under NRPU projects by Higher Education Commission（HEC）of Pakistan. http：//www. cardiff. ac. uk/carbs/econ/foreman-peckj/.

限的教育经费拨给了城市，将重心置于高等教育，广大农村得到的份额很少，人力资本投资结构不均衡。劳动力要素的结构失衡反过来强化了产业结构的内部失衡，最终导致了南亚地区特有的三一二产业结构。2000年，服务业占50%，农业占26%，工业占24%。[①]

这种产业结构与其说是良性发展和有序推动的结果，不如说是畸形增长与自由放任的产物。既没有强有力的政府管制，又没有持续安定的社会环境，产业发展的随意性过高，对西方自由主义的肆意期许使这种无序发展合理化，任何有效的产业政策的运作成本都太高，触及现有产权结构（尤其土地所有权结构）的一丝一毫的念头都将被既得利益及“打滑的民主”迅速打消，甚至使“民主”滑至军管地步，阿·布托政权和谢里夫政权的教训历历在目。在不触及原有产权制度安排的前提下，任何产业政策规划都将沦为对现有财产制度和分配制度的涂脂抹粉，人力资本与产业经济之间的关联性只能定格在较低水平上。包括巴基斯坦在内的整个南亚地区产业经济发展的这一宿命始终未能打破，巴基斯坦与韩国之间的轮回类似于斯里兰卡与新加坡之间的轮回。归根到底，在产业经济与人力资本关联性较弱的特定时期，带有英式遗风的南亚产权结构和产业结构模式有其合理性与进步性。但是，随着产业经济发展对劳动力要素的知识技术要求不断提高，这种产业布局和产权结构必定阻碍经济的持续发展和人力资本的有效配置。

本国产业经济的低位运行无法为高技能人才提供足够多的岗位和宽广的发展空间，受教育者的失业率居高不下，技术人员的工资也处于令人尴尬的低水平上，跟体力劳动者差距不大，人力

---

① Earth Trends 2003，Economic Indicators-Pakistan，http：//earthtrends.wri.org.

资本的经济价值和社会价值无法彰显。即使是放在了与专业相关并相当的岗位上，也主要是基于他们的专业特征，而不是专业能力。[①] 总而言之，产业的低层次决定了专业性不强，技术含量不高，产业结构与普通劳动力（主要是体力）的关联性明显高于与人力资本的关联性。同时，高校与产业发展严重脱节，各大学每年培养出了成千上万的高层次人才，但他们所学非所需，国内拥挤的低层次就业市场根本无法为这些英式高层次人才提供合适的岗位或自我雇佣—自我发展空间，职业生涯规划更是无从谈起。[②]

（二）相对弱势的国家机构与过于开放的物质资本投资和科技政策加速了人力资本流出

巴基斯坦继承了英式文官系统。但经过长期政局动荡和严重的腐败侵蚀后，这一系统高度政治化了，以至于在文官系统和公营事业机构，90%以上的人员招聘是基于省籍，而不是基于能力和品质。[③] 同时，与印度相似，巴基斯坦的联邦体制不是建立在共同市场，而是建立在区域差异的基础上，这种“多元认同”实际上只是伊斯兰认同基础上的各自为政，西北边境省（NWFP）、俾路支省和克什米尔地区的局势持续紧张，民选政府恶斗需要军人定期清场，不同调的选举制度又使地方政府与中央政府经常唱对台戏，大量的公营事业缺乏足够的财政

---

① The Cost of Pakistan's Brain Drain，7/18/2002，http：//www. yespakistan. com/people/strong _ people. asp.

② Financing Human Development in Pakistan，Speech by Ishrat Husain，Governor of the State Bank of Pakistan，at the Pakistan Development Forum，Islamabad，25April 2005，http：//www. bis. org/review/.

③ Pakistan's paradox：weak institutions but strong people，6/18/2002，http：//www. yespakistan. com/people/strong _ people. asp.

支持和社会关注，相对弱势的国家机构与较为强势的个体（群体）之间形成了反差，导致了政府管理的力不从心和社会组织的涣散，尤其是国家发展与社会个体（群体）之间发展的不协调。近年来，尽管公共开支占 GDP 的份额不断提高，但是，这些公共开支主要不是用于教育、卫生、基础设施建设等，[①]也就难以刺激经济增长，这恰恰是南亚地区各国财政支出结构存在的普遍性问题。

国内产业经济发展的滞后迫使政府向西方敞开国门，以过度开放的投资政策和配套优惠措施吸引外部发展援助和私人投资。巴基斯坦的《外国私人投资法》明确规定外商投资项目不得国有化，同时保障投资外商有下列权益：利润（包括转投资及盈余转增资所产生的利润）及资本可自由汇出；对外商在巴国投资所得的征税额度，将不超过巴国公民投资所得的征税标准；与巴基斯坦签有免除双重课税协定的国家，其商人在巴投资可免于双重课税的困扰；巴政府给予外国投资者以国民待遇，对投资于卡拉奇、拉合尔等开发区的外国人给予三年免收所得税优惠，对于投资巴国西北边界省（NWFP）的外国人免收所得税的期限延长为 8 年，对生物科技、电子、肥料、光纤及太阳能等产业的投资项目可免除 10 年的设备进口关税、销售税及 4 年的所得税。可见，在民族经济相对脆弱的整体经济背景下，过度开放的外商投资政策很容易形成体制外利润循环管道，导致对外部物质资本的严重依赖和国民经济的对外依附性，对本土产业安全造成严重侵害，增加人力资本流失的风险。

---

① Financing Human Development in Pakistan，Speech by Ishrat Husain，Governor of the State Bank of Pakistan，at the Pakistan Development Forum，Islamabad，25April 2005，http：//www. bis. org/review/.

尤其在企业运营过程中，外商可以自由地从国外安排劳动力或委派巴国雇员到国外任职，[①] 从而为巴基斯坦人力资本的“本土性流失”提供了便利通道。

自东、西巴分裂之后，巴基斯坦全面开展了对外科技交流合作。1984 年 3 月，联邦内阁批准颁布了《国家科学技术政策》，进一步强调了加强国际科技合作的重要性。随后，交流的途径和方式逐步多样化，既有双边合作，也有多边合作，既有官方交流与合作，民间学术团体和私有企业的对外科技合作也不断扩大。但是，正由于本土研究机构的实力单薄，无法提供优质的博士和博士后研究项目，以致一些高层次人才借机流向了国外研究机构。目前，在巴国工作的文科博士总共只剩 2500 人，仅相当于印度一年培养的文科博士的一半。

（三）人力资本配置的外向性双轨认同促使人力资本流出结构与途径二元化

与分治期间穆斯林从南向北、从西向东的宗教、政治性迁移相反，建国后的迁移主要是从北向南、从东向西的经济性迁移，包括向中东石油国家和西方发达国家的跨国迁移，从而使巴基斯坦的人力资本配置环节与投资环节出现错位，即国内性质的人力资本投资与国际性质的人力资本配置并存。具体而言，巴基斯坦人力资本配置环节主要面临两个困境：一是高层次人才向发达国家的持续性迁出，二是初级人力资本向中东石油国家的大规模输出。

① Ishrat Husain, Economic Policy Reform in Pakistan 1999—2006, A paper presented at the Conference on Economic Policy Reforms in Asia held at Stanford University, Palo Alto on June 1—3, 2006.

高层次人力资本的外流与国内人力资本匮乏并存，形成了巴基斯坦人力资本安全的第一困境。据“巴基斯坦海外雇佣公司”统计，以往30年中，共有大约36000名巴基斯坦高级人才移居别国，由于越来越多的人迁居国外时不予登记，实际人数可能要多得多，其中包括巴国急需的医生、工程师和教师。实际上，巴基斯坦培养的高校毕业生中的三分之一都流向了发达国家。巴基斯坦每年找不到工作的医科毕业生多达3000人，绝大多数都流向了国外。据对Aga Khan大学和Baqai大学的最新统计结果显示，由于国内薪资太低，训练和发展机会太少，这两所大学打算到国外继续深造或就业的毕业生分别达到了95%和65%，[①] 而巴国医疗工作者的匮乏极其惊人。Gallup的一项调查结果也显示，巴国多达62%的成年人有迁往国外的意愿，打算永久性定居国外的居然高达38%。[②]

初级人力资本到中东各国谋生，形成了巴基斯坦人力资本安全的第二困境。自20世纪70年代以来，中东地区尤其海湾合作组织成员国为巴基斯坦的初级劳动力提供了大量机会，使其能够在这些国家的建筑业、炼油业等领域就业。当时，随着巴国内国有化导致的劳动力市场萎缩，以及外债付息导致的财政收支失衡，阿·布托政府对劳动力迁往中东持支持态度。政府还专门在劳动部下设了一个部门，处理劳务向中东输出的相关问题。新首都伊斯兰堡周边地区最早抓住了到中东谋生的契机。据1987年的相关研究显示，在拉合尔内城区，多达一半的工薪家庭有至少一位近亲在中东就业。80年代中期，巴基斯坦在中东的劳务移

① Study Suggests Many Medical Students in Pakistan Plan to Migration, December 16, 2007. http://www.workpermit.com/news/2007-12-16/pakistan.

② Irum Sarfaraz, Pakistan's Brain Drain: Do We Not Know or Do We Not Care? April 2nd, 2008, http://www.pakistaniat.com.

民达到顶峰，多达200万劳工在中东各国就业，巴一度成为了中东外劳最大的来源国，并形成了稳定的移民网络。

三、人力资本增值环节

纵观巴基斯坦产业经济发展历程，人力资本与产业经济的关联性偏低，并导致了人力资本增值与经济增长的不同步，具体表现为三个方面：一是人力资本在国内的增值率不高，二是人力资本在国外的增值空间大，三是国内经济增长与社会进步的脱节。

首先，国内产业经济的低能级畸形发展导致人力资本需求量小，收益率低，并且出现了经济增长与人力资本增值率脱节的现象。

自1991年市场化改革以来，尽管受到政局动荡的困扰，巴基斯坦经济发展速度还是有所加快，并于2004年初成功进入了国际资本市场，进出口额也持续扩大，贸易依存度达到38%，成为南亚地区对外贸易依存度最高的国家。其中，几乎50%的进口产品为机器设备。[①] 但是，这并未转化为人力资本增值的历史契机。自“9·11”事件以来，关于恐怖活动与反恐活动的报道充斥着巴基斯坦和西方媒体，巴、阿边界战事备受关注，以致国内经济持续保持6%以上增速、大型制造业保持两位数增长的利好消息却鲜有问津，迷离的边境战局、激烈的政治角逐使产业政策的制定和实施更多地不是取决于产业本身，而是政局走向和

---

① Ishrat Husain, Economic Policy Reform in Pakistan 1999－2006, A paper presented at the Conference on Economic Policy Reforms in Asia held at Stanford University, Palo Alto on June 1－3, 2006.

政治领袖的偏好，营造物质资本与人力资本有效配置并增值的制度环境和社会环境的些许努力也瑜不掩瑕，通常无疾而终。即使是谢里夫政府、贝·布托政府和穆沙拉夫政府一以贯之的公营企业私有化进程也是阻力重重。不难理解，在国家机构相对虚弱、政府权威屡遭挑战的背景下，减少政府经济干预能力的任何努力都将不利于人力资本的配置与增值，提高人力资本贡献率的尝试也缺少应有的制度支撑和社会条件，使人力资本在国内的增值率长期偏低。

其次，巴国人力资本在国外获得了有效的增值空间，能够较好地实现资本增值和个人价值，经济收益明显高于巴国内。

巴基斯坦的高层次人才（专业化人力资本）主要流向英国、美国、加拿大等发达国家。作为英联邦第二大国，巴基斯坦的教育体系与发达国家基本接轨，人力资本结构及专业化人力资本的思维方式等与西方接近。在成熟发达的市场经济体系中，物质资本的充盈和制度安排的完善，使巴基斯坦的技术移民获得了较大的发展空间。早在20世纪70年代末，在美巴裔移民的平均收入便达到了20000美元，而当时全美人均收入仅17000美元。[①] 近年来，由于复杂的国内安全情势和持续动荡的政局，巴国内经济的较快发展并没有出现类似于印度的“人才逆流”。随着巴国内IT等少数高科技产业的较快发展，很多高层次人才开始了不出国门的“本土性流失”。

再次，人力资本国内增值的社会效用低，出现了经济增长与社会进步的脱节。与物质资本不同，人力资本具有显著的社会性特征，在追求经济效益的同时还追求社会效益，特别在发展中国

① The Cost of Pakistan's Brain Drain，7/18/2002，http：//www.yespakistan.com/people/strong _ people.asp.

家，对社会发展的重要性不亚于经济增长。1970—1993 年间，巴国人均收入增加了 231%，居于整个南亚地区的首位。近年来，巴基斯坦开始成为全球 IT 产业外包的目的地，到 2009—2010 年，巴软件出口收入将达 90 亿美元。但这根本就没有通过国家经济实力、社会面貌和国家形象等整体性要素体现出来，社会发展水平不仅远低于印度，而且落后于人均 GDP 水平相当的斯里兰卡。[①] 力图融入世界高科技产业发展行列的努力也没有取得印度那样的社会效用，无论是巴基斯坦的国际地位与国家形象，还是巴国内社会公共事业的发展水平与社会环境，均未因此而获得显著的改善，这就造成了人力资本安全的最大困境，即本土经济增长和社会发展与人力资本增值的弱相关。

① Pakistan's paradox：weak institutions but strong people，6/18/2002，http：//www. yespakistan. com/people/strong _ people. asp.

聚焦能源安全

里海油气管线的国际角力

余建华*

内容提要：苏联解体后，全球性和周边地区性大国以及里海沿岸国家就围绕里海油气资源展开纵横捭阖的国际竞争。油气输出管线的选择成为里海能源国际开发中的关键问题，涉及到错综复杂的国际和地区矛盾及其相关的地缘政治经济和战略问题，是这场 10 多年来国际竞争的多棱镜。在这场世界级国际能源竞争大棋局中，既有针锋相对的争夺较量，又存在谋求利益平衡的妥协合作，这种竞争碰撞与协调包容的并行态势，折射出当代世界非传统安全挑战的复杂特征，形象反映了当今里海能源开发与欧亚大陆国际地缘竞争交合重叠的深刻内涵。

冷战结束后，地处欧亚大陆腹地的中亚成为世界各大战略力量逐鹿的竞技场，不仅是因为中亚在全球特别是欧亚大陆至为关键的地缘位置，也是由于其西部里海周围一带富庶的石油天然气

---

* 余建华，上海社会科学院欧亚所副所长，研究员。

资源。苏联解体后，全球和周边大国及里海沿岸资源国围绕里海油气资源进行纵横捭阖的多层次、多形式的国际竞争，其中里海油气的输送权成为各路国际棋手角力的主要领域。这场跨世纪的里海能源国际争夺战不仅关系里海周边各国的经济、政治、外交和安全的发展进程，又深刻影响着大国在欧亚大陆的地缘战略格局，而且对上海合作组织成员国、观察员国以及其他国际力量的能源安全和能源外交的重要作用也会日趋突出。

一、里海油气竞争的国际背景

油气作为一种具有特殊价值的“政治商品”和战略资源，既是世界各国激烈竞争的实力要素，也是国家间政治、经济、外交博弈中的重要武器，与现当代国际关系紧紧地缠绕在一起。对于能源进口国而言，确保充足的能源供应是其首要关注的能源安全问题。对于能源出口国而言，能源安全首先意味着对自然资源拥有国家主权，确保需求安全（即获得国外市场）以及保障能源出口收益的金融安全。丹尼尔·耶金指出：“能源安全的目标就在于在合理的价格以及不损害国家的主要价值和目标的情况下，确保充足而可靠的能源供应。”①

里海是世界上最早勘探并开发生产油气的地区之一。早在13世纪，里海西岸的今阿塞拜疆一带就发现了石油。1901年里海原油产量已达1100万吨，占当时世界原油总产量一半。在当时世界石油贸易量中，里海石油占30%。从1898年到1902年

① ［英］R. 贝尔格夫等编：《2000年的能源安全》，时事出版社，1990年7月版，第1页。

沙俄成为世界最大的石油生产国。[1] 在发现中东石油之前，里海可以称得上是世界石油市场的支柱。1940 年阿塞拜疆石油产量达到 2220 万吨，占全苏联产量 71％。由此环绕里海的中亚地区因其能源资源而成为大国争夺的对象。二战期间，夺占中亚里海—高加索地区就是纳粹法西斯最重要的战略目标之一。二战后苏联逐渐把能源开发重点从里海转移到伏尔加—乌拉尔地区及西西伯利亚地区，加上苏联后期因国力所限，政府没有对中亚特别是里海沿岸进行大规模的能源勘探，导致里海石油产量逐渐减少，到 1991 年仅为 1170 万吨。

直到前苏联中亚和高加索国家独立后，这里的油气资源勘探工作由于外资的介入才大规模开展起来，并取得令人鼓舞的成果，认为里海及其邻近地区蕴藏着 2000 亿桶石油和 7.9 万亿立方米天然气，与波斯湾和西伯利亚一起构成世界三大能源基地，更是“当今世界最后一片尚未开发的油气丰富蕴藏地”。[2] 里海的能源主要储藏在哈萨克斯坦、阿塞拜疆和土库曼斯坦三国里海沿岸。俄罗斯、伊朗两国里海沿岸也有不少油气资源，邻近里海的中亚国家乌兹别克斯坦的油气储量也相当可观，尤其是天然气资源。由此，里海一度被称为“第二个波斯湾”、“21 世纪的中东”。

于是，20 世纪 90 年代初开始，全球和地区大国以及当地资源出产国掀起一场里海能源开发的蓬勃浪潮。一些著名国际石油公司纷至沓来，与有关国家签订油气开发合作协议，进行油气勘探和可行性研究，规划油气出口路线等等。新世纪以来，这场世

① 许勤华：《新地缘政治：中亚能源与中国》，当代世界出版社，2007 年版，第 36—37 页。

② 冯玉军：“大国及地区势力对中亚高加索的争夺及其影响”，《东欧中亚研究》1997 年第 6 期。

界级能源竞争战不仅没有衰退，反而随着“9·11”事件及其后阿富汗战争、伊拉克战争的发生，呈现出紧锣密鼓的深化发展新态势。这主要与下述几方面因素相关。

其一，全球油气需求强劲增长，供求矛盾更显突出。能源是世界各国社会经济生存和发展的基础。在当今世界的能源结构中，石油和天然气是最重要的能源。美国学者克莱因曾把能源的最高得分定为20分，其中“石油定为10分，煤炭为2分，天然气为4分”。[①] 伴随着2004年以来全球经济快速增长的势头，全球能源消费也呈现出自1984年以来最为强劲的增长，其中2004年石油消费量增长近250万桶/日，创1978年以来新高。虽然从地质总量上来看，世界油气资源可保证全球长期供求的基本需要。但供需之间的地区不均衡矛盾日益突出。[②] 从北非经海湾到前苏联地区构成一个“世界油气心脏带”，尤其是作为世界能源宝库的中东海湾，拥有世界石油探明储量的2/3、世界产量的1/3和世界销售量的2/3。但着眼于能源安全和进口来源多元化考虑，油气储量丰富、出口潜力巨大的里海地区，显然是各大国着力寻求的海湾之外的世界能源替补基地，而里海油气资源国自然也得以寻求“油气立国”的经济发展战略。

其二，中东令人堪忧的安全形势。虽然二战后，阿以之间血腥拼杀的五次大规模中东战争在冷战后已成为难以再演的历史，但冷战结束以来中东仍然是世界最主要的一个动荡之地。不仅中东和平进程自沙龙上台以来长期陷入僵局，巴以关系日趋恶化；中东伊斯兰极端势力制造的反美、反以恐怖暴力袭击此起彼伏，“9·11”事

① 王怀宁主编：《世纪之交的世界政治与经济格局》，中国物价出版社，1994年版，第245页。

② 余建华：“世界石油供需态势与油价高位问题”，《社会科学》2008年第5期。

件后，美国相继赢得阿富汗和伊拉克战争，但其从渲染“文明间冲突”、妖魔化伊斯兰文明到肆意妄为的“先发制人”军事行动乃至正在推行的“中东民主化改造”等一系列强权行为，又进一步激起中东伊斯兰世界反美浪潮，激化了中东社会内外各种矛盾；推翻萨达姆的“政权更迭”如愿以偿，但伊拉克战后依然是动乱频繁，悬而未决的伊朗核危机更使海湾安全形势充满变数。与“永远是风暴雨狂”的中东海湾地区相比，世界各国更倾心着力于安全局势相对稳定的中亚里海能源开发。

第三，“9·11”事件后大国在欧亚大陆的地缘政治经济角力。冷战结束后国际关系转向“一超多元”竞争格局，欧亚大陆成为美国实现全球领导作用最重要的地缘目标，在此美国既防止出现一个挑战其全球首要地位的竞争者，又要避免一些国家形成排斥美国的联盟，为此美国就要在法、德、俄、中、印这五个地缘战略棋手和乌克兰、阿塞拜疆、韩国、土耳其、伊朗这五个地缘政治支轴国家之间纵横捭阖，在这一欧亚大棋局中积极作为，保持主动。① 布热津斯基的这一思想不仅指导了克林顿时期美国的欧亚战略（包括对中亚里海的能源竞争战略），而且在新世纪小布什政府任内更有进一步的发展。利用“9·11”事件后有利的国际条件，美国通过 2001 年岁末的阿富汗反恐战争和 2003 年春的伊拉克“倒萨”战争，不仅在中亚实现了梦寐以求的军事存在，在阿富汗、伊拉克扶植起亲美政权，而且在打通欧亚大陆战略通道和控制海湾、里海两大能源宝库方面大为得手。在此背景下，其他世界和地区性大国出于各自战略意图和能源安全考虑，在这一欧亚大陆关键腹地自然也是全力以赴地投入这场国际地缘

① ［美］兹·布热津斯基，中国国际问题研究所译：《大棋局：美国的首要地位及其地缘战略》，上海人民出版社，1998 年版。

政治和经济大竞争。

第四，近年来国际油价强力反弹、高位运行。整个 90 年代油价基本上是在 12—25 美元/桶区间波动。2003 年伊拉克战争后世界油价再度强力反弹，进入了新世纪以来国际油价历史性牛市。2008 年 3 月 5 日，纽约商品交易所的轻质原油期货价格收于 104.52 美元/桶，突破了国际油价绝对意义上的历史峰值。同年 7 月，国际油价又冲至 147 美元/桶的惊人高位。如果说，90 年代持续低位的油价成为里海能源开发的重要制约因素，那么这些年来国际油价接连攀升、居高不下的现实，无疑是造就里海油气开发进入新一轮国际竞争热潮的强劲市场动力。

最后，关于里海油气资源潜力的认识发展。经过十多年来的勘探与研究，国际能源界认为，目前里海油气资源勘探程度较低，特别是石油探明率仅约 10%，远低于全球勘探成熟地区 40—60%的探明率。这说明里海地区油气资源虽然难以称得上“第二个波斯湾”，但的确潜力无穷，存在不断继续发现大型、特大型油田的可能。2000 年 7 月在哈萨克斯坦里海东北部发现一个储量约为 70 亿吨的卡沙干油田就是例证。更何况里海油气资源不仅储量大、分布广、品质高，而且该地区人烟稀少，能源消耗市场量有限，开采的绝大部分油气可供出口。例如，2006 年土库曼斯坦生产天然气超过 600 亿立方米，国内消费仅 140 亿立方米，其余天然气出口到俄罗斯、乌克兰和伊朗。这一切自然增强和提升里海地区在国际能源界的战略地位，加剧了各方力量在里海地区的油气资源开发竞争。

二、管线建设——里海油气竞争的聚焦点

苏联解体使原先分属苏联和伊朗的里海变成俄罗斯、哈萨克斯坦、土库曼斯坦、阿塞拜疆和伊朗五个沿岸国家的共有水域，各方关于里海的法律地位及油气资源主权出现争执。尽管这些争端迄今还未解决，但里海沿岸各国还是争先恐后地加大里海能源开发。尤其是在其所属沿岸拥有里海油气资源绝大多数份额的阿塞拜疆、哈萨克斯坦和土库曼斯坦纷纷制定和实施“油气立国”的战略，努力把发展石油和天然气的开发和出口业作为带动国民经济起飞的增长点和发动机。

丰富的油气资源固然为这些里海—中亚国家的经济振兴提供了得天独厚的有利条件，然而其能源产业的开发不仅面临着本国投入资本匮乏的障碍，更存在油气资源如何输送到国际市场尤其是能源紧缺的西欧市场的问题。因为这些国家本身能源消费市场狭小，且位于欧亚大陆腹地，缺乏与世界石油市场直接连接的通道。在历史上，这里的原油和成品油除少量在本地消费外，几乎全部进入俄罗斯帝国的国内市场和世界市场（主要是欧洲）。而今天，这些国家的石油天然气输出管线的选择又成为里海能源开发中的一个至为关键的问题，其非但意味着一笔数额可观的过境费，并涉及到错综复杂的国际和地区矛盾及其相关的地缘政治和战略问题，因而是这10多年来里海能源竞争的多棱镜。

（一）西线方案

长期以来，里海有限的石油输出管道主要是从阿塞拜疆首都巴库经俄罗斯抵达黑海港口，或自哈萨克斯坦西部经俄罗斯抵达

黑海港口。然而这些管道运输能力相当有限，每天输油能力总共10万桶到16万桶间，加之俄方征收过境费甚高，因此阿、哈、土等里海油气国及在当地投资的国际石油公司迫切希望改变现状，另择管道输出路线，至少要实现油气输出渠道的多元化。

为确保战略能源生命线的控制，遏制俄罗斯在里海的传统势力影响，以美国为代表的西方竭力推崇“西线方案”，即修建一条从巴库经格鲁吉亚首都第比利斯直抵土耳其地中海港口杰伊汉的BTC管道（Baku-Tbilisi-Ceyhan Pipeline）。由于这条路线彻底绕开俄罗斯的领土，西方视之为里海能源输出的“黄金通道”。在美国等西方国家的热心推动下，1998年10月阿塞拜疆、哈萨克斯坦、格鲁吉亚、土库曼斯坦和乌兹别克斯坦与土耳其就铺设BTC石油管道签署联合声明。尽管该管道长达1755公里，造价不菲，但美国与相关国家从其深远国际战略和地缘政治经济利益出发，克服重重障碍，于2002年9月正式开工，并在2005年春竣工，2006年7月该输油管道投入运营，设计年运输能力6000万吨，作为里海地区第一条绕开俄罗斯的石油管道，其将是把里海石油运送至欧美市场的主要路线。

2007年3月美国与阿塞拜疆签署备忘录，计划建设绕开俄罗斯、穿越里海的天然气管道。该管道全长1200公里，总投资24亿美元，设计运气量306亿立方米，路线从土库曼斯坦的土库曼巴什开始，途经土库曼斯坦和哈萨克斯坦天然气田，穿越里海到阿塞拜疆的巴库，与已建成的巴库—第比利斯—埃尔祖鲁姆输气管道相连。出于减少对俄依赖、保障欧洲能源供应的考虑，欧洲国家对此铺设方案十分积极，2007年初提出的欧盟能源战略将此跨里海输气管列为最重要的优先基础设施项目。但该方案却遭到除阿塞拜疆以外的里海沿岸国家的一片反对。伊朗强调，“在国际社会停止以核项目为借口对伊朗施压之前，德黑兰将坚决抵制里海地区任何能源开发项目”；俄罗斯称，“任何穿越里海的管道方案只有在确定里海法律地位之后才有可能”；哈萨克斯坦也表示，“要修建通过里海海底的管道，在技术执行上非常复杂，首先必须得到沿岸所有国家的同意”。[①] 由此，这条跨里海输气管道目前还停留在可行性研究阶段。

（二）北线方案

为保持在里海周围地区的传统影响，掌握西方能源供应的生命线，维护自身经济利益，俄罗斯千方百计将里海能源输出管线走向纳入“北线方案”。其主要是沿里海地区向北穿越俄罗斯领土抵达其黑海港口新罗西斯克一线，将铺设新管道和维修旧管道相结合，最大限度地提高里海能源输出能力。

谢夫隆公司、哈萨克斯坦和俄罗斯之间经过多年谈判后，里海油管联营集团（CPC）于 1996 年 12 月签订一个建造从田吉兹湖到新罗西斯克的输油管道协定。[②] 按照俄计划，新罗西斯克港从 1999 年起要同时接受来自阿塞拜疆巴库和哈萨克斯坦田吉兹的石油。2001 年 10 月该石油管线在里海各新建管线中率先竣工运营，目前该线还在着手扩建，使输送能力提高到每年运油 6700 万吨。

然而俄从新罗西斯克将石油运往国际市场又遇到来自土耳其的障碍，1994 年土耳其限制俄大型油轮通过博斯普鲁斯海峡。为此俄考虑让石油经由保加利亚的布尔加斯通往希腊的地中海港口亚历山德罗波利斯，但这势必增加运费成本。但更为致命的弱

---

① 寇忠：“中亚输气管道建设的背景及意义”，《国际石油经济》2008 年第 2 期。

② Robert D. Blackwill & Michael Stürmer，eds，*Allies Divided*：*Transatlantic Policies for the Greater Middle East*，Cambridge，MA：The MIT Press，1997. p. 198.

点是，从里海地区到新罗西斯克的管道要穿越动荡不宁的车臣和达吉斯坦地区，伊斯兰极端主义等“三股势力”在当地的恐怖活动猖獗。由此俄罗斯主要致力于提高从中亚北经俄领土与其欧洲部分能源运输网络相连结的既有管道的运输能力，指出这一路线最为经济实惠，可行性最强。1999 年俄罗斯与哈萨克斯坦就提高哈通过俄管线石油份额问题达成协议，确定将哈石油过境份额在原有基础上每年再提高 100 万吨。

目前中亚—里海天然气主要沿土库曼斯坦—乌兹别克斯坦—哈萨克斯坦—俄罗斯这一线路输出，依赖分别于 1985 年和 1965 年建成的既有“中亚—中央”和“布哈拉—乌拉尔”两条输气干线，其年运输量分别可达 600 亿立方米和 150 亿立方米。但俄罗斯为保障自己能源战略利益并不满足于此。2007 年 5 月普京突访中亚，又说服土、哈两国总统与俄罗斯签署了关于铺设里海沿岸天然气管道和提高输送中亚天然气能力的联合声明。三国计划从 2008 年下半年开始实施沿里海天然气管道的方案，2012 年建成，新管道每年将至少可运输 200 亿立方米天然气。同时通过将对现有“中亚—中央”天然气管道的更新改造，使之年实际输送力达到 800 亿立方米，以确保整个里海—中亚输往俄罗斯的天然气运送系统运输能力达到每年 900 亿立方米。[①] 俄罗斯的突然出招，令美欧措手不及。可见俄罗斯巩固“北方路线”的强烈意愿，显然俄罗斯要利用既有地缘优势，紧紧拉住哈、土等中亚能源大国，尽可能控制它们天然气出口流向，降低它们对“跨里海天然气”管线的兴趣，乃至实现中亚天然气为其“统购统销”的垄断格局。

---

① 孙长栋、杨相红：“中亚能源争夺战跌宕起伏”，《文汇报》2008 年 4 月 22 日。

（三）南线方案

从自身利益出发，不仅为打破美国及西方的国际封锁和制裁，增强对里海—中亚地区的影响力，而且为吸引更多的外国投资、收取可观的过境费，伊朗竭力促使实施里海—中亚能源经过本国管道的“南线方案”。

事实上单纯从商业价值上考虑，往南穿过伊朗从波斯湾、阿曼湾输出，是里海油气一条连接世界市场最经济便捷的路线，它比其他路线至少可节约成本20%。更有利的办法是通过一种“交换机制”，把阿塞拜疆、哈萨克斯坦、土库曼斯坦三国里海沿岸的油气输往伊朗北部，满足伊朗国内所需，而把伊朗内地生产的油气销往阿哈土三国的海外出口对象。这种“交换机制”可以大幅度地利用伊朗现有的油气管线和配套设施，降低里海能源出口成本。它只需将里海的油气田与伊朗现存的北部油气管线连接起来，所耗经费不超过2亿美元。伊朗已与哈萨克斯坦签订了基于“交换机制”的协议，按此协议，哈每天向伊北部的德黑兰和大不里士炼油厂运送4万桶石油，伊则在波斯湾向哈的客户提供等量的石油。2003年以来，俄罗斯也与伊朗达成石油“交换机制”协议。[①]

另外，1994年，伊朗与土库曼斯坦签订铺设全长4000公里的土库曼斯坦—伊朗—土耳其—保加利亚天然气管道协议，马上遭到美国的坚决反对。但1997年12月，伊朗还是和土库曼斯坦成功建成从土库曼斯坦的科尔佩泽油气田经库尔特到伊朗的库伊的天然气管道。伊、土两国进一步计划兴建通过伊朗现有的东西

---

① 钱学文等：《中东、里海油气与中国能源安全战略》，时事出版社，2007年版，第341页。

向输气干线连接从伊朗的大不里士到土耳其的埃尔祖鲁姆管道，从而把土库曼的天然气输送到土耳其。某种意义上这是上述1994年计划将土、伊朗两国天然气输往土耳其和欧洲的管道方案的翻版。然而美国出于遏制伊朗的战略目标，俄罗斯出于自身政治和经济利益的考虑，均对此方案竭力阻挠。

其实“南线方案”还有另一条路线，即从土库曼斯坦经阿富汗抵达巴基斯坦通过阿拉伯海输出里海能源。美国克林顿政府曾为让中亚石油输出摆脱对俄罗斯的依赖，考虑这条路线的管道建设。1998年就研究从土库曼斯坦经阿富汗抵达巴基斯坦的能源管道建设事宜，美国加利福尼亚联合石油公司曾联合阿根廷的石油公司与阿富汗塔利班政权谈判，签署了价值20亿美元的天然气管道铺设协议，美国商界人士为此力促政府尽快承认塔利班政权。后因确认塔利班与“基地”组织勾结卷入反美恐怖行动而搁置。但在“9·11”事件后美国赢得阿富汗反恐战争、建立卡尔扎伊亲美政权的新形势下，该方案又重现生机，2002年5月30日在美国撮合下，土、阿、巴三国签署了修建天然气管道的协议。

2008年4月24日，巴基斯坦、阿富汗和土库曼斯坦以及印度四国主管天然气的部长聚会伊斯兰堡，达成一项合作修建连接四国的天然气输送管道协议。该管道从土库曼斯坦南部的气田出发，穿越阿富汗和巴基斯坦，最后进入印度，这项全长1680公里的工程，将耗资76亿美元，计划在2010年开始动工。然而让伊朗欣慰的是，印度对目前已经开始修建的伊朗—巴基斯坦—印度（IPI）天然气管道更感兴趣。这条管道从伊朗的南部油田出发，通过陆路穿过巴基斯坦，到达印度境内。该管道的伊朗段已经建成70%。伊朗至巴基斯坦管道计划在2009年完工，2013年通气。尽管美国强烈反对印度与伊朗合作。但印度措辞强硬地表示，印度和伊朗发展关系无需美国“指手画脚”。

（四）东线方案

除了将油气资源输出欧美市场的西向、北向和南向诸方案考虑之外，着眼于21世纪前景广阔的东亚特别是中国能源市场，哈萨克斯坦、土库曼等中亚国家以及国际石油集团对将里海能源输往东方的“东线方案”报有浓厚兴趣。

1995年，日本三菱财团、美国埃克森石油公司及中国石油天然气总公司（简称“中石油”）曾有意合作推进一项宏伟的“跨世纪工程”，即兴建从土库曼斯坦经乌兹别克、哈萨克斯坦由中国北方最后到韩国、日本的横跨亚洲大陆的“泛亚能源大陆桥”。[①] 不过当时考虑到这项工程需要克服路线较长、规模浩大、地形复杂、造价昂贵等障碍，而且担忧哈萨克斯坦等中亚油气实际开采量难以满足管道规模运行的需要，因而被搁置。即使如此，中国与中亚国家还是对里海—中亚油气输出的“东线方案”颇具热情。1997年至1999年，中哈双方完成了从哈萨克斯坦到中国新疆管道建设的可行性研究报告。中哈石油管道将西起哈萨克斯坦西部的里海港口城市阿特劳，途经阿克纠宾斯克油区，横穿哈全境至中哈边境阿拉山口，再从阿拉山口至中国新疆的独山子。工程分三期完工：一期工程修建阿特劳到肯基亚克448公里；二期兴建阿塔苏到中国新疆独山子1300公里；三期将对接肯基亚克、阿塔苏两地，全长约1340公里。2003年3月中哈石油管道一期工程（阿特劳至肯基亚克）建成并投入运营。该管道与哈原有的阿特劳到俄罗斯萨马拉管道相连。2004年9月中哈阿塔苏至阿拉山口输油管道正式动工，2005年12月顺利竣工，

① 香港《远东经济评论》1997年4月10日。

年设计输油能力1000万吨，2006年春已开始注油运营；而后作为全长3000多公里的中哈油管的最后连接，肯基亚克到阿塔苏一段的工程拟于2011年完工，输油能力2000万吨；而远景供应量更高达5000万吨。

另外，尽管90年代中期，中、美、日等能源公司关于铺设中亚至东亚的“泛亚能源大陆桥”受挫，但哈还是希望推进铺设中亚至中国东部的天然气管道，希望将其西部里海天然气输送到哈南部各州，补充甚至替代日渐稀少的乌兹别克斯坦进口天然气。2003年6月中哈两国联合声明确定，就建设哈萨克斯坦—中国的天然气管道的可行性进行研究。通过2006年4月的中土、2007年4月的中乌及11月的中哈各天然气管道合作项目协议，涉及中国和哈萨克斯坦、土库曼斯坦、乌兹别克斯坦三国所有政府与油气公司层面的原则协议全部签署完成，标志着中亚到中国规模宏大的天然气管道工程已进入实质性建设阶段。

有意思的是，美国为了削弱俄罗斯在世界能源市场上的强势地位，也对中亚天然气的东向线路表示支持。2006年8月14日，美国负责南亚和中亚事务副助理国务卿史蒂文·曼恩与土库曼斯坦总统尼亚佐夫举行会谈时表示：“美国支持土在天然气运输途径多元化方面的努力，支持土库曼斯坦铺设通往阿富汗和中国方向的天然气管道，美国公司对这些新管道工程非常感兴趣。”①

其实，输出里海能源的各种方案各有利弊。对中亚国家来说，明智的选择应是多线并举，博采众长。美国石油分析家赛盟巴里指出：“中亚和里海有足够的石油天然气，可供铺设多条管线。而且美国也不应企图控制所有管线，而应与欧洲人、日本人

---

① 寇忠：“中亚输气管道建设的背景及意义”，《国际石油经济》2008年第2期。

和其他亚洲盟友一起共同开发明天的能源资源。”[①] 这表现出适应全球化时代国家间相互依赖潮流而推崇的竞争与合作并行不悖的明智取向。

三、里海油气管线竞争的国际攻略

20世纪初围绕里海能源，俄国与英国曾经展开一场激烈的“大博弈”。20世纪末以来，里海油气的开发不仅是里海沿岸新独立国家经济发展的基本国策，更是大国保障21世纪能源需求的战略利益所在，自然也关系到有关周邻国家的地缘政治和经济。显然，在这场跨世纪的里海能源国际竞争热潮中，美国和俄罗斯还是这一竞技场上的主角。

（一）美国

美国是世界上第一大石油消费国，其国内消费的石油约有60%依靠进口，主要来自南北美洲和中东。然而着眼于能源安全战略，美国需要寻找可替代的海外能源新基地。因此美国对里海、中亚地区的战略目标为：保护本国石油财团利益，让里海地区成为其能源供应新基地，支持新独立国家对俄独立倾向，限制伊朗影响扩展。为此美国运用经济、政治、外交手段积极介入里海能源的勘探、分配、开采、输出等一切有关事务，力争在里海油气开发的国际竞争中发挥主导作用。

自20世纪90年代中期到新世纪初，埃克森—美孚、谢夫隆—德士古等石油大公司已经在里海地区新的石油生产设施方面

---

① 汪伟民：“浅析世纪之交的石油争夺战”，《现代国际关系》1998年第3期。

投资了300多亿美元。在BTC（巴库—第比利斯—杰伊汉）管道建设项目中，美国的谢夫隆—德士古公司和康菲石油公司分别是第三、第九大股东。到2003年，美国公司已获得了里海16%的石油资源和11.4%的天然气资源的控制权。

“9·11”事件促使美国认识到中东伊斯兰世界强烈的反美情绪，随之显现的美国与世界头号石油供应国沙特关系的严重裂痕，也迫使美国更加重视把中亚里海作为补充海湾的海外能源新基地。2001年12月13日，美国助理国务卿琼斯强调，美国在中亚继续谋求三方面长期而重要的利益：一是防止恐怖主义蔓延；二是帮助中亚国家进行经济和政治改革，推行法治；三是确保里海能源资源的安全透明化开发。[①] 由此通过反恐旗号下的阿富汗战争，美国军事力量迅速推翻塔利班政权，借机进驻中亚地区，既为争夺里海石油资源，也是为了抵制其他国家在中亚地区拓宽能源渠道的努力。2003年春美国又实施倒萨战争，随后在海湾第二石油大国伊拉克建立军事基地、扶植亲美政权，近年又在里海周围积极推动里海周围高加索和中亚国家的“颜色革命”。至此，不仅美国在控制里海油气资源方面基本确立了其霸权地位，而且试图在地缘战略上成功打通中东与中亚，其对海湾和里海这两大世界能源宝库的控制权获得极大推进。

由此可见，美国在这场能源开发大竞争中，政治战略的意图超过经济利益的考虑。对它来说，里海石油比中东石油昂贵得多，进口比例也有限，[②] 无论是过去还是今后，其都不会依赖于

---

① A. Elizabeth Jones, “U.S.—Central Asian Cooperation”, Testimony to the Subcommittee on Central Asia and the Caucasus, Foreign Relations Committee, U.S. Senate, Dec. 13, 2001, p.9.

② 根据BP2006Statistical Review of World Energy，2005年美国石油总进口量6.667亿吨中，来自前苏联地区的只占0.23亿吨。

里海石油，其只是将里海石油作为控制中东石油价格的一张王牌，以保持海外廉价稳定的石油供应；同时美国要通过对里海油气资源输出路线的干预以及油气开发的主导，削弱俄罗斯在这一地区的传统垄断地位和地缘战略优势，限制伊朗在里海能源竞争中经济和政治力量的扩展。

（二）俄罗斯

90 年代后期，俄罗斯在外交上改变了对西方“一边倒”的倾向，提高了环绕里海的中亚和高加索“近邻”国家在其对外战略中的地位，更将里海地区视作自己的势力范围，把里海能源开发的国际竞争视为攸关其利益的重大问题。俄罗斯担心随着这场能源国际争夺战的全面展开，里海沿岸各国的政治、经济、外交会进一步摆脱俄罗斯的影响，特别是新建输油管线路绕道避开俄罗斯领土，会使俄罗斯丧失对里海能源的控制，从而蒙受巨大的经济和政治利益损失。所以俄罗斯总的目标是在最大程度上恢复它在这一地区的政治和经济影响力，

面对美国咄咄逼人的疾锐攻势，俄罗斯努力实施“重返中亚”的战略目标。其主要策略是：利用在该地区的地缘优势和传统影响，密切双边政治往来，加强地区经济和军事合作。除通过独联体集体安全条约以及后来的欧亚经济共同体等军事、经济联系机制外，俄罗斯在能源领域，通过联合开发来扩大俄在开采能源资源中的份额和权益；同时竭力维护对里海能源出口管道的控制权，利用其在地区安全上的主导地位和地缘政治的优势来向哈萨克斯坦、土库曼斯坦和阿塞拜疆施压，确保三国油气经俄外运。2002 年俄哈签署《石油运输协议》，确定哈在协议 15 年内经阿特劳—萨马拉向俄新开通的“波罗的海石油管道系统”每年输送不少于 1500 万吨原油，经马哈奇卡拉—新罗西斯克管线每

年输送不少于 250 万吨原油，这样每年哈石油经俄过境 1750 万吨。[①]

在中亚、里海能源开发国际竞争中，俄罗斯曾经不惜运用外交和强硬手段，阻止中亚纳入美国等西方势力范围。作为对土库曼斯坦接受美国主张的绕过俄境的油气管线方案的报复，俄罗斯一度关闭经过其境内的土库曼斯坦到乌克兰的天然气管道，使土库曼斯坦蒙受不小的经济损失。但后来，俄罗斯倾向于一种更为务实的能源政策，即改变过去对里海国家国际石油合作强硬插手、竭力阻挠的办法，而是以自己的优势和努力，与美国等国的跨国公司展开积极竞争，争取在里海能源国际开发中占有有利地位。以卢克石油公司为首的俄石油公司越来越积极地争取得到里海石油合同。阿塞拜疆里海油气开发项目中，这些俄罗斯石油公司已占 19%的份额。1998—2002 年俄哈在谈判里海划界过程中，也在研究合作开发里海油田的计划，包括对争议海域的开发，通过谈判，双方确定在里海北部三处存在争议油田赫瓦伦斯克、中心和库尔满加斯实施共同开发。俄哈里海北部划界协定达成后，前两处油田确定归俄，后一处归哈，但经济开发权三处为两国共同拥有。目前有关三处油田合作开发正紧锣密鼓进行。2002 年俄罗斯天然气工业公司与哈国家石油天然气总公司各出资 50%建立俄哈天然气公司，在很大程度上控制了哈天然气的生产、加工和销售。2003 年 4 月 10 日，即美军攻占巴格达次日，俄罗斯与土库曼斯坦两国总统签署为期 25 年的土库曼天然气开发和贸易合同，据此俄在 2007 年可向土购买 600—700 亿立方米天然气，2009—2028 年购买的天然气年平均可达 700—800 亿立方

---

① 郑羽主编：《中美俄在中亚：合作与竞争》，社会科学文献出版社，2007 年版，第 315 页。

米，双方还商讨了两国建设新的天然气管线构想。[①] 由此俄罗斯在一定程度上巩固和扩大了在中亚的既得利益，在里海能源开发和输出领域也取得了可观份额。

值得注意的是，近年来普京政府还与土库曼斯坦倡议建立"里海五国同盟"，试图通过俄、伊、阿、土、哈这五个里海沿岸油气输出国组成的"欧亚能源联盟"——一个由莫斯科领导的"欧佩克第二"组织，扩大俄罗斯及其能源盟国对世界能源市场的优势，形成对美国及其西方盟国的能源安全的有力威慑。可见俄罗斯、土库曼斯坦、伊朗在某种程度上已经显示出结成地区性能源联盟的倾向，这自然符合俄罗斯控制里海能源的战略。

（三）日本

在里海能源国际争夺战中，"视石油为生命"的能源消费大国日本向来不甘落后。作为能源消费大国的日本始终是石油纯进口国，保障源源不断的能源进口是其维持国家生存和经济发展的举足轻重的因素。尽管其能源政策重点还是放在中东，但从能源安全观念出发，为降低对世界"火药桶"——中东石油的严重依赖，日本也力争油气供应渠道多元化，争取中亚成为其未来的能源供应地之一。

1995 年日方承诺提供 10 亿美元的投资帮助哈解决石油加工和运输问题。1997 年桥本首相提出"欧亚大陆外交"战略，强调中亚和高加索是日本实现能源供应地分散化战略的极其重要的地区。为此日本密切关注中亚的战略态势和里海的能源竞争，推出"里海石油战略"，开展"能源外交"。日本通产省不仅和俄罗斯一起参与中亚多项石油天然气开发工程，还运用政府开发援助

① 寇忠："中亚输气管道建设的背景及意义"，《国际石油经济》2008 年第 2 期。

基金，推动与里海沿岸国家的铁路、公路、航线、通信网、油气管道建设等项目合作。在小泉首相与中亚国家强化能源合作的号召下，2002 年 7 月日本开展了“丝绸之路能源计划”，派遣政、官、企、学界人士前往哈萨克等中亚国家，与各国首脑和能源部门官员会谈油气合作事宜。2004 年 8 月川口外相访问中亚，启动了“中亚＋日本”对话机制，以推动能源合作。[①] 2006 年日本又在东京举行第二次日本—中亚国家外长会议。哈萨克已经批准日本石油公司在卡沙甘油田的合作计划。

结合日本在阿富汗和伊拉克战争前后热心追随美国的举止，不难看到日本力图在如火如荼的里海能源争斗中分得一杯羹，占有“与日本相称的一席之地”，同时配合美国成为牵制俄罗斯、中国、伊朗在该地区影响的重要角色。

（四）欧盟

相对来说，欧盟国家在这场里海能源国际竞争中的投入力度在 20 世纪 90 年代总体上不及美国和日本，但也并非无所作为，基本上采取了“参与”、“跟进”的政策。这些国家参与竞争的一个重要意图便是支持里海国家摆脱俄罗斯的控制，加快向西方靠拢，推进市场经济改革和私有化进程。其不仅希望促进里海的石油天然气输送到需求量极大的欧洲市场，使之成为 21 世纪世界油气供给的又一重要基地；而且把里海能源国际开发视为“发挥欧洲经济力量、经济运行管理经验和承担长期义务的世纪性机遇”。[②] 因而对里海能源开发合作也持积极合作的方略。

① 陈凤英、赵宏图主编：《全球能源大棋局》，时事出版社，2005 年版，第 245—246 页。

② 安尼瓦尔·阿木提、张胜旺主编：《石油与国家安全》，新疆人民出版社，2003 年版，第 69 页。

早在1992年，英、法、意、荷、挪和美一起同哈萨克斯坦建立“里海石油国际财团”。欧盟还积极支持从中亚高加索经黑海到欧洲的油气管道铺设。在将里海石油西向输出的2002—2005年的BTC（巴库—第比利斯—杰伊汉）管道建设项目中，英国石油公司就是持股30.1％的头号大股东。而与该输油管道平行的BTE（巴库—第比利斯—埃尔祖鲁姆）天然气管道建设项目中，英国石油公司和挪威国家石油公司分别为持股34.1％和25.5％的第一、二号大股东。①

目前法、英、德、荷等国几十家著名石油跨国公司，在里海油气的勘探、开发、提炼及运输管线建设各环节已有相当大的投入，其实力影响不可低估；而且在伊拉克战争后，为了抵制美国对海湾特别是伊拉克能源市场的独霸或垄断，法、德、意等欧盟大国更加重视对里海能源开发的大力投资及与相关国家的能源合作。

（五）其他国家

伊朗作为里海沿岸国家之一，也在这场能源竞争中积极扩展自己的政治影响和经济利益。伊朗的战略主要出自政治因素，即打破美国对它的国际“围堵”。如前提及，美国反对途经伊朗的里海油气输出路线。然而在美国压力之下，伊朗并未消极气馁，而是利用其资源和地理优势，主动出击，积极拓展外交和经济活动空间。首先是与俄罗斯联手，共同与美国相抗争。1996年6月伊朗与俄罗斯发表一项联合公报，表示两国将同里海地区的国家进行合作，阻止美国势力侵入这一地区。同时伊朗大力加强

① Energy Information Adminisration，US Department of Energy，Country Analysis Briefs：Caspian See，http：//www.eia.doe.gov/emeu/cabs/ Caspian/Full.html.

与里海国家的能源合作。除与哈萨克斯坦建立石油出口的“交换机制”外，还充分发挥地理位置的长处，促使土库曼斯坦与伊朗和土耳其达成合作修建从土库曼斯坦经伊朗到土耳其的天然气管道协定。此外，伊朗还以各种优惠条件吸引西方公司投资于国内能源开发，如法国道达尔公司不顾美国经济制裁的威胁，大胆参与伊朗的油气开发项目。伊朗的上述举措成功地迫使美国检讨和调整有关政策，美国不得不放弃对道达尔公司的制裁，同时申明“对伊朗的制裁的法案不适用于经由伊朗的输油管道建设”。[①]

土耳其在这场国际能源竞争中同样不甘落后。一方面，土耳其长期怀有向中亚和高加索地区扩展其势力影响的目标，希望吸引同属突厥语民族的中亚独立国家向它靠拢，确立它在填补苏联解体后中亚和外高加索这一“战略真空”的主动地位。由此它充分运用其与该地区国家的传统文化联系，积极投资里海油气资源的开发项目。另一方面，土耳其现在的石油自给率仅为18%，它需要引进里海的油气资源支持其经济发展，同时更希望利用其地处欧亚交界和控制黑海海峡的得天独厚条件，力争使阿塞拜疆、哈萨克斯坦、土库曼斯坦油气经其领土输往欧洲和世界市场，赚取一笔数额不小的过境费。据统计，如果每年有价值140亿美元的里海油气经土境内外运，土耳其不仅可净赚5亿美元收入，更能减少石油进口支出30亿美元。[②] 如前所述，土耳其已同阿塞拜疆、哈萨克斯坦、格鲁吉亚等国达成铺设巴库—第比利斯—杰伊汉石油管道协定，一项从土库曼

---

① 《纽约时报》1997年7月28日。

② 上海国际问题研究所：《国际形势年鉴（1998）》，上海教育出版社，1998年版，第121页。

经伊朗到土耳其全长800多公里、投资19亿美元的天然气管道也正在修建。

在里海能源国际竞争舞台上，除了上述美国、俄罗斯、日本、欧盟国家和中国以及周边伊朗、土耳其、韩国等国积极表现外，印度也是值得一提的活跃新角色。这个世界第六能源消费大国近年来的能源外交频频出招、触角伸向世界各油气输出国，而环里海的中亚自然也成为其拓宽海外能源供给的重点地区。1997年印度石油公司获得了在哈萨克斯坦北部巴符洛达尔地区勘探石油的五年许可证。“9·11”事件后为了取得立足点，维护在中亚地区的石油利益，印度更是以空前的积极性大力开展与中亚国家军事合作，2002年在塔吉克斯坦阿伊尼建立印度境外首个军事基地，随后又积极帮助哈萨克斯坦巩固军力，为里海舰队培训人才。印度对里海能源管道建设十分积极。2004年9月印与巴基斯坦讨论了修建从伊朗经巴基斯坦到印度的跨国天然气管道项目问题，印度石油天然气公司还表示愿意参加中哈石油管道的铺建。在印度的“泛亚天然气管道建设三线并举”的宏伟规划中，除从伊朗到印度的“西线”和从缅甸、孟加拉国到印度的“东线”外，还有一项令人注目的土库曼—阿富汗—巴基斯坦—印度的“北线”正在积极酝酿。

同时我们看到，尽管在里海资源主权划分问题尚未解决，但里海沿岸各国哈萨克斯坦、阿塞拜疆和土库曼斯坦等为实现“油气立国”的发展战略，为及时获取国外技术和财政援助，早已积极开展里海沿岸油气开发的国际合作。面对大国和周邻地区力量的激烈竞争，中亚里海国家也运用油气资源为武器，纵横捭阖地开展多方位的“能源外交”。开始它们试图利用美国来牵制构成潜在威胁的俄罗斯，后又期望寻找第三方面的力量如中国、印度、日本来牵制美国和俄罗斯。同时各国具体的对外合作方针和侧重点又各有差异。

四、结 论

由上可见，苏联解体十多年来，里海油气开发特别是油气资源的输出领域已是一场紧锣密鼓、铿锵激昂的国际经济和政治大竞争，也直接带来里海—中亚地区的安全威胁。特别是作为主要竞争对手，美俄双方既不断深化经济渗透，又日益强化军事介入。不仅是美国与北约与中亚里海国家积极发展军事合作关系，而且在“9·11”事件后，美国借反恐为名，打开获取里海、中亚能源的通道，特别是大规模军事力量的进入驻扎以及一大批军事基地的设立建设，引起俄罗斯对自己的“势力范围”遭受美国蚕食的警觉。2002 年 9 月，俄罗斯在里海北部举行空前规模的军事演习，这次演习规模之大、时间之长，为历史罕见，自然引起国际社会的广泛关注。尽管俄官方声明，举行演习的目的是为了检验部队反恐能力以及与里海国家联合打击海上犯罪的协调能力。但西方观察家认为，这次俄在里海的军演真正目的是要向其他里海国家和美国发出信号：俄作为军事强国，仍然要在里海地区发挥主导作用，包括俄不惜以武力捍卫自己的里海的利益。毕竟俄海军总司令库罗耶多夫在军演期间明确表示：“俄拥有强大的海军，它将通过武力解决那些和平手段解决不了的问题。”[①] 显然，俄试图通过增加其在里海地区的军事威慑力，为其里海能源竞争提供强大的实力后盾。再

① 钱学文等：《中东、里海油气与中国能源安全战略》，时事出版社，2007 年版，第 393—394 页。

联系里海—中亚国家纷纷加强里海地区的军事能力建设、该地区出现的军备化竞赛以及美国和北约在其中别有用心的卷入，我们不难理解这场里海能源国际开发竞赛特别是管线竞争引发的地区安全影响。

在这场里海能源的国际竞争中，世界各大国、周边地区性大国以及当地的资源出产国积极参与其中，它们在此舞台上的一招一式，背后均有各自意味深长的战略谋图。作为各路棋手，各种力量利益交错，矛盾交织。竞争的整体格局一方面呈现美强俄弱、美攻俄守的态势，另一方面虽然美国在阿富汗和伊拉克战争后得手甚多，但还是遇到俄罗斯的有力抗争。必须承认，迄今俄罗斯以灵活务实的软硬两手在中亚里海地区仍然保持不容低估的影响力。另外也要看到，各种力量之间既有针锋相对、志在必得的争夺较量，又存在谋求利益平衡、争取各方共赢的妥协合作，相互间的竞争碰撞与协调包容并行不悖。现在俄罗斯不再反对西方资本介入里海能源开发，俄、哈持有大部分股份的“里海管道集团”中包括美国谢夫隆—德士古石油公司的15%股份；如美国乔治敦大学外交研究所2002年11月报告所指出，美国现在也认识到自己力量的局限性，为实现共同利益，力图更多地争取俄罗斯等其他大国的容忍和合作，甚至为避免引起激烈冲突而保持一定程度的战略与政策的克制。其实，我们也可从中窥见当代非传统安全问题的若干特征。

此外，我们还要强调，当今里海能源开发与欧亚大陆大国地缘经济竞争和地缘政治争夺的交合重叠更加突出，我们可以在“9·11”事件以来发生在里海周边的中亚、中东和高加索的一系列重大事件，包括美国发动的阿富汗、伊拉克战争，西方积极推动的“颜色革命”和“民主化改造”浪潮，以及俄罗斯普京政府用心良苦的应对调整等一系列等，不难透析到这一点。由此，里海油气输出管线竞争不仅使中亚里海地区成为欧亚大陆大国战略争夺的敏感地带，也是21世纪全球错综复杂的地缘政治经济演变的聚焦点。

市场与治理：欧盟能源安全新理念

孙敬亭*

内容提要：随着能源价格的飙升，欧洲的能源安全受到很大的威胁。为此欧盟试图确立一种新的以市场—治理理念为指导思想的对外能源政策，以内部共同能源市场为基础，在国际能源领域倡导自由市场为基础的治理理念，构建新的国际能源体系，保证欧盟能源安全。但是欧盟的能源政策构想在内外两个方面都面临着挑战，这一新理念能否实现欧盟的能源政策还有待观察。

近年来欧盟为应对能源危机出台了一系列政策文件，试图形成新的能源战略。其中标志性的是 2006 年 3 月欧盟委员会发表的《欧洲安全、竞争、可持续发展能源战略》（即欧洲能源绿皮书），该文件明确表示“把能源目标同与第三国的宽泛关系更好

* 孙敬亭，上海社会科学院欧亚所副研究员。

地结合”。[1] 欧洲各国政府和欧盟委员会都在不同场合强调欧盟的能源处境很严峻，认为能源安全是欧洲共同外交和安全政策（CFSP）的优先问题，力图突破欧盟内部各成员国之间的能源政策框框，把能源安全作为欧盟整体对外战略的一部分。实际上，在最近几年，欧盟已经与有关国家签订了很多新的能源协定和条约。2005 年 12 月欧盟同乌克兰，2006 年与阿塞拜疆和哈萨克斯坦签订了能源合作协议，与阿尔及利亚和埃及建立了类似的伙伴关系。2005 年 10 月能源共同体东南欧条约签订，该条约的目的是把巴尔干国家纳入到欧洲地区天然气和石油产品市场中。欧盟委员会主导的黑海和里海能源合作倡议也正在成型。欧盟—OPEC 对话正得以深化。欧盟—非洲能源伙伴关系也取得进展。现在，能源几乎成为欧盟所有对外政治对话的首要问题，而几年前能源问题很少出现在对外对话的议事日程上，这说明欧盟的对外能源政策有了很大的变化。

一、欧盟对外能源政策的指导思想：“市场—治理”理念

欧盟对外能源政策的基础是其内部市场的原则，欧盟的能源安全措施实际上是把欧洲内部市场规则向外部扩展，也就是向东向南推广到中东、中亚、俄罗斯和北非地区。欧盟 2006 能源绿皮书认为，能源安全可以通过一个以欧洲为核心的“广泛的欧洲

---

① Commission of the European Communities, Green Paper: A European Strategy for Sustainable, Competitive and Secure Energy, COM (2006) 105, 8 March 2006, p. 4.

能源共同体”，一个“共同管理空间”来实现。这就是要求“在欧盟已有的和将来达成协议的第三国加强以市场为基础的能源供应”。绿皮书试图摒弃传统的能源安全规则，认为在能源问题上“过分关注地缘政治和石油产地是错误的”。欧盟要依赖的是“全球石油市场”。[①]

欧盟委员会希望欧盟的新能源政策能改变国际能源市场的游戏规则，进而缓解各方对世界能源争夺的紧张状态，强调能源安全可以依照共同规则，通过共认的贸易、运输和环境原则把欧盟自身的能源市场扩大到邻近地区来实现：“我们要让非欧盟能源消费国相信世界能源市场可以满足它们的需求。如果它们认定只有通过双边谈判的途径才能确保安全，那么能源体系的混乱就有可能发生。”[②] 欧盟委员会《2007 能源战略评论》强调以根据“欧盟（内部）能源政策发展而来的大家认同的原则和规则”为基础寻找国际合作伙伴，在生产国推行“透明的合法的架构”。[③]其远期目标是能源消费国和生产国能形成公开透明的价格体系，避免恶性竞争带来的价格扭曲。欧盟 2007 年 9 月出台所谓松绑建议，即打破能源生产国和消费国之间的排他性关系。欧盟认为其内部的市场原则能够促使能源生产国和消费国共同形成良性互动，保证能源市场的稳定，确保世界性的能源安全。所以简单说，欧盟主张的是一种市场与治理相结合的原则，可称之为“市

① Commission of the European Communities, Green Paper: A European Strategy for Sustainable, Competitive and Secure Energy, COM (2006) 105, 8 March 2006, pp. 15—20.

② Commission of the European Communities, An External Policy to Serve Europe's Energy Interests, Paper from the Commission/SG/HR for the European Council, 2006.

③ Commission of the European Communities, An Energy Policy for Europe, COM (2007) 1, pp. 18—19.

场—治理”理念。

根据上述文件所表述的思想，欧盟试图把其内部能源政策的基本原则，即市场—治理理念扩大到欧盟以外的能源市场中去。欧盟对外能源政策显然是要把欧盟内部的能源政策的模式扩展到全球范围，至少是在周边地区进行尝试。为此，欧盟以市场—治理理念为指导思想，通过分别与各伙伴国的技术合作，在不同地理区域发展相互联系的能源体系。欧盟的基本目的是要把《1994年能源宪章条约》（ETC）拓展到欧盟周边的不同地区，从俄罗斯、中亚、南高加索、乌克兰、巴尔干直到地中海南岸。欧盟同这些不同国家订立新能源条约和协定，以“拓展欧盟的能源概念和基础”作为解决能源问题的重要方法。

欧盟官员认为欧盟内部市场发展出来的市场—治理理念不仅明确了欧盟解决能源安全的基本内涵，而且因为内部市场限制了各成员国在双边贸易中为攫取自己的利益而损害其他成员国利益的可能性，因而可以确保成员国在对外政策可以遵循一个一致的指导原则。并且欧盟还试图把这些原则推广到整个世界市场，使市场各方参与者都遵循这些原则，从而实现能源市场的公平。这反映出欧盟独特之处：作为一个欧洲范围内的国际实体设计一个欧洲范围外的国际政策，它的“外部”政策是拓展了的、“内部”成员国之间发展出来的合作原则。

比如，欧盟内部竞争法规就可能促使世界能源市场出现一系列变化，该法的一项内容是消除所谓的“目的地条款”。能源市场上生产国与消费国之间传统上都订立“目的地条款”，根据这些条款，生产国可以防止购买方把剩余商品转卖给其他国家，从而保护了双边合同的排他性。而这与欧盟内部共同市场的思想相违背。终止这些合同使得成员国之间可以更为弹性地调节剩余，稳定能源价格，更有利于能源安全。欧盟试图通过内部市场的自由化，各成员国采取相同的对外能源政策，形成在国际能源市场上的竞争优势。像对待俄罗斯石油天然气公司，在能源价格谈判中，欧盟各国只有通力合作才有可能不致被其各个击破，在能源市场上取得主导权。而且欧盟内部形成共同能源市场，各成员国从其他地区获得的能源供应可以相互调剂，从而动摇俄罗斯石油天然气公司在欧洲的霸主地位。因此欧盟内部共同能源市场的形成是欧盟推行对外能源政策的先决条件。

所以，欧盟对外能源政策的市场—治理理念的实质是在内部以共同市场为主导，而在国际上以倡导自由市场为基础的治理理念。欧盟能源部门的官员明确表示，欧盟对外能源政策的“附加值”是通过“促进法律框架”确保法治原则的优势。[①] 能源宪章就是这一概念的最好表现，其核心内容就是以法制化来处理能源问题。近年来欧盟同乌克兰、阿塞拜疆和哈萨克斯坦等国确立的能源伙伴关系，就是以这样的理念为指导思想进行的对外能源政策的尝试。2002 年英国首相布莱尔在可持续发展世界高峰会议上提出的石油精炼工业透明化倡议（EITI），是欧盟这种能源政策理念的最具代表性的实践。该倡议的目标是要世界有关国家承诺，公开各国向能源生产国出价的细节，以压缩讨价还价的空间，促使能源价格透明化。欧盟委员会认为欧洲标准和概念的输出对确保在能源生产国推动人权目标和提高欧盟投资环境这两个方面发挥关键作用，认为良好的治理已经成为对外能源政策不可分割的一部分。[②] 欧盟官员还认为，欧盟的市场—治理理念可以有效地减少能源消费国之间的恶性竞争。如果能把所有的能源消

---

① Benita Ferrero-Waldner，Opening address，External Energy Policy conference，20November 2006，Brussels.

② Benita Ferrero-Waldner，“The European Neighbourhood Policy：The EU's Newest Foreign Policy Instrument”，EFAR 11/2，2006，pp. 139－142.

费国纳入到欧盟提出的市场—治理为基础的国际能源体系中，这些国家就没有与生产国进行幕后政治交易的必要和可能，恶性竞争得以遏制，世界性的能源安全就得以实现。不过，欧盟的这些自我评价过于乐观，这在下文进行分析。

欧美对这个所谓的市场—治理手段有着不同的看法。很多美国人认为布什政府在能源政策方面已经采取了“硬安全”的保障。美国的方式是不断增加军事部署和伙伴关系以保护能源运输线——从西非、中亚直到中东。欧洲则尽量减少直接军事化的手段来维护能源安全，欧盟的对外能源政策并没有包含到欧洲安全和防卫政策（ESDP）之中，而是希望通过“软实力”的投放，实现能源安全的目标。

二、欧盟对外能源政策的内部困境

欧盟对外能源政策的市场—治理理念对传统的国际能源市场体系提出了巨大的挑战，因而面临着内外两个方面的困境。来自欧盟内部的矛盾主要集中在市场自由化问题上，也就是欧盟内部共同能源市场方面。欧盟共同能源市场问题涉及很多方面，[①] 这里仅讨论与对外能源政策相关的问题，这主要是欧盟委员会与欧洲各国政府之间在能源政策决策上的分歧。

欧盟成员国并不能完全遵守欧盟有关能源政策的规定，欧盟能源政策常常从内部遭到破坏，也就是说欧盟内部的能源共同市场还很不稳定。2006 年能源市场公开化的承诺只有荷兰一个国

① 周茂荣、祝佳：“欧盟新能源政策：动因分析和前景展望”，《世界经济研究》2007 年第 12 期。

家兑现了，其他国家为此遭到欧盟委员会的批评。比如西班牙在安德萨项目的竞标上就没有公开进行。再比如法国政府尽管公开表态支持“完全的内部市场”，但萨科齐总统推动苏伊士天然气公司整合，形成一个新的国家能源巨头，取得对其他欧洲国家的竞争优势。这破坏了欧盟内部市场规则，与市场自由化方向背道而驰。而且欧盟委员会提出的各成员国消除与能源生产国之间排他性条约的“松绑”倡议仍没有得到多数国家执行。成员国之间的基础设施的连接也仍没有实现。内部能源市场仍没有统一。所以有分析家认为欧洲国家在能源领域仍然是“经济民族主义”。[①]既没有泛欧洲市场机制，也没有完备的相互连接的能源输送通道，这妨碍了欧盟作为一个整体应对外部的能源冲击。但欧盟内部能源市场的整合也取得了一定的进展，2007 年 7 月内部的天然气价格实现了自由开放。但这距离欧盟共同能源市场的愿景相差甚远，所以有人甚至认为欧盟共同的对外能源政策是一种过早的期待。

欧盟委员会对能源政策的关注也引起各成员国政府的不满。各国政府既怀疑欧盟委员会对能源问题的驾驭能力，同时并不情愿政府的这一职能受到欧盟的削弱。它们认为能源问题关系到国计民生的命脉，不论欧洲内部和外部的能源政策问题都应由各国政府负责。法国政府因此设立了能源特别代表，目标就是规避欧盟委员会相关规定，掌握能源政策的主动权，以确保本国能源安全和本国能源企业的利润。[②]欧盟其他国家也存在着类似的情况。一些成员国甚至反对透明化的倡议，拒绝在成员国之间分享

① Sebastian Vos，“Europe's infant energy strategy looks muddled and unclear”，Europe's World，No. 4，Autumn 2006，pp. 133—137.

② 参见法国政府网站相关网页：www. industrie. gouv. fr/energie。

与能源生产国之间订立的双边能源协议和合同的相关信息。面对各成员国在能源共同市场问题的分歧，欧盟高级代表索拉纳无奈地表示，面对复杂的能源安全的国际形势，“不存在一种单一的解决办法”，共同的能源市场“只是答案的一个方面”。[①]

三、欧盟对外能源政策的外部挑战

欧盟能源战略的另一个挑战来自外部，也就是欧盟提出的市场—治理理念是否能为生产国所接受，或者说是否能对生产国有吸引力。很多人认为欧盟在推广自身的治理原则的同时获得了最为成功的影响力和比较优势，但这在能源政策上似乎并没有得到体现。实际上，欧盟的上述理念遭到欧盟很多能源供应国的强烈抵制。

最明显是在中东地区，这里的石油储藏量最为丰富，也是欧洲各国最主要的能源供给地。欧盟委员会试图把欧盟的睦邻政策和欧洲—地中海合作条约中有关能源方面的指导思想应用到对海湾合作组织国家的合作上。欧盟向海湾合作组织国家提出了以市场—治理原则为基础的合作备忘录，作为双方能源合作的基础。但是海湾合作组织国家拒绝了这一提议，坚持双边能源合作的前提是签订自由贸易协定。欧盟—海湾合作组织自由贸易区经过18年谈判没有结果，这进一步引起海湾国家对欧洲理念的怀疑。虽然海湾合作组织的主要成员沙特阿拉伯在2005年底加入了WTO，但欧盟的市场—治理理念仍没有得到海湾国家的认同。

① Javier Solana, Address to the EU External Energy Policy conference, 20November 2006, Brussels.

海湾国家普遍认为欧盟极力输出自己的地区一体化模式，而这一模式的基本理念并不适合该地区，欧盟忽视了地区间的差异。而且欧盟的市场—治理理念与海湾国家的战略目标也相去甚远。海湾国家希望能同欧盟以能源合作为基础，建立一个较广泛的战略伙伴关系，以抗衡美国在该地区过于强大的势力，特别是在阿拉伯—以色列冲突上能得到欧盟的支持。而欧盟在能源问题上过于僵硬和原则化，与这些国家的目的相背离。而且由于海湾国家自身经济实力雄厚，欧盟常规的技术援助合作手段在海湾发挥的作用不大，欧盟与海湾地区国家的能源合作仍很有限。所以英国和法国同这些国家的双边交易和政治接触仍然是欧洲同海湾地区合作的主要方式。

而且欧盟的能源政策在伊朗还受到其他因素的影响。欧洲各国在核不扩散问题上保持一致，反对伊朗发展可能与军事有关的核计划，立场强硬。为此欧洲各国与美国一道不惜对伊朗进行各种制裁。但是伊朗的能源生产和输出潜力巨大，是欧洲最佳的能源供应选择。为了巨大的能源利益，欧洲各国对伊朗的能源政策日益混乱。英国政府为保持对伊朗的外交压力，阻止壳牌公司在伊朗的投资。而法国却为道达尔公司在伊朗的投资提供长期有力的支持。同样，意大利以及其他一些欧洲国家不顾英国的反对公开支持纳布科输油管项目，该项目把伊朗的油气输往欧洲市场。把伊朗整合进欧盟主导的地区能源共同体的可行性在欧盟内部引起激烈争执，而且欧盟的共同外交和安全政策也在伊朗问题经受着严峻的考验。

实际上欧盟的市场—治理理念在欧洲近邻北非的影响力仍很有限。阿尔及利亚已经拒绝治理理念，认为这与睦邻关系不相适应。西班牙则认为北非在其能源安全战略中具有特殊地位，确立了双边“能源伙伴关系”，相对于其他欧洲国家，西班牙在阿尔及利亚力求获得“能源供给的优先保证”。法国也在同阿尔及利亚的关系上维持双边优先原则，2006 年签订了新的双边能源条约。可见，欧洲各国在北非能源争夺并没有因为欧盟的市场—治理原则而收敛，在这里和在其他地方一样，也看不到欧盟共同对外能源政策的影子。

欧盟的所谓市场—治理理念在俄罗斯遭到的挫败最为典型。在最近双方进行的能源领域的谈判中，俄罗斯一直反对欧盟把《能源宪章》的原则“走私”进新的协议中。越来越多欧盟成员国认识到同俄罗斯打交道必须首先要考虑地缘政治方面的因素。无论欧盟在合作和市场一体化方面的官方表述如何，其根本目的就是阻止俄罗斯的势力向周边拓展，而这就掺入了地缘政治的因素。而几乎所有欧盟成员国的能源企业都同俄罗斯石油天然气公司进行贸易合作，市场—治理理念在这里并没有得到坚持，这充分反映了欧盟在这一问题上的虚伪性。如今欧盟同俄罗斯有着除美国以外最高级别的政治对话；相比之下相互联系和一体化网络的程度在这一地区最低，因为俄罗斯对欧洲的概念和标准越来越反感。与睦邻政策的内涵不同，俄罗斯在所谓的四个共同空间中坚持排斥欧盟的市场—治理原则。

欧盟在对外能源政策上也有比较成功的例子，同乌克兰、阿塞拜疆和哈萨克斯坦等国签订能源协议基本上贯彻了欧盟的市场—治理理念。但是实际操作中欧盟的目标似乎并没有实现。阿塞拜疆的能源资源丰富，是欧盟在里海地区主要的能源供应国。但阿利耶夫政府认为欧盟提出的市场自由化条件在能源合作上是多余的，这一立场与欧盟能源安全理念的核心支柱相抵触。在中亚，最主要的能源生产国哈萨克斯坦也不认同欧盟的市场—治理理念。纳扎尔巴耶夫总统的“多向”外交政策指导下，哈萨克斯坦在同欧盟建立能源合作关系的同时，也与俄罗斯建立长期稳定的双边关系。与哈萨克斯坦一样，中亚各国对“欧洲市场—治理区”的兴趣不大，它们希望同欧洲订立稳定的能源合作的合同，注重的是实际的经济利益。而欧盟则要求它们在十分抽象的所谓市场—治理理念的基础上进行能源合作，双方可谓南辕北辙。由于俄罗斯石油天然气公司提高了中亚油气的价格并加强了新基础设施的投资，中亚国家同俄罗斯的合作更为顺利，使欧洲在这里的竞争境况愈加不利。该地区各国对欧盟的要求很明确：首先希望欧洲支持该地区通过伊朗的输油管建设，以抵制美国的反对；其次关注欧盟对土耳其的政策，它既是中亚地区重要的成员，又是该地区能源输出的潜在的重要通道。这些要求都很具体，这些国家对欧盟的虚无的理念缺乏兴趣。

最后，把内部的市场原则推广到非洲也在欧洲内部引起强烈争论和质疑。如果在非洲把能源问题与消除贫困挂钩，那么市场原则在这种联系中的作用就受到质疑。另一方面，欧盟负责非洲发展方面的专家和官员担心能源问题的加入会破坏原有的非洲发展计划。非洲国家需要欧洲承诺从非洲长期购买大量油气，而不是“抽象的伙伴关系”。

还需要说明的是，石油精炼工业透明化倡议（EITI）似乎还没有实现欧洲化，更不要指望得到世界其他国家的支持。目前只有 4 个成员国：英国、法国、德国和荷兰。提供财政支持的也只有三国：英国 550 万美元，荷兰 100 万美元和德国 50 万美元。不过欧盟仍认为这是个好的倡议，多数欧洲国家支持该倡议的目标，就是聚集欧盟的力量向一些国家施加有力而一致的压力，如俄罗斯、阿尔及利亚、安哥拉、利比亚、卡塔尔和阿联酋等，这些国家的石油产量占世界总量的 5%—10%。欧盟坚持把自己的概念作为附加条件，要求这些国家在能源方面更为透明。

四、能源利益与政治诉求的矛盾

欧盟委员会明确提出对外能源政策“必须与欧盟总体对外政策目标相一致，比如冲突预防和解决，不扩散和促进人权”。[①]但实际往往与此相反，为了能源利益，欧盟要在政治问题上作出让步，至少是将两者脱钩。

欧盟的能源政策在北非得到了一定的进展，欧盟与相关国家加强了能源技术合作，新的能源设施连接也建成了。但是该地区存在的冲突并没有因欧盟的参与而减少，2007 年初阿尔及利亚游击队攻击了外国石油工人，欧盟同该国的能源伙伴关系对此无能为力。同样在阿拉伯半岛，欧盟为了不危及欧洲的能源供应，积极同这些所谓的君主专制国家建立政治关系。欧盟采取了区格的政策，把能源问题与更为广泛的海湾安全以及海湾国家社会政治的变革区分开来。具体操作上，欧盟是利用欧盟—OPEC 这一合作渠道，避开欧盟—海湾合作组织这个平台来发展同海湾地区的能源合作，因为前者可以体面地绕开政治问题。在伊朗，欧洲负责能源问题的官员也是“远离政治”，力图获得石油和天然气利益。欧洲的能源企业在伊朗的技术合作和能源贸易所签订的合同从来都没有把政治问题作为条款。不管欧盟在核不扩散问题上如何表态，但能源合作似乎都不受影响，而伊朗国内政治也不在欧洲能源问题的考虑之内。在里海和中亚地区也是如此。欧洲在

① Commission of the European Communities, An External Policy to Serve Europe's Energy Interests, Paper from the Commission/SG/HR for the European Council, 2006.

与该地区主要能源生产国的合作往往依赖双边伙伴关系的建立，比如与阿塞拜疆和哈萨克斯坦确立的双边伙伴关系，因为这样在能源问题上就可以把欧盟共同能源政策中所谓民主人权的条件规避掉。

从欧盟在这些不同地区的类似表现可以看出，在能源利益面前那些冠冕堂皇的政治招牌都可以暂时收起来，能源成为欧盟对外政策中最优先考虑的问题，这也充分表露出欧盟对外政治诉求的虚伪性。

增强本土能源供应能力：欧盟能源安全战略分析

崔宏伟*

内容提要：增强本土能源供应能力是欧盟能源安全战略的基础，为此，欧盟致力于建设一个统一的内部能源市场，同时，通过政策激励和技术创新，实行节能和提高能源效率，增加利用可替代能源。欧盟能源安全战略的目标是为了减少能源进口，降低外部能源安全风险，也旨在维持能源供应的可持续性，提高欧洲竞争力。

目前欧盟27国的能源消费占世界能源总消费的17％，欧盟能源供应的50％需要进口，而根据欧盟委员会估计，到2030年，进口能源（主要是石油和天然气）将占欧盟能源供应

* 崔宏伟，上海社会科学院欧亚研究所副研究员。

所需的 65%，[①] 因此，在很大程度上，欧盟能源安全受国际能源市场波动和外部地缘政治环境变化的影响较大。为了确保欧盟获得安全的、可持续的和有竞争力的能源供应，2007 年 3 月欧盟成员国首脑会议一致通过了《欧洲能源政策》行动计划，其中，增强本土能源供应能力成为欧盟能源安全战略的主要内容之一。

一、能源领域的市场化改革

尽管欧盟是世界上最大的单一市场，但在能源领域却远非是一个统一的市场。长期以来，建立一体化的内部能源市场一直是欧盟能源安全战略的核心和工作重点，主要政策措施包括内部市场规则和竞争政策、相关立法及加强独立监管等，目标是促进成员国能源市场自由化，消除各成员国之间的壁垒，提高欧盟范围内能源网络的连接能力，实现跨国能源供应，最终建立统一的内部能源大市场，以此应对国际能源市场动荡、可持续发展和供应安全等多重挑战。

第一，内部市场原则和竞争政策是欧盟能源市场化改革的重要手段。内部市场原则和欧盟竞争政策的核心是自由市场竞争原则。“自由竞争”原则在《罗马条约》中予以明确界定。《罗马条约》第 85 条规定：“凡可能影响各成员国间贸易并以阻止、限制或违反共同市场内的竞争原则为目的，或产生此类结果的企业之间的协议、企业协会决定、协作惯例。”竞争政策是欧盟政策领

① An European Policy for Europe, Communication from the Commission to the European Council and European Parliament, 10 January 2007.

域中最发达和最成功的政策工具之一。[①] 欧盟竞争政策对能源领域的主要措施包括，解除成员国国内能源市场的垄断和管制，推动能源市场的自由竞争和提高市场的流动性。欧盟利用企业兼并控制条例，反垄断和促进市场有序竞争。欧盟有关兼并控制的法规规定：企业兼并、收购，以及特定类型合资企业的成交量或营业额若达到欧盟限额标准，则必须通知欧盟委员会并申请批准。欧盟委员会对有关交易竞争性的评估主要有两个标准：一是否对欧洲共同市场有效竞争造成严重障碍；二是否会导致或加强对市场的控制地位。如果企业滥权行为指控成立，那么企业就面对罚款制裁。

鉴于此，欧盟严格审批能源公司的兼并案。2006 年，法国电力公司、法国天然气公司、比利时天然气与电力公司和德国 E·ON 能源集团等欧洲大型能源与电力企业，因涉嫌非法达成垄断市场协议和实施操纵价格等行为，分别受到了欧盟委员会相关机构的反垄断司法投诉。欧盟委员会认为，滥用市场权力的企业绝不能逃脱经济上的惩罚，在能源行业实行这一规则是反对垄断行为关键的和必要的选择。

第二，不断完善能源市场化立法。由于欧盟国家石油行业的私有化和市场自由化程度较高，因而欧共体有关能源市场自由化指令主要针对电力和天然气行业。自 20 世纪中期以来，欧盟先后颁布了三个立法篮子，不断完善能源市场自由化立法，推动欧盟电力和天然气行业的市场化改革。

为了促进欧盟范围内统一的竞争氛围和建立欧盟内部天然气和电力市场的目标，20 世纪 90 年代中期，欧委会提出了第一个

---

① Helen Wallace and William Wallace, Policy-Making in the European Union, Oxford University Press, p. 116.

内部电气市场立法篮子，即1996年12月欧盟理事会和欧洲议会通过的关于欧盟内部电力市场指令（Directive 96/92/EC）和1998年的欧盟内部天然气市场指令（Directive 98/30/EC），在欧洲电力市场化方面取得了较明显的进步。

2003年6月欧盟颁布了“欧洲议会和理事会关于内部电力市场共同规则指令”和“欧洲议会和理事会关于内部天然气市场共同规则指令”，[①] 这是欧盟第二个电气市场立法篮子，目标是促使欧洲能源垄断企业实行法律或功能拆分改革。按照欧盟的电气指令，能源企业需要实行法律和功能拆分，即输送与分配的分离，生产与供应的分离。能源公司有义务建立单独的法人实体，决策和管理分开；垂直一体化电力企业可以拥有输电系统的产权，也允许存在输电、配电系统联合运营机构，但必须为输电、配电业务设立单独的账户。2003年欧盟通过的另外一项立法规定：除爱沙尼亚、希腊和葡萄牙等少数几个国家出于特殊原因得到宽限外，其他所有成员国都必须在2007年7月1日全面向能源消费者开放能源市场，消费者拥有挑选能源供应商的权利。欧盟委员会旨在鼓励消费者积极参与能源市场改革，促动欧盟能源市场的自由运转。

按照欧委会的调查报告，欧盟第二个立法篮子取得了如下成果：多数成员国相继开放了能源市场，特别是电力市场开放程度较高；各成员国国内和跨国的电力交易活跃，各国电力工业初步实现了优势互补，竞争使电力企业效率不断提高；与其他能源行

① Directive 2003/55/EC of the European Parliament and of the Council of 26 June 2003 Concerning Common Rules for the Internal Market in Natural Gas and Reporting Directive 98/30/EC; Directive 2003/54/EC of the European Parliament and of the Council of 26 June 2003 Concerning Common Rules for the Internal Market in Electricity and Reporting Directive 96/92/EC.

业相比，电力价格上涨幅度较低；欧盟各成员国对所有终端用户开放了电力和天然气选择权，企业和居民家庭可以自由选择电力和燃气的供应者。

与此同时，欧委会调查报告指出欧洲能源市场集中化程度仍然较高，能源企业垂直一体化为新企业进入市场造成障碍，缺乏竞争，造成市场扭曲；市场信息不对称，垂直一体化公司往往优先对其分支机构分布市场敏感信息；处于保护国内市场和企业竞争的目的，有些成员国存在企业控制能源网点，在生产和销售方面存在歧视和权力滥用情况；消费者保护不够，能源生产巨头们同时掌控着输送网络，势必会引起利益冲突，使得消费者失去选择其他电力和天然气供应商的权利等等。总之，欧委会认为第二个立法框架不充分，能源市场监管力度不够，无法保障电气跨界贸易，法律和功能拆分方式难以促进一体化市场形成，欧盟需要提出新的改革方案，强化竞争规则，完善能源市场自由化的立法框架。

2007 年 9 月 19 日欧委会向欧洲议会和欧洲理事会提交了第三个电气市场改革的立法篮子议案，建议强化欧盟内部能源市场竞争，确保中小企业通过公平的市场准入得到投资机会。议案的核心内容是进一步对欧洲能源垄断企业进行拆分改革，向能源企业提供两种拆分方案：一种是“所有权拆分”，拆分后的能源生产部门和运输部门法律上完全独立，避免一家公司控制上下游产业所形成的垄断局面；另一种是“有限拆分”，即独立系统运营商体制（ISO），在这种情况下，拆分后两个企业虽然独立运行，但生产商仍能拥有运输网络的所有权。欧盟委员会明确表示倾向于“所有权拆分”，认为这种方式有利于非歧视、公平和透明度原则，促进能源基础设施的有效投资和建立统一能源市场。欧委会的立场是基于其对所有权拆分所做的微观经济效应分析，即

1998 年到 2006 年实行所有权拆分的成员国工业消费用电价格甚至下降 3.01%，而垂直一体化成员国工业用电价格则上涨了 6.01%；所有权拆分的成员国的家庭用电价格上涨了 5.9%，而同期没有实行所有权拆分的成员国则上涨 29.5%，差别显著。[①]

目前成员国对欧委会的拆分方案仍然存在分歧。英国、荷兰和丹麦等国则支持彻底拆分，即“所有权拆分”方式。欧洲工业能源消费者国际联盟（IFIEC）游说欧委会，支持建立单一欧洲能源市场。但这种做法从一开始就遭到了德国、法国等部分成员国的强烈反对。

第三，增强成员国能源监管机构的独立性和提高欧委会跨国协调能力。为了推进能源垄断企业改革，欧盟要求增强成员国能源监管机构在投资、采纳有约束力决定、监督拆分、评估 TSO 投资计划与监督网络安全、透明度、市场开放和竞争以及消费者保护措施的有效性等方面的权力和独立性。

同时，建立新的共同体机制加强跨国协调。欧盟委员会能源与交通总司下设能源监测局，承担有关欧盟能源供需状况预测分析，特别是监管欧盟电力基础设施和生产投资，以及电力和天然气市场的基本标准、成员国能源管理经验交流等工作。创建欧洲能源供给观测机构，监测能源市场的运行，快速预测、预报能源供给和基础设施的风险及危机，加强与国际能源署的合作。

为了提高监管，欧委会提出加强成员国能源监管局之间的合作，以及它们与欧委会的合作，建立欧盟层次上的单一实体“能源管理局合作机构”，并计划将其发展为一个正式的机构。2003 年欧委会为了促进成员国能源管制当局之间以及它们与欧委会之

---

① European Commission Staff Working Document，“Legislative package on the internal market for electricity and gas”，Brussels，SEC（2007）1179.

间的协商、协调与合作，成立了“欧洲电气管制者小组”咨询机构，小组成员来自成员国能源管制当局代表。鉴于“欧洲电气管制者小组”的经验，为了促进内部电气市场，欧盟建立了“能源管制者合作机构”，目的有以下几个方面：为成员国之间能源管制者合作提供法律框架，提高处理跨边界能源贸易的能力；监督国家和欧盟两个层次上的输送体系运营商之间的合作，确保这些合作采取有效和透明方式；有权对单个操作技术性问题采取特别决策；发挥广泛的咨询作用。该机构计划由 40 人到 50 人组成，每年财政预算 600 万到 700 万欧元。①

二、实施节能和提高能源效率措施

能源效率是可持续的、有竞争力和安全的能源供应的关键步骤，能源效率的提高有利于节约能源，减少能源进口，对降低二氧化碳排放具有重要作用。2006 年 10 月 19 日欧委会公布了“欧盟能源效率行动计划”绿皮书，提出到 2020 年实现节约基本能源消费 20%的目标，届时欧盟将比目前少消耗 13%的能源，每年可节省 1000 亿欧元和 7.8 亿吨二氧化碳排放量。② 由于节能和能效技术投入高，市场占有率受能源商业属性的制约，供应与需求之间存在巨大差距，因而欧盟将采用法律约束、市场化措施、经济激励政策以及技术研发等综合手段，推进能源效率行动计划。

---

① European Commission Staff Working Document，“Legislative package on the internal market for electricity and gas”，Brussels，SEC（2007）1179.

② Action Plan for Energy Efficiency：Realising the Potential，COM（2006）545final，19 October 2006.

第一，实行法律规制。利用欧盟共同体法律制定消费领域节能和提高能源效率的基准，如“生态设计和标识指令”，设备标准和标识更规范化；发展能源终端使用效率服务如“欧盟范围内白色认证体系”、“建筑物节能执行指令”等。“欧盟能源效率行动计划”绿皮书确定大幅提高装置与设备的能源效率，其中家庭（住宅）能源使用效率提高27%、商业建筑提高30%、交通运输业提高26%、制造业提高25%。① 提高欧盟现有建筑物能效和提高热电联产、输送及分配效率。能效项目的供应方面包括高效设备、联合循环涡轮、联合发电、街区供暖及降低能源传输损耗，需求方面则集中于工业用能设备、住宅和交通。

在成员国层面上，2002年德国出台了《节省能源法案》，推行家用电器节能计划，促进电器生产商利用节能技术；规定新建筑必须符合低能耗标准，采取节能技术改造老建筑。法国从2006年起实施“节能证书”政策，根据企业节能措施和实施效果，配发其生产和销售的电力额度；新销售和新出租的住房必须具备“能效证书”。英国等其他一些欧盟成员国也根据欧盟指令，制定建筑、交通和工业生产等方面的强制性节能要求。

第二，利用税收激励政策。能源税是为了控制能源消费中的浪费现象，降低因能源消费引发环境污染而制定的重要经济激励政策。比如法国对购买清洁和节能新车予以一定的价格和税收优惠。欧盟各成员国能源税种和税率参差不齐，各国能源价格的差别很大，这与欧盟倡导的统一大市场非常不协调，为了提高制度功能，欧盟在欧洲层面上对能源税进行统一。能源税包括二氧化

---

① Action Plan for Energy Efficiency：Realising the Potential，COM（2006）545final，19 October 2006.

碳排放税，氮氧化物排放税，二氧化硫排放税以及其他在能源消费中所产生的有害物质的排放税，其中最主要的是二氧化碳排放税。

第三，采取反映价格信号的市场化手段。碳排放交易体制是欧盟及其成员国提高能效和节能的一个重要的市场化措施。欧盟在京都议定书架构下，对成员国的二氧化碳、甲烷等温室气体的排放量均有明确规定，每个成员国针对产业或个别企业制定排放额度和减排目标。现行碳排放额度单位，包括排放减量认证信用额度和排放减量权证两种。碳排放交易主要通过奖励的形式，鼓励私人企业减少温室气体排放。由主管机关订立排放污染物最高限度后，排放污染物的公司或组织再据此自我规范，超过标准者需要透过碳排放交易平台，向其他企业或团体购买额度，否则就会遭到起诉或罚款。这促使投资更加明确，并将推动排放削减技术和低碳解决方案的大规模开发和利用。欧盟下一步计划是深化和拓展欧盟排放交易体系，考虑碳合同的长期有效性。

第四，加大对节能和提高能效的技术研发。对传统能源进行技术改进，降低其对环境污染程度和减少温室气体排放，如清洁煤技术。目前煤炭占欧盟发电燃料的30%，依靠煤炭发电的成员国有波兰（92%）、捷克（65%）、希腊（62%）和德国（50%）。[①] 由于仍然有较多欧盟成员国需要依靠煤炭发电，因而可持续利用煤炭和降低排放成为政策目标。欧盟鼓励清洁煤技术的研发和投资，并制定政策框架确保和推广碳捕捉和存储（CCS）技术在环境上安全地使用，计划到2015年建立12个大规模的可持续化石燃料商业发电示范基地，使欧盟产业走在迅速

① European Commission，Coal Market Outlook，2005.

增长的低碳技术行业前列。[①] 降低能源生产和分配过程中的损耗，目前传统技术发电平均转化效率是 40%，而采用新发电技术则可达到 60%。

在技术研发方面，国家援助是一项重要的政策措施，采取针对性原则，扶持重点和重要项目。共同体层面上则采取了多项资助措施，包括由“绿色投资基金”以及针对新成员国的团结基金和结构基金。此外，在欧盟范围内推广最佳实践。

提高能效技术研发的市场化是欧盟战略重要目标。欧盟指出，未来 10 年在节能方面的技术挑战主要是二氧化碳技术的大规模的商业利用，包括体系效率和先进研究；“欧洲二氧化碳捕捉、运输和存储倡议”针对零排放技术的效率、安全性和公众接受度；在建筑、交通和工业领域形成高效能源、终端利用设计及体系的大规模市场。预先支持措施创建商业机会，刺激市场发展，重视消除非技术障碍对创新和市场应用高效和低碳技术的阻碍。

第五，开辟国际合作渠道。通过双边协议、国际贸易和发展政策，推动能源效率技术和相关设备贸易。与联合国、国际能源机构、G8、WTO、世界银行、欧洲建设与发展银行等国际组织合作，推动能源产品和服务的标签、认证、能源审计、生产标准、备用品浪费等方面的规则统一。

三、增加利用可替代能源

第一，确定可再生能源发展目标。欧盟委员会提议保持欧盟

---

① European Commission, “A European Strategy Energy Technology Plan: Towards A Low Carbon Future”, COM (2007) 723 final, Brussels, 22 November 2007.

在可再生能源领域的世界领先地位，并提出到 2020 年可再生能源占 20%的总能源构成的目标，目前，风能、太阳能和生物燃气占欧盟能源消费的 7%和占发电的 15%。欧盟在风力发电方面目前处于世界前列，其发电量已经占到全世界风力发电总量的近 3/4，可供 13%的欧盟各国居民家庭使用。① 能源技术创新的重点领域涉及生物燃料、氢能、燃料电池、太阳能电池等“低碳能源”技术。生物能源是欧盟可再生能源战略的发展重点。根据欧盟的计划，到 2010 年生物能源的产量可望增加到 1100 万吨。把生物燃料在汽油和柴油中的比例，由 2007 年的 1%提高到 2020 年的 10%。皮耶巴尔格斯说，林产品、农作物、生物质废弃物等生物能源资源约占整个能源的 5%，占可再生能源的 65%。根据欧盟能源战略技术行动计划，太阳能发电作为节约型能源资源，仍将是欧盟今后重点开拓发展的绿色清洁能源资源之一，技术重点主要是大规模的光电技术和高效太阳能。到 2010 年，欧盟太阳能发电安装面积要达到 1 亿平方米。②

欧盟鼓励替代能源计划 II 于 2001 年通过，将生物乙醇和生物柴油两种生物燃料确定为最有市场前景的替代能源。

第二，重新认识和利用核能。1973 年石油危机后，核能作为可替代的发电能源对欧盟成员国的作用极其巨大。法国《能源法》已经明确继续利用核能发电政策，英国、芬兰和立陶宛等国计划建设新的核反应堆，而德国和西班牙尽管声明要逐步废弃核反应堆，但面临国内政治压力。因而，核能在欧盟能源组成中仍然保持较为重要的地位。随着第一代核能电站即将终结寿命期，

---

① An Energy Policy for Europe，SEC（2007）12.

② European Commission，“A European Strategy Energy Technology Plan”，COM（2007）723 final，Brussels，22 November 2007.

成员国借新一波投资机会，将能源供应安全与应付气候变化挑战结合起来，推动和使用新核能技术。欧盟战略是继续保持欧洲裂变技术的世界领先地位，并加强对核废料的管理。

法国目前是全球核能利用第一大国，核能发电在电力供应中的比例达75%。法国将加快修改能源政策，考虑启动第四代核电站的设计和建造计划，争取在2020年实现运行。出于能源安全和碳减排的双重考虑，英国政府认为允许私营企业有权选择投资新的核电站符合公共利益。为实现清洁能源的目标，政府还鼓励对大型发电项目实行欧盟排放交易机制以及在化石发电项目中进行碳捕捉和储藏技术的商业化开发。为进一步发展新的低碳技术，英国政府将与私营部门共同建立能源技术研究所，至少投入6亿英镑用于资助未来10年的研发项目。①

第三，充分利用欧盟整体优势实施可再生能源技术研发。首先，欧盟研究框架计划（FP）是能源技术研发的重要平台。在第七框架计划（2006—2010年）中，能源从其他领域中被单独列出，能源研究年预算为8.86亿欧元，比上一个框架项目增加了3.12亿欧元。主要研究领域有：氢和燃料电池技术、可再生发电技术、可再生燃料生产技术、用于加热和制冷的再生能源技术、二氧化碳的捕捉和零排放发电技术、清洁煤技术、智能网络等。②

其次，欧委会加强与成员国工业部门合作，共同致力于可再生能源技术研发。欧委会于2008年启动一系列有关动员欧洲工业参与能源研究和创新的“欧洲工业倡议”，目的是以欧共体层

---

① Energy White Paper：meeting the energy challenges，URN，No. 07/1006，23 May 2007.

② 欧盟研究框架计划内容参考欧委会网页资料 http：//ec. europa. eu/research/index. cfm。

次目标为重点，通过集体方式克服投资的风险和障碍。优先倡议包括："欧洲风能倡议"，大风轮机及大系统实验与论证；"欧洲太阳能倡议"集中研究大规模光电和浓缩太阳能实验；"欧洲生物能倡议"则关注新一代生物能源技术；此外还有"欧洲电力网点倡议"和"可持续核聚变倡议"。欧洲工业倡议依据不同的部门和技术采取不同方式进行。为此，欧委会计划于 2008 年年底提交欧洲理事会和欧洲议会，目的是鼓励私人投资，包括私人证券与风险资本参与；加强各种基金之间的协调，增加新的基金品种；为规模较大的工业实验和低碳技术的市场化，建立新的欧洲机制，设立与能源创新有关的税收激励政策；鼓励工业企业参与技术创新。

再次，充分利用欧盟整体资源和内部市场的充分潜能，集中进行科研攻关，提高研究效率和在能源技术研发领域的市场竞争力；坚持共享资源和共担风险原则，在技术和能源体系两方面采取便利化战略计划，共同解决跨边界问题如能源网络、能源贸易等；数据收集与信息共享，以指导投资决策和制定能源技术政策；重视共同问题和非技术性问题如公众接受程度、新技术意识等；在能源技术的国际合作中保持一致立场。

欧委会计划建立欧盟能源研究联盟，成员国研究机构 CEO 之间加强对话，加强大学、研究院所和专业机构在科研领域的合作；在能源工业领域增加财力和人力投入，加强能源科研和创新能力。

四、结论与启示

首先，内部能源供应安全与外部能源安全相辅相成，增加本土能源供应有助于减少能源进口，降低因能源地缘政治竞争所可能造成的能源供应中断这样的重大风险，同时也可缓解国际能源市场价格剧烈波动导致能源进口成本大幅上升对内部市场竞争力的损害。欧盟能源安全战略演化历程表明，内部能源市场的资源配置效率、能源节约和提高能源利用率是增强本土能源供应能力的关键因素。

其次，节能、提高能源效率和使用新能源资源有利于减少温室气体减排，保护生态环境，而且气候变化议题也正在演化为国际关系的一项重要议程，各国的能源发展战略难以完全置身于这一国际政治进程之外。因地制宜发展清洁能源和可再生能源已经成为世界各国能源安全战略的共同内容。

最后，增加本土能源供应所必需的新能源技术创新关乎全球市场竞争力，也将成为世界经济竞争的新的焦点领域。欧盟能源安全战略的一个突出特点是强调技术创新，在能源及其相关领域，欧盟通过“战略性能源技术计划”，发展高效、清洁、低碳能源，并有志于引导世界能源发展方向，在这个过程中，欧盟试图利用统一市场优势和保持能源技术的世界占先位置，增强欧盟经济竞争力，并且在国际能源秩序变动过程中占据话语规则的主导地位。

中国能源地缘政治与周边能源外交

孙 霞*

内容提要：随着经济一体化和能源安全问题的发展，传统地缘政治学开始扩展到能源领域，形成能源地缘政治学。从中国地缘政治经济环境来看，冷战后，中国的能源安全发生了很大变化，新的能源地缘环境对中国外交提出了挑战。从长远看，中国开拓能源外交的地缘空间很大，需要在塑造中国能源外交的新形象，协调与美国、日本等能源竞争者的政治关系，维持海上运输通道和石油输出国所在地区的安全和稳定等方面做出努力。

近年来，中国在全球范围内寻求与石油生产国及供应国进行的能源双边合作，被西方国家称为“国家主义”，认为中国会采用军事威胁或胁迫的手段保障外来能源供应。中国的地缘政治经济环境对中国的能源安全和能源外交提出了挑战。随着中国在一些国家的能

* 孙霞，上海社会科学院欧亚所助理研究员。

源投资和合作的逐渐加深，能源对外交的考验也逐渐增加，中国的外交关系将受到能源安全的制约，能源安全问题可能把中国外交置于尴尬的境地。例如，即使能够与能源丰富的国家展开合作，获得海外投资，但是，投资的油田都是远在海外，能否以海外投资开采的能源满足国内需求还取决于海上和陆上能源运输线的安全，大量的能源运输不仅需要大规模的设施投资，而且需要维护这些运输管道和油轮的安全措施。中国要实现能源进口来源多样化，必须保证两个地缘政治方面的因素：一是供应国政治上的对华友好；二是运送大量能源的能力。对这些因素的考虑推动中国必须认真考量自身所处的地缘政治经济环境，发展与周边国家及能源供应国和过境国的友好关系，把地缘政治劣势转化为合作优势。

一、能源地缘政治学与中国的能源地缘现状

国际关系中的地缘政治学是从空间或地理环境的角度研究国际关系，或者说是研究国家间关系的空间配置的一门学科，形成于 19 世纪末。早期的地缘政治学偏重于强调地理空间的决定因素，经历了“生存空间论”、“海权论”、“陆权论”、“边缘地带论”和“空权论”等理论的演变与不断修正。[①] 第二次世界大战

---

① 有关地缘政治学的经典著作主要有：Holger Herwig，“Geopolitic：Haushofer，Hitler and Lebensraun，” *Journal of Strategic Studies*，Vol. 22，No. 2&3，special issue “Geopolitics，Geography and Strategy”，June/September 1999，pp. 218—241.；马汉：《海权论》，萧伟中等译，北京：中国言实出版社，1997 年版；马汉：《海权对历史的影响》，安常容等译，北京：解放军出版社，1998 年版；麦金德：《历史的地理枢纽》，林尔蔚等译，北京：商务印书馆，1985 年版；杜黑：《制空权》，曹毅风等译，北京：解放军出版社，2005 年版；杰弗里·帕克：《地缘政治学：过去、现在和未来》，刘从德译，北京：新华出版社，2003 年版，第 129 页。

以后，地缘政治学的研究表现出多样化的发展势头。随着战后世界对经济的强调，地缘政治与地理经济，特别是与能源和交通枢纽产生交叉，传统地缘政治学由“地理决定外交”的静态学说，转变为以资源中心变化而变化的动态学说。这一时期的地缘政治不应再仅仅是一个单纯争夺控制世界地理要道和控制世界市场的理论，它已深化为以控制世界资源为中心的理论。在这一理论中，控制世界不再是以控制某一地区为前提和目标，而是以控制世界资源贮藏丰富和开发条件最好的地区为前提和目标。从地缘视角审视能源安全的学者很多，甚至形成了“能源地缘政治学”(Geopolitics of Energy)。[①] 基辛格、布热津斯基、亨廷顿等大战略家也都从地缘政治角度，阐述过美国的能源政策。[②] 他们都非常重视世界能源中心的占领，主张美国从世界能源地缘政治出发思考世界地缘政治格局，确定美国的地缘政治战略。这也就是说，地缘政治学说已经从原先单纯的对海陆空地理空间的占有、控制转变到对资源、能源的掠夺和控制，出现了“资源论”、“能源论”。如果说，以往的地缘政治是对手确定战略的话，那么，新的地缘政治逻辑则是资源决定战略：谁控制了资源，谁就能控制世界。而在石油时代，“谁控制了中东，谁就控制了世界”。[③]

---

① See Melvin A. Conant and Fern Racine Gold, *The Geopolitics of Energy*, Boulder, Colorado: Weatview Press, 1978.; John V. Mitchell, Peter Beck and Michael Grubb, *The New Geopolitics of Energy*, London, UK: Royal Institute of International Affairs, 1996.

② 亨利·基辛格：《大外交》，顾淑馨、林添贵译，海口：海南出版社，1998年版；兹比格纽·布热津斯基：《大棋局：美国的首要地位及其地缘战略》，中国国际问题研究所译，上海人民出版社，1998年版；塞缪尔·亨廷顿：《文明的冲突与世界秩序的重建》，周琪等译，北京：新华出版社，2002年版。

③ 刘波：“试论20世纪中东能源地缘政治中心地位的确立”，《河南大学学报》(社会科学版)，2004年第6期，第126页。

因此，地缘政治成为影响地区能源安全合作的重要因素，地缘政治与能源可以说是共生的关系，这一关系在21世纪显得尤其重要，并可能在未来进一步加强。[①] 要保障中国的能源安全，通过外交取得国际上对中国在全球寻求能源行为的理解，必须首先考察中国周边的能源地缘环境。

影响中国能源安全的主要地缘政治因素是大国行为与地区冲突。冷战的结束以及大国寻找在全球和地区地位的行为深刻改变了世界能源市场的地缘政治环境。由于这些大国追求自身利益和政治目标，不可避免地影响了能源供应的可靠性。按照某些学者对大国的定义，目前世界上除了美国是真正的超级大国，其他的国家或者是大国，或者仅仅是地区大国。中国周边地区的大国有美国、日本和俄罗斯等。这些国家有时候不得不面临相互矛盾的政策挑战：中国的国家崛起与维持现有的地区秩序之间的关系；日本的维持日美联盟关系与实现地区国家间合作之间的关系；俄罗斯的维持欧亚大国地位与能源供应稳定之间的关系；超级大国美国对这一地区有强烈的渗透作用。无论这些国家是否采取维持现状的政策，它们围绕能源的外交政策都将深刻影响到能源供应和地缘政治环境的变化。

1. 能源需求大国将必须与世界能源丰富的地区和国家发展友好关系。中国在中东、中亚、拉美等地区寻求能源的行为将与美国等既有利益获得者的外交政策产生冲突。确保获得中东地区的能源是每一个能源消费大国的重要国家利益。阿以和平进程、伊朗核问题将仍是未来几十年确保海湾地区原油出口的关键因素。

---

① *The Geopolitics of Energy into the 21st Century*, A Report of the CSIS Strategy Energy Initiative, Volume 1: "An Overview and Policy Considerations", 2000, pp. 2—7.

2. 作为主要能源出口地区的里海地区和中亚不仅处在俄罗斯的包围之下，而且成为中国、日本的外交政策优先议题。俄罗斯正在平衡与中亚国家的关系，在能源方面进一步接近，而在政治上则保持分离状态并采取特殊政策。这就给中国、日本等能源需求大国可乘之机，通过发展与这些国家的友好关系，中亚的石油将可能直接流向东亚地区。

3. 美国对日本和韩国的安全承诺为美国海军保护海上航道提供了地缘政治背景，海湾地区的石油必须通过这些海上航道和咽喉要道运送到远东地区。这些安全承诺的弱化将使得对石油可靠供应的关注度上升，并且原来的被保护国将与本地区国家共同努力来维护航道安全，这将有可能取代美国的保护。

4. 对大规模杀伤性武器扩散的关注将继续对能源供应的地缘政治环境起到重要作用。伊拉克、伊朗、利比亚等主要能源出口国都没有放弃对核武器的追求，它们的国内政治走向考验着能源需求大国的外交政策选择。

5. 意识形态斗争虽然已经基本退出了世界竞争舞台，但取而代之的民族主义可能将继续对能源供应发挥强有力的作用。美国在世界范围内促进民主化的过程，以及中国、俄罗斯等国对朝政策之间存在分歧，美国对伊拉克、朝鲜等所谓集权政府的制裁损害了能源安全供应和能源安全合作。

二、当前中国面临的能源地缘环境

第一，从对中国能源安全构成的威胁看，海洋方向重于陆地方向。在陆地方向，目前主要大国俄罗斯与中国关系比较稳定；而在海洋方向，中国直接面对美、日强大的军事压力。

就中国所处的地缘政治环境来看，陆地边界领土争端不断得到解决。20世纪90年代以来，中国已先后与俄罗斯、哈萨克斯坦、吉尔吉斯斯坦、塔吉克斯坦、越南等国解决了边界问题和领土争端，为获得欧亚大陆的能源取得了有利外部条件。尽管“9·11”事件后美国在中亚、南亚的军事、政治存在有扩展之势，南亚地区战略平衡也受到挑战，但中国陆地战略线的总体安定局面没有根本改变。[①] 中国周边的海洋权益争端进一步突出。中国与周边国家存在的岛屿主权、海域划界和资源开发等海洋权益争端大多未获解决，有的更趋严重。中国与日本存在钓鱼岛主权归属之争，中日之间还存在着专属经济区和东海大陆架划界问题。中国与越南、菲律宾、马来西亚等国之间存在着南沙群岛争端，而南中国海是重要的能源海上通道。中国与朝、韩之间在海域划界问题上也存在着分歧和争端。海洋方向还存在着朝鲜半岛问题、台湾问题和南沙问题等现实和潜在的热点，尤其是朝鲜半岛和台海地区存在爆发大规模冲突的危险。朝鲜半岛是中国东北部安全的战略缓冲，半岛局势的紧张将破坏本地区的和平与稳定，也将严重影响中国的能源安全与经济发展。因此，从中国的能源地缘来看，海洋方向的威胁大于陆地方向。在陆地方向，目前主要大国俄罗斯与中国关系比较稳定，管道建设正在进行，中国还将与南亚的缅甸、中亚等国合作，建设有可能绕过马六甲海峡，从陆上运输能源的油气管道。而在海洋方向，中国直接面对美、日强大的军事压力，特别是近年来美日加强了针对中国的军事部署，把中国作为主要潜在对手。美国一直控制着中国的海上石油通道。21世纪中国的能源安全和经济发展将更依赖于海洋安全，

---

① 中国现代国际关系研究所：《亚太战略场——世界主要力量的发展与角逐》，北京：时事出版社，2002年版，第380页。

维护海上能源通道安全和经济利益将是中国在21世纪面临的重大课题。

第二，冷战结束后新的安全环境与尚未解决的地区安全问题的发展动向将对中国的能源供应模式产生影响，并在能源领域扩散冲突的负面影响，中国必须适应这一调整过程产生的能源对国家间战略关系结构的塑造。

从能源地缘角度来看，目前需要进一步关注的地区热点问题，一是朝鲜核危机的发展趋势，即这个国家能否尽快摆脱危机状态，着手国家经济建设与能源开发；二是伊朗核问题的走势，因为中俄在这个问题上一直与美国保持着距离，特别是中国正在努力发展与伊朗、哈萨克斯坦、土库曼斯坦、苏丹等国的友好关系。朝鲜核危机和伊朗核问题的发展趋势深刻影响中国的地缘政治环境。朝鲜地处东北亚的核心位置，冷战时期一直作为大国之间的缓冲国发挥作用。朝核危机加强了日美安全同盟，为日美发展战区导弹防御系统提供了借口。[①] 一旦危机得到解决，日本将不得不独立面对来自邻国民族主义的压力。那时，钓鱼岛和东海专属经济区的领土争议将成为地区问题的焦点，日本将可能无力对领土提出要求而采取不对抗态度，也可能美国的干涉由于惯性作用进一步深入到南中国海地区。至于伊朗核问题，则存在着一旦形势骤变美国实施武力打击的可能性，事关中国能源的可靠供应和对伊朗的态度之间的二难选择。作为世界唯一超级大国的美国对全球范围内的能源安全负有重要责任，但是其他大国的行为也对地区范围内能源的可靠供应有重要影响。中国被称为亚洲的大国，被认为最有可能挑战美国的地区军事保护国的地位，应当

---

① 陈峰君、王传剑：《亚太大国与朝鲜半岛》，北京大学出版社，2002年版，第9页。

对地区安全负有更大的责任。

第三，美日韩等国对中国的地位上升，甚至崛起为地区大国将如何应对，对地区能源合作和中国能源地缘环境都将具有关键的重要性。中国必须从面临的能源安全环境与本地区现实情况出发制定能源战略。

如何以适当的方式对中国的崛起做出反应，日本和美国面临同样的困境：既与其国家短期的、地方观念的民族利益相一致，又与其在全球秩序中，特别是没有大国战争时规范的利益相一致。[①] 日本在地理上邻近中国、朝鲜等发展中国家，出于自身政治经济的原因，愿意以其既有的经济和社会发展帮助落后的邻国。但是，日本还是美国主要的亚洲同盟国，这也影响到日本在地区发挥影响的能力。因此，日本对地区能源安全合作的影响不仅立足于其地理位置、资源和经济实力，而且立足于应用这些资源的意图。对日本来说，中国在台湾、钓鱼岛、南中国海等领土问题上，以及社会主义朝鲜与自由市场经济的混合等意识形态问题上，采取的是修正主义的做法。因此，为了影响中国，日本愿意给中国提供更多的经济和政治刺激，同时通过自己的军事力量和与美国的军事联盟，以军事均衡防范中国。中日在钓鱼岛等与能源有关的地区冲突中，存在一种微妙的平衡，即利用国际体系的多边约束力量来平衡中日双边安全关系。鉴于中国对石油的依赖程度以及中国海上能源航线脆弱性，中国进口的大部分石油和天然气都来自中东，经过的海上航线被美国及其包括日本在内的同盟国所控制。另一个因素是对中东石油的竞争：不仅中国对中东石油进口的依赖性增加，

① Alastair Iain Johnston and Robert S. Ross, *Engaging China: The Management of an Emerging Power*, London: Routledge 1999, p. Ⅻ.

日本和其他亚洲国家对中东的依赖也增加了。20 世纪 70 年代的石油危机增强了日本对依赖外国能源脆弱性的认识。从那以后，日本制定了非常成功的能源战略，而中国的脆弱性正在上升，这将可能导致中日之间在钓鱼岛和南中国海等领土问题上的竞争更加激烈。

第四，经济的相互依存和能源市场的一体化使得能源消费国的能源安全相互依赖性上升。在全球化和地区一体化的刺激下，发展中国家快速的经济增长驱动世界能源需求的上升，特别是在东亚地区，这将引发新的地区和地缘政治紧张关系。

三、中国的能源外交

中国的全球能源外交开端比较晚，自 1995 年以后，中国开始转变传统的对外能源援助，代之以将能源援助与开发海外自然资源相结合的办法，并取得了一定的成效。从 1996 到 1999 年，中石油仅用了三年的时间便成功地实现了在苏丹的油田开发。这可以说是中国能源外交的一个比较成功的范例。此外，美伊（朗）关系由于伊朗核问题趋于紧张，美国反对其他国家对伊朗投资，担心伊朗将投资用于核开发计划。但中国为了提高能源安全系数，仍不改初衷，积极实施能源外交，以促成与伊朗的能源合作。虽然中国与伊朗在 2004 年未签署巨额的能源合作协议，但从某种意义上说，双方已显露出一种深思熟虑的战略意图，这既是对伊拉克战争之后美国在海湾石油格局事实上的主导地位的回应，也是对中伊（朗）友好合作发展历史的延续。伊朗学者认为此举“动摇了地缘政治之舟……无论美国多么不安，中国强势进入中东和里海能源市场的格局已成事实”。[1] 中国开辟对伊朗的能源外交将是中国能源战略总体上转向石油供应最丰富的地区——中东的一个信号，其意义在于，中国将以一个有竞争力的石油需求国身份加入全球能源体系。2004 年 9 月 14 日，中国—阿拉伯国家合作论坛首届部长级会议在阿拉伯国家联盟（阿盟）总部开罗举行，双方签署了《中国—阿拉伯国家合作论坛宣言》和《中国—阿拉伯国家合作论坛行动计划》两个文件，中阿合作论坛正式启动。2006 年 1 月 23 日，沙特国王阿卜杜拉访问中国，双方表示将在能源领域开展全方位合作，沙特将在中国华南投资 50 亿美元兴建一个精炼油厂，并建造一个年超一亿吨的储油基地。正如沙特方面表示的，这是送给中国的一份礼物，它将是一口取之不尽的“油井”。这为中国与中东的能源合作提供了一个重要契机。

在中国努力打开对中东能源外交局面，弥补日益减少的从亚太地区进口石油的同时，中国对周边地区的能源外交却陷入困境。困境之一是中国的周边能源外交远远落后于西方大国，再次成为迟到者。中国首先关注海湾地区以及南美和非洲等能源储备丰富但已被西方国家控制的地区，或者关注一些尚存在领土争议的海上勘探开采，这就引起了既得利益者的戒备和排斥。在世界各地找油的同时，对俄罗斯石油、中亚的油气勘探与开发却再次落在了西方大石油公司的后面。这是外交目标过于单一，缺乏地区协调导致的。例如，俄罗斯早就提出铺设俄—中油气管道，但中方一直认为成本太高，而失去了率先进入俄罗斯市场的最好时机，西方大石油公司已经纷纷向俄罗斯、中亚注入资金。近年来，中国一直在尝试打开对中亚、俄罗斯、东南亚等周边地区的能源外交。胡锦涛主席访问哈萨克斯坦为中国与哈萨克斯坦成功

① 《国际先驱导报》2004 年 11 月 12 日。

进行合作开发提供了外交支持。困境之二是中国开拓周边能源外交的积极行为成为“中国威胁论”者的口实，束缚了中国能源外交的手脚。在东南亚乃至美日等国，中海油收购美国尤尼科石油公司，似乎成为中国石油企业已然壮大到足以威胁它们能源安全的标志性事件。以此为起点，随即传出的中国能源企业全球大收购，引爆了新的一轮“中国威胁论”。尽管中国多年来努力营造安全的周边环境，制定了“睦邻、富邻、安邻”的外交政策，但在能源领域尚未形成更好的施展空间。

中国对俄能源外交的目标主要集中在两个方面：一是争取俄罗斯对中国的能源供应，尤其是天然气供应，推动俄罗斯油气的“东流”而不是“西进”。为此，中国将与俄罗斯签订长期条约和合同，包括上游的开发和下游的油气提炼。二是加强与俄罗斯在开发利用中亚能源方面的合作，共同形成亚洲大陆的能源合作与经济一体化发展。

总体来说，俄罗斯石油位于中国石油战略的第二层次上，中国把发展这一地区的能源作为其他来源的主要战略后备。俄罗斯石油的开采和运输成本要大大高于中东地区原油，其远东地区是大片的冻土，地质状况复杂，对开采技术的要求比较高，管道建设也需要大量投资。但是，从长远来看，一旦管道建设成功并具备了较大的原油提炼能力，中国将不仅可以获得俄罗斯的能源，而且可以打通整个中亚和高加索地区的能源走廊。中国将可以从土库曼斯坦、哈萨克斯坦和乌兹别克斯坦进口天然气，这将代替从印度尼西亚和澳大利亚的更昂贵的液化天然气进口。[①] 因此，从长远来看，中亚是比俄罗斯更有吸引力的能源来源。但是要获

---

① Charles E. Ziegler, “The Energy Factor in China’s Foreign Policy,” *Journal of Chinese Political Science*, vol. 11, no. 1, Spring 2006.

取中亚能源，俄罗斯是其中的必要一环，中国如何处理与独联体国家和中亚能源产地的关系，直接影响到中俄关系。

由于地理位置的接近，中国与日本、韩国之间历来有着非常牢固的贸易和能源关系。两国都长期进口中国的原油，在此之前就已经与中国有了贸易关系；中国为两国炼油厂的石油产品提供了重要的出口市场。但是，中国原油出口量正在下降，中国陆上、海上的石油和天然气资源需要国外的大量投资，日本公司和参与程度稍弱的韩国公司一直站在外国开发中国石油和天然气的最前沿。中国必须进一步与日本和韩国发展牢固持续的能源贸易和投资关系。

中国对日、韩能源外交的重点有三个方面内容：（1）作为地缘上接近的能源消费大国，中国对日韩能源外交的首要内容是在能源供应、石油价格溢价和海上运输通道安全等方面进行合作，如建立东北亚能源共同体。中、日、韩之间在第三国的能源竞争应强调利益互补性，避免发生冲突，实现能源安全"双赢"或"多赢"。在俄罗斯远东油气管道问题上，似乎俄罗斯石油外交居主导地位，掌握着中日所获能源的多寡，而中日两国只能被动接受。但是，如果反观俄罗斯国内经济状况，作为头号能源出口大国，其财政收入和经济社会的稳定和发展与能源出口息息相关，失去以雄厚外汇储备作基础的东亚大市场，对俄罗斯也是不可估量的经济损失。认识到这一点，中、日、韩完全可以找到共同利益，共同牵制俄罗斯利用能源权力制衡中国和日本的意图。（2）参加日本和韩国加入的国际能源组织，参与能源合作机制建设，在多边框架内寻求共同利益和相互信任，避免利益分歧造成的能源竞争和冲突。由于受到自由制度主义、建构主义等政治思潮的影响，国家间关系开始关注共同利益与合作，相互依存形成的利益不可分割性以及国家间利益的建构成为促进合作的重要现实内容。尽管各国还是采取现实主义和实用主义的外交政策，但是与前两者不再是完全对立的关系，三者都在国际关系中发挥作用，国家外交政策也是三管齐下，既要重视参与国际组织和制度建设，加强沟通增强互信，又要避免权力政治竞争和能源问题的安全化带来的不信任和猜忌。中国参与多边机制的积极能源外交为寻求中日韩之间的共同利益提供了新的视角。与中国的能源战略最相关的国际组织主要有世界贸易组织和国际能源机构。在世贸组织框架下，中国需要阶段性减少石油产品进口的贸易壁垒，此外，配额限制也将被取消，允许外国的公司在中国市场上销售汽油和其他石油产品。这将促进中国的市场经济改革，获取外部对中国市场经济地位的承认。中国不是国际能源机构的成员国，但是它与俄罗斯和印度一起签署了政策的谅解备忘录以加强与这一机构的合作。日本是国际能源机构成员国，该机构在韩国的石油储备量达到要求之后才考虑其加入成为正式成员。1993 年国际能源机构发布了关于韩国能源部门的报告，1997 年发布了关于中国能源部门的报告。中国的目标与国际能源机构的目标非常契合，包括能源供应安全、更有效地使用能源、技术进步、能源部门的调整改革、环境的可持续性、生产国与消费国之间的对话等。国际能源机构通过其委员会与中国等非成员国合作。[①] 国际能源机构还就天然气的使用问题在中国举行会议，并就能源使用效率水平、能源消费模式和统计数据、发展战略能源储备等方面举行研讨会。(3) 积极进行能源开发、技术交流和外交合作，如在中国“西气东输”中更多地吸引日本投资。在技术和投资方面，中日韩有广泛的共同利益和合作空间，而且这些问题基本上不涉及国家安全，不属于政府和国家行为，是互利互惠的企业间

① 参见国际能源机构网站，http://www.iea.org。

行为，完全可以全面展开。

从前景来看，中国开拓周边能源外交的地缘空间很大。中国正在实施“走出去”的能源战略，适逢前所未有的全球能源合作态势。国际上正在进行建立国际经济新秩序的努力，掠夺发展中国家资源的新殖民主义受到全世界的谴责。资源丰富的国家也在寻求出口对象的多元化，一些原来不为人所知的所谓“边缘地带”，由于发现新的油气资源，也成为大国外交竞争的焦点。但是，国有化运动、所在国的战争与内乱、资金转移、税收、禁运等政治风险也变得越来越无法回避，这是能源安全给国家外交带来的新挑战。

中日东海油气田合作开发的背景与发展前景分析

——从中日海洋战略的视点出发

高　兰*

内容提要：在战略互惠关系的框架下，中日两国从国家利益出发，从各自海洋战略的高度，经过数轮磋商，终于突破性地确立了东海划界前的临时安排，东海合作开发进入实质性阶段。但是，东海问题的最终解决尚待时日，需要中日双方高度的战略智慧。在这个过程中，中日海洋战略合作是重中之重。

东海问题由来已久。东海问题涉及到国家核心利益，如不妥善处理好这个问题，将导致两国的民族主义日益升温，影响中日战略互惠关系的顺利发展。近年来，随着中日关系的不断改善，

* 高兰，上海社会科学院亚太研究所副研究员。

为使中日之间尚未划界的东海成为和平、合作、友好之海，根据2007年4月中日两国领导人达成的共识以及2007年12月中日两国领导人达成的新共识，2008年6月18日，中日双方一致同意在实现划界前的过渡期内，在不损害双方法律立场的情况下进行合作，划出两国之间2600平方公里的共同开发海域。对于中国已开发的春晓油田，日本公司可进行投资，并按照持股比例分享油气产量。从而展开了两国在东海油气田能源开发合作方面的实际活动。此项协议为解决过去几年中一直阻碍东海资源开发的所有权分歧迈出了一大步。

一、东海问题的由来及中日划界的主要分歧

中日两国围绕东海的石油天然气开采问题的争执，事关两国的能源战略，其实质是领土主权和海洋权益之争。

东海海域的天然气储量估计达5万亿立方米，原油储量约1000亿桶，足够中国使用80年，也足够日本消耗100年，对中、日两国都具重要战略价值。东海是一片由中、日、韩三国领土环绕形成的半封闭海域。由于其最宽处仅360海里，如果中日各自划定200海里的专属经济区（简称EEZ-exclusive economic zone），势必出现重叠。由于中日在东海的专属经济区有重叠的部分，双方发生争议的地区又是油气资源最集中的地区，因此两国在划界问题上一直存在争议。

在东海划界问题上，中方主张自然延伸原则解决东海大陆架划界问题，不承认日方的“中间线”主张；日方则主张“中间线”。由于《联合国海洋法》对这两种划界方法的解释模棱两可，

中日之间短时间内难以解决争议。

日方提出，日中之间海洋专属经济区的界限，应依照陆地间等距中间线来划分，并于1982年由驻华使馆向中国交通部递交了一份地图，第一次明确提出“中间线”的划界原则。

但中方则坚持，东海海底的地形和地貌结构决定了中日间专属经济区的划分应遵循“大陆架自然延伸”原则，根据联合国《海洋法公约》的相关规定，中日专属经济区分界线应在冲绳海槽一带。这两种不同的划分原则，形成双方海洋专属经济区面积相差约30万平方公里，相当于3个浙江省的面积。

根据《联合国海洋法公约》，沿海国有权划定的管辖领域分为领海、专属经济区和大陆架划界三种。从20世纪80年代后期至今，中日围绕东海问题一直在磋商的主要问题是专属经济区的划界。在东海，中日都主张200海里专属经济区，但双方区域有交叉。关于大陆架划界，日本主张用中间线划界，中国主张用大陆槽。关于领海部分，中日之间领海划界无原则问题。

中日东海油气田之争起因于中日专属经济区界线的划分之争。按照《联合国海洋法公约》规定，沿岸国家从海岸基线起算，可以把200海里以内的海域作为专属经济区。根据著名海洋法学者刘楠来教授的研究，中日之间在东海海域的不少海面宽度不足400海里，因此，中国政府认定，东海海底地形和地貌结构决定了中日之间的专属经济区界线划分理应遵循“大陆架自然延伸”原则，即界线应以冲绳海槽为准。另一方面，日本主张以两国海岸基准线的“中间线”确定专属经济区界线，其根据是《大陆架公约》第六条规定，即如果相邻或相向的大陆架有重叠的话，可以采取等距离中间线。

但是，中国和日本都不是《大陆架公约》的缔约国，所以该公约自然对中日双方都没有约束力。此外，“中间线”不是法律规定，而是习惯。刘楠来教授认为，“中间线”对中国不公平，东海海域面积约 77 万平方公里，如按照中间线划分，60%的海域将划归日本，但是如按照中方的大陆架延伸到冲绳海槽，即按照公平原则，中方将拥有 2/3 海域面积。

实际上，涉及国家间海域分界的相关法律：一是 1958 年的《大陆架公约》；二是 1982 年的《联合国海洋法公约》。根据《联合国海洋法公约》，靠海各国都有主张自海岸基线外 200 海里专属经济区的权利，其中 74 条和 83 条是关于专属经济区和大陆架的规定。此外，《联合国海洋法公约》第 76 条规定：“沿岸国的大陆架包括领海以外，依其陆地领土的全部自然延伸，扩展到大陆边外缘的海底区域的海床和底土”，如不足 200 海里则扩展到 200 海里。按照这一定义确定的大陆架自然延伸原则，包含钓鱼岛所处的海床在内，东海大陆架是一个广阔而平缓的大陆架，向东延至冲绳海槽。这个大陆架原本就是中国大陆架的水下自然延伸部分，天然地属于中国。中国认为，1982 年《联合国海洋法公约》是有效的，因为中国和日本先后加入了《联合国海洋法公约》。另一方面，一些日本学者主张《大陆架公约》，但中日两国均未参加该公约。因此，从法理角度说，中日两国在处理东海问题时应严格遵守《联合国海洋法公约》的相关规定。

近年来，我国勘探人员先后在中国东海大陆架上发现了平湖、春晓、残雪、断桥、天外天等 7 个油气田和一批含油气构造。早在 1966 年，联合国亚洲及远东经济委员会就调查出，东海大陆架蕴藏丰富的油气资源，甚至有专家断言，钓鱼岛附近海域，“可能成为第二个中东”。日方数据称，东海油气储量约达 72 亿吨，其中石油大约 1000 亿桶，天然气约 2000 亿立方米，价值数万亿美元，“够中国未来用 80 年，日本用 100 年”。因此，东海可能蕴藏的石油、天然气资源对中日两国无疑都是非常巨大的资源。

为维护两国关系，自 20 世纪 90 年代初，中国就开始对春晓油气田位置进行长达十余年的勘探考察，但一直没在争议海域进行资源开采活动。中国开采的油气田全部在日本单方面提出的“日中中间线”西侧，即中国一侧。即使按照日本的说法，中国的“平湖”油气田也距离“日中中间线”有 100 多公里远，连最近的“春晓”油气田距离“中间线”也有 5 公里以上。应该说，中国开发这些油气田没有涉及双方有争议的海域。

但是，日方认为中方所开采春晓油气田等的地下构造有跨越“中间线”的可能性，要求中方提供有关春晓油气田和其他油田的相关信息，并停止中方的单方面开发活动。2004 年 6 月，日本经济产业大臣中川昭一说，中国建设东海春晓天然气田可能违反了《联合国海洋法公约》，希望中方提供油气田开采数据资料，并暗示说，如果中方继续漠视日本的要求，日本要在中国东海大陆架进行油气田开发。[①] 此后，日本外相川口顺子也指出中方开采东海资源有“越线之嫌”，担心日本的权益受损。[②]

在“春晓”于 2005 年 10 月输气之前，2005 年 7 月 14 日，日本政府首次批准日本帝国石油公司在东海争议海域开采油气资源，并拨出数十亿日元进行援助。该试验开采区域位于中国正在建设的“春晓油气田”和“断桥油气田”南侧水域的三个矿区，引起中方的强烈关注。

另一方面，日本又提出吸管效应，日方认为“春晓”、“断桥”两个油气田与“日中中间线”东侧的油气田属同一矿脉，中

---

① ［日］若松笃：“日本向中国要求提供东海油气田地质资料”，日本《东京新闻》，2004 年 6 月 10 日。

② ［日］竹田和弘：“中国继续提倡共同开发方案”，日本《读卖新闻》，2004 年 6 月 22 日。

方在这两座油气田投产以后可以利用吸管原理吸走东侧的石油和天然气。日方继而要求中方停止开采这两座油气田，加剧了中日关系的紧张程度。

此外，日本海上自卫队游弋于东海大陆架油气资源开发区，甚至使用海上保安厅来进行海上行政执法工作，中日在东海争端中可能擦枪走火导致危机发生。日本冲绳海区属海上保安厅的第11管理区，管区驻地在冲绳那霸，下辖石垣海上保安部与冲绳那霸航空基地，日本自卫队的飞机与巡视船已经多次从石垣或冲绳那霸出发，越过冲绳海槽和所谓“中间线”，频频骚扰“春晓”油气田。

另一方面，中日存在关于钓鱼岛的领土主权争端，其在东海划界中的地位，有两个问题：第一，钓鱼岛能否拥有自己的专属经济区和大陆架？第二，在领土主权争端难决的情况下，如何处理钓鱼岛问题？

钓鱼岛列屿是中国的固有领土。此一议题已经被许多国际法学者所论证。其中最值得注意的是日本京都大学的井上清教授。他在1972年和1996年出版了《尖阁列岛—钓鱼岛群岛的历史剖析》一书。[①] 按照井上清以及其他许多专家的研究结论，钓鱼岛列屿始终就是中国的传统领土，从来就不是日本在1879年以武力兼并的琉球群岛的部分。日本能够主张对钓鱼岛列屿享有主权的唯一可能的法律基础就是1895年签订的《中日马关条约》。在马关条约签订了7年之后，也就是1902年，日本政府正式公开地将钓鱼岛列屿纳入日本版图。不过，在1952年中日签订的和

---

① 井上清：《尖阁列岛—钓鱼岛群岛的历史剖析》，东京：东京第三书馆，1996年。这本书的原版曾由现今已不存在的现代评论社于1972年10月出版。有关钓鱼岛更详尽的讨论，请参见吴天颖：《甲午战争前钓鱼岛归属考》，北京：社会科学文献出版社，1994年版；以及郑海麟：《从历史与国际法看钓鱼岛主权归属》。

平条约中，日本已经正式放弃了从中国夺取的台湾、澎湖群岛以及一切其他附属岛屿（包括钓鱼岛列屿），并且已经按照该和平条约将这些岛屿正式归还给了中国。

二、中日海洋战略比较分析

东海不仅存在巨大的能源资源，而且还是中国海上的天然屏障，对于中国的海洋权益直接相关，是中国发展成为海洋大国的重要基地。

21 世纪是人类全面开发利用海洋的新世纪。随着海洋资源的逐步开发与利用，世界各主要大国均已制定了新世纪的海洋战略与政策。近年来，随着中日战略互惠关系的建立与发展，围绕历史认识等的政治摩擦相对趋缓，中日关系开始进入一个相对良性的发展阶段。但是，两国在实际的国家利益方面依然存在许多分歧。特别是，海洋权益作为两国各自的核心国家利益，尤其触动中日两国民主主义的情绪。

中国是一个海洋地理相对不利的国家，大陆架面积有限，并且全都和邻邦日本、韩国、朝鲜、越南、菲律宾、印尼、文莱及马来西亚的大陆架相连接。根据 2004 年发表的《中国国防白皮书》，保护对外海上通商，维护公海自由，维护专属经济区、大陆架等管辖海域等海洋权益是国家安全战略的重要内容。维护海权和海上疆域，已成为中国国防安全的核心目标之一。

1982 年《联合国海洋法公约》通过以来，中国通过《领海及毗连区法》、《专属经济区和大陆架法》等，中国军队的任务在历来的主权防卫的基础上加上了海洋权益的防卫。

近代以来，日本围绕国家战略，出现了两种不同的政策主张，即“海主陆从”战略与“陆主海从”战略。前者主张以海洋扩张为主，以大陆扩张为辅。后者则主张以大陆扩张为日本主要的发展战略。从19世纪末、20世纪初以来，日本实行大陆扩张政策，最终导致太平洋战争爆发，日本遭到失败。二战后，日本调整了战略，吸取战争教训，以和平发展为国家的核心发展目标，致力于国内的经济建设。20世纪80年代以来，日本通过《海洋基本法》、《海洋建筑物安全水域设定法》等，确立了海洋立国的目标，把维护海洋权益作为国家战略极为重要的内容，提高了海洋政策在国家内外政策中的地位，从而导致亚太地区海洋格局与海洋秩序的重大变化。

日本的海洋战略包括许多综合因素，其中包括综合性的海洋政策，制定海洋政策的相关行政机构的设置、海域管理法、水产资源管理、渔业与其他海洋利用的调整、教育研究体制等，特别是针对钓鱼岛、东海海域存在的领土纠纷，日本制定了排他性经济水域（EEZ）以及大陆架的综合管理细则等。

日本“海洋立国”的战略具有长期性特征，经历了很长的战略准备期，从近代以来，日本就开始探索海洋立国的具体政策，并形成了一套为之服务的决策体系。进入21世纪以来，日本无论是在战略决策系统以及战略目标、内容、发展前景方面均进入了一个相对成熟的阶段，战略实施的实践性越来越明显。

日本的海洋战略具有全球性、区域性影响。日本以《海洋基本法》等法律法规为基础，已经制定了长期的海洋战略，并且已经与美国联手，在美日同盟的框架下，日益加强对在亚太地区海洋权益的争夺，加强海洋资源的开发与利用。

日本的海洋战略具有综合性特征，即：不仅包括传统安全领域的军事力量的设置、安全机构的调整，也包含非传统安全领域的经济、文化、教育机构等资源的运用与配合。

日本的海洋战略具有高度的战略性影响。海洋权益直接关系到国家的综合国力，对海洋权益的定位与利用方式直接影响到未来日本的国家发展方向。

日本的海洋战略对中国具有十分重大的影响。由于中日之间存在钓鱼岛的领土争端问题、东海油气田共同开发问题等，这些问题的最终解决依赖于亚太地区的海洋安全合作体系，依赖于日本海洋战略的进一步发展，依赖于中日在海洋安全合作方面战略互惠关系的进一步突破。

日本2005年4月13日决定开始办理授予民间企业对东海“中间线”以东油气试采权的手续，中国外交部发言人秦刚当天称此举为对“中方权益和国际关系准则的严重挑衅”，并表示中国已就此向日方提出抗议，并“保留作出进一步反应的权利”。有外电评论，这是中日两国在东海资源开发问题上发生争执以来，中国对日本作出的最严厉的批评。

2006年3月23日，日本政府在首相官邸召开“关于大陆架调查和海洋资源的相关省厅联络会议”，确认2006年度预算拨出118亿日元对大陆架进行调查。调查的主要目的是收集数据，以便向联合国提出有关大陆架海底资源开发的报告，内容是在伊豆半岛和小笠原周边海域进行地壳结构调查工作。

由于东亚在经济与安全上对日本的极端重要性，保持东亚的和平与稳定是日本战略利益的重要要求之一，因此，在日本的海洋战略中，与中国合作的因素依然存在，合作空间也在扩大。日本驻华大使宫本雄二曾指出：“不能仅仅因为目前提议的方案不甚理想，就认为所有的努力都是徒劳。我们迄今为止已经举行的磋商是整个进程的一部分。”“中日两个亚洲邻国应该努力耐心寻求和平解决这个不断激化的方案。”[1] 日本外务省出版的《2006年日本外交蓝皮书》中写道：“共同开发的可能性正在进入视野，今后要继续通过对话与中国解决这个问题。”为此，合作开发成为中日两国的共识，逐步得到了推进与发展。

三、东海合作开发的谈判背景、过程

在东海问题上，中国政府始终主张“搁置争议、共同开发”。事实上，中日双方在争议的海域，也只有以双方合作的方式进行共同开发。本着缩小彼此的分歧、本着建设性的态度，化对抗为合作，才是解决争议的根本所在，才能使目前在东海问题上出现的危机化为双方合作的契机并最终形成双赢。实际上，围绕东海问题，中日双方都希望能在谈判的框架下解决。

早在20世纪70年代末、80年代初，中国政府和领导人就多次提出“搁置争议、共同开发”的倡议，日本一些有识之士曾对此表示赞同，双方民间也曾进行过一些探讨，但终因涉及很多复杂问题，并且受中日关系制约，未能成为现实。

2004年，中日启动了东海问题磋商机制，共同开发的设想再次被摆到了谈判桌上，双方随后就共同开发的具体方案进行了艰苦的磋商。

至今为止，中日已进行了11次外交磋商，大致经历了三个阶段：

第一阶段：2004年10月25日，中国外交部亚洲司司长崔天凯与日本外务省亚洲、大洋洲局局长薮中三十二在北京举行了

---

① “日围绕东海问题小动作频频”，《参考消息》2006年3月25日，第1版。

第一轮东海问题磋商。双方阐述了各自在东海划界问题上的立场和关切，认为中日尚未就东海进行划界，两国在划界问题上存在分歧，应根据《联合国海洋法公约》，通过谈判求得公平解决。2005 年 5 月 30 日，中日在北京举行了第二轮东海问题磋商，一致认为应按照中日两国领导人雅加达会晤达成的共识，坚持通过对话、平等协商，妥善处理和解决东海问题。日本向中方索要勘探数据。2005 年 9 月 30 日至 10 月 1 日，在东京举行了中日第三轮东海问题磋商。中日双方原则上都同意共同开发，同意加快磋商进程，但中日在具体的共同开发方案上存在巨大分歧。日方接受了中方一贯主张的共同开发原则，但仍提出在“中间线”两侧开发，要将日本单方面划定的所谓东海“中间线”以西、中方正在采掘的春晓等 4 个油气田纳入共同开发范围。对此，中方坚持认为，“共同开发”的范围应是“中间线”以东的区域，春晓等油气田则是在没有争议的中方领海，拒绝了日方的要求。因此，前三轮的磋商并没有实质性的结果。

第二阶段：2006 年 1 月 9 日，中日双方在北京进行司局长级非正式工作接触，这次磋商是自 2005 年 10 月小泉参拜靖国神社导致中日首脑、外相会谈中断以后的第一次官方接触，讨论了包括东海问题在内的中日关系有关问题。磋商共同在东海开采天然气的问题。2006 年 3 月 6 日至 7 日，中日举行第四轮东海问题磋商，双方着重就共同开发等问题深入交换了意见，日本希望以共同开发为目标。磋商是务实的和建设性的。

第五轮磋商于 2006 年 5 月 18 日在东京举行。由于东海问题争端已久，又是日中关系的关键问题之一，加之其他原因，会谈被迫推迟了两个多月才开。这次中日东海问题磋商达成了共同开发的初步意向，双方终于确定了今后共同开发的方向，并就制定危机防范对策达成共识。

2006年7月8日至9日，第六轮磋商中，双方就建立应对东海不测事态的海上热线联络机制达成原则共识，并设立由地质专家组成的谈判小组。双方都看到了共同开发谈判难以取得进展，应当首先采取建立“对话框架”，防止冲突发生，努力维护东海海域稳定的原则，这表明双方都认识到了维护东海地区稳定的重要性。

第七轮谈判于2007年3月29日在东京举行。中国外交部亚洲司司长胡正跃和日本外务省亚大局局长佐佐江贤一郎分别率团参加。双方就共同开发问题建设性地交换了意见，但双方就可能进行联合开发的地区的界定问题，仍存在某种程度的分歧。这一年的两国关系的背景发生了重大变化。随着中日两国领导人实现互访，中日关系从“破冰”、“融冰”走向“迎春”、“暖春”，两国领导人两度达成重要共识，明确提出使东海成为“和平、合作、友好之海”的共同努力目标，中日双方都期待双边关系全面发展。日本外相麻生太郎向内阁会议提交了2007年版《外交蓝皮书》并获得通过，蓝皮书对中日关系改善作了较为积极的阐述。4月11日，正在日本访问的中国国务院总理温家宝与日本首相安倍晋三举行了会谈，双方发表了《中日联合新闻公报》，就妥善处理东海问题达成了五点共识，即：中日双方在妥善处理东海问题上一致认为，要坚持使东海成为和平、合作、友好之海；作为最终划界前的临时性安排，在不损害双方关于海洋法诸问题立场的前提下，根据互惠原则进行共同开发；根据需要举行更高级别的磋商；在双方都能接受的较大海域进行共同开发；加快磋商进程，争取在2007年秋天就共同开发具体方案向领导人报告。

此后，进入第三阶段，东海问题磋商加快了步伐。第八轮东海问题磋商于2007年5月25日在北京举行，积极推进磋商进程，探讨双方都能接受的共同开发方案。中方重申，“中间线”是日方单方面的主张，中国不接受以“中间线”为前提讨论共同开发。

第九轮中日东海问题磋商于2007年6月26日在日本东京举行，主要围绕共同开发的有关方案继续进行探讨。中日第十轮东海问题磋商于2007年10月11日在北京举行，双方就共同开发的对象海域等议题进行了商讨。2007年11月14日，中日第十一轮东海问题磋商在东京举行。双方就共同开发等问题坦诚深入地交换了意见，中方在磋商中充分表达了通过友好协商解决分歧，实现共同开发的积极态度和诚意。

此后，国务院总理温家宝2007年12月28日与日本首相福田康夫会谈时，就东海问题交换了意见，[①] 并达成以下共识：(1) 继续坚持两国领导人2007年4月达成的五点共识精神，使东海成为和平、合作、友好之海。(2) 双方已提高磋商级别，就东海问题的具体解决方案进行了认真和实质性的探讨，取得了积极进展。(3) 双方同意在保持司长级磋商框架的同时，根据需要继续进行副部级磋商，从中日关系大局和国际法出发，在迄今进展基础上作出共同努力，尽早就解决办法达成一致。(4) 妥善解决东海问题符合中日双方利益，双方同意在进一步发展两国关系的进程中争取尽早解决这一问题。

综上所述，关于东海问题，中日间共举行了11轮东海问题磋商，中日双方领导人以及中日双方外交部门带着诚意，以积极的态度来推动东海问题的解决进程。在此基础上，根据2007年4月中日两国领导人达成的共识以及2007年12月中日两国领导

① 详情请参阅：http：//www.cnhan.com/gb/content/2008－06/19/content_899448.htm。

人达成的新共识，经过认真磋商，中日双方于2008年6月决定，在不涉及主权权益问题的情况下，作出过渡性安排，进行相应区域的共同开发，避免这一问题成为影响中日关系稳定发展的障碍。在共同开发的这个区块内，不依照中国法律，也不依照日本法律，而是根据两国政府商定的办法和原则来进行开发。为此，双方迈出了第一步，今后将继续进行磋商。

早在30年前，中国领导人在解决海洋权益问题上，就提出"搁置争议、共同开发"构想。共同开发在国际上是一种有效的尝试，目前为止已有20多个国家通过协商搁置争议，就海上争端作出了临时安排。实践表明，在石油、天然气开发利用方面，应该避免恶性竞争，避免由此引发的海洋权益争端，努力摸索东亚国家之间联合开发有争议地区能源的途径。[①] 中日双方这次达成的协议不是第一个案例，但是在东亚地区建立了一种有效的成功合作模式。

作为中日在东海共同开发的第一步，双方推进的具体步骤如下：

第一，确定以下区域为双方共同开发区块：1. 北纬29°31′，东经125°53′30″。2. 北纬29°49′，东经125°53′30″。3. 北纬30°04′，东经126°03′45″。4. 北纬30°00′，东经126°10′23″。5. 北纬30°00′，东经126°20′00″。6. 北纬29°55′，东经126°26′00″。7. 北纬29°31′，东经126°26′00″。第二，双方经过联合勘探，本着互惠原则，在上述区块中选择双方一致同意的地点进行共同开发。具体事宜双方通过协商确定。第三，双方将努力为实施上述开发履行各自的国内手续，尽快达成必要的双边协议。第四，双

① 刘江永、阎学通："关于建立东亚安全共同体的战略设想"，《亚非纵横》季刊，2004年第1期。

方同意，为尽早实现在东海其他海域的共同开发继续磋商。此外，中国企业欢迎日本法人按照中国对外合作开采海洋石油资源的有关法律，参加对春晓现有油气田的开发。

与此可见，从战略层次上，以东海油气田的合作开发为突破口，中日已经选择了以合作为重的战略。但是，共同开发是一个临时措施，按照海洋法公约 83 条规定，争议双方可采取临时对策来处理划界分歧，直至第二次磋商。中日东海油气争端涉及到领土、领海主权问题和资源问题，国家领土和领海主权问题谈判和资源谈判不是一回事，但也不能完全分开。[①] 每个国家的政府在领土、领海问题上妥协的可能性很小，但在资源的开发上双方达成妥协的可能性还是很大的。

① 王朝彬："中日关系的现状及其突出问题"，《学习导报》，2004 年第 10 期，第 55—57 页。

安全形态的互动与融合

中亚非传统安全与安全合作机制

李立凡*

内容提要：自独立以来，中亚各国不仅面临着政治、军事等传统领域的安全问题，而且面临着全球化、信息化时代新出现的诸多非传统安全，如恐怖主义、水资源分配、经济安全等。传统安全与非传统安全问题交互作用，对新独立的中亚五国构成了巨大压力。为此，中亚五国充分利用上海合作组织等多边安全合作框架，与中国、俄罗斯等周边大国合作，根据非传统安全领域的新特点、新趋势，初步构建了针对特定非传统安全威胁的管理和协调机制，有效保障了区域安全与稳定。

自中亚五国独立以来，该地区的安全问题一直备受关注。从目前来看，中亚地区的安全与稳定仍面临诸多不确定因素的影响，除了传统的安全问题之外，各种各样的非传统安全问题也日

* 李立凡，上海社会科学院欧亚所助理研究员。

渐凸显，成为威胁该地区安全和发展的隐患。相对于传统安全问题而言，非传统安全是指由非政治和非军事因素所引发、直接影响甚至威胁本国和别国乃至地区与全球发展、稳定和安全的跨国性问题以及与此相应的一种新安全观和新的安全研究领域。主要涉及经济安全、恐怖主义、有组织的跨国犯罪、环境污染等低政治安全问题。[①] 在经济全球化的时代背景下，由非传统安全因素引发的一些新矛盾、新问题和新威胁日益增多，对国际社会安全稳定造成极大的危害。近年来，中亚地区的非传统安全威胁非常明显，经济安全、环境安全、信息安全、能源安全、恐怖主义、疾病蔓延和毒品问题等非传统安全隐患对中亚各国的和平与发展都构成严重的威胁，日益成为影响中亚地区安全形势的重要不确定因素。非传统安全因素的增大使中亚地区的安全问题更加复杂，给各国的国家安全带来新的挑战。[②]

一、中亚地区非传统安全问题的由来

中亚地区的非传统安全问题由来已久，有着较深的历史积淀和自身的根源。中亚的非传统安全问题可追溯到苏联时期，早在苏联体制下就已经存在如毒品问题、民族分裂问题以及生态环境恶化问题，但由于苏联国内政治局势稳定和经济发展较快，因此，当时这类问题在中亚五国并不十分严重，没有成为影响国家安全的最主要问题。20 世纪 90 年代，随着苏联的解体和社会转型，非传统安全问题如极端主义、分裂主义和恐怖主义等开始浮

① 陆忠伟主编：《非传统安全论》，时事出版社，2003 年版，第 20 页。

② 邢广程："中亚安全与安全合作"，《当代世界》2005 年 4 期。

出水面，非传统安全问题对该地区稳定的影响也日益增大，各种非传统安全威胁不断增多，各国民族分裂主义、恐怖主义、宗教极端势力逐渐活跃，跨国的毒品走私活动、有组织的跨国犯罪等大为增加。与此同时，诸如经济安全的威胁以及非法移民等新的安全问题也成为中亚各国面临的主要挑战。在很大程度上，苏联解体和中亚各国的独立为非传统安全问题的凸显提供了滋生与发展的土壤。概而言之，主要体现在以下几个方面：

第一，政局动荡。独立之初中亚国家普遍面临着建立国家政体，调整苏联时期遗留下来的民族关系，确立新的有效的国家政治系统，维护各国的政治稳定、抵御外来势力的渗透等一系列重大而严峻的课题。当时，由于国家权力结构尚未有效发挥作用，各国都存在着严重的无政府状态，无暇顾及“三股势力”和其他非传统安全问题，各种宗教和极端主义思潮如洪水般开始泛滥，并开始在民众中扩散和渗透，从而为非传统安全因素的滋长提供了理想的生存空间。

第二，经济危机。中亚国家独立后，传统经济联系的中断给各国带来严重的冲击，由于市场经济体制的缺失和市场体系的不完善，各国都经历了一个艰难的经济改革历程，民众收入减少，生活水平下降，由此引发一系列社会矛盾，并在一定程度上激化了非传统安全威胁，“三种势力”和毒品走私的泛滥和社会秩序的失范，经济运行的低效不无关联。而转轨过程中出现的严重的社会分化、贫富加剧的情况，使社会弱势群体容易成为犯罪分子和极端势力利用的对象。[①]

第三，地缘政治经济环境的变迁。苏联解体之后，这些国家

① 许新华：“中亚非传统安全问题与跨国合作”，《新疆职业大学学报》，2006年第3期。

的地缘政治状况有利于它们与欧洲、东南亚和中国发展贸易和政治联系。这一切使中亚成为国际主要的毒品走私中心。地缘政治经济环境的变迁使得中亚的非传统问题受到周边国家和地区安全形势的极大影响。一些非法组织直接将基地设在邻国，如当年“乌伊运”的基地就设在阿富汗。随着中亚地缘格局的变化，贩毒组织也趁势在中亚地区构建起更加有效的生产—销售网络。

最后，在各国独立之后，一些历史遗留的非传统安全问题迅速爆发出来。如水资源的分配，生态污染等在苏联时期属于次国家行为体之间的冲突逐渐演变成为主权国家之间的国际问题，为了各自的国家利益，各国在处理上述问题时采取极端的手段，甚至不惜兵戎相见，从而给中亚地区的安全和发展构成威胁。

二、中亚非传统安全面临的困境及其影响

近年来，中亚地区的安全形势虽有所改善，但从整体上看仍然不容乐观，旧的传统安全因素与新的非传统因素相互交织使该地区的安全稳定面临诸多的困境，具体而言，主要体现在以下方面：

首先，中亚各国仍面临“三股势力”的威胁和挑战。冷战结束后，民族分裂主义、恐怖主义和宗教极端主义的泛滥，严重影响了国际社会的安全与稳定。中亚地处欧亚大陆结合部分，战略地位十分重要，一直以来是“三股恶势力”扩散的重点地区，从而对地区的社会稳定和发展形成消极影响。虽然，在“9·11”事件之后，国际社会加大了对恐怖主义的打击力度，随着阿富汗局势的变化，中亚国家外部安全威胁有所削弱。但应该看到，中

亚地区的恐怖分子并未因此而彻底消失，一旦时机成熟，恐怖分子还会伺机而动。近年来，中亚地区恐怖主义、分裂主义和极端主义“三股势力”相互勾结，活动猖獗，严重威胁到该地区的安全与稳定。在近期某些国家发生的事件中，都能明显看到恐怖组织和极端势力活动的迹象。

目前，在国际恐怖主义的影响和推动下，中亚恐怖组织合纵连横，进行了重新的力量整合，逐渐由分散化走向区域化，乃至实现了跨地区、跨国度、多层次的一体化联合趋势。如“乌伊运”虽然在阿富汗反恐战争中受到重创，但迄今没有停止活动。以它为中心，中亚恐怖组织进行了重组。“乌伊运”于 2002 年 10 月同“东突”等组织联合组成“中亚伊斯兰运动”（IMCA），其目标是在包括中国新疆的整个中亚地区实现伊斯兰化，推翻世俗政权，建立“哈里发”国家。2005 年 5 月，乌兹别克斯坦安集延骚乱事件便有“乌伊运”、“基地”和车臣恐怖分子的卷入。与此同时，中亚地区还出现一些新兴的极端宗教组织，它们不仅与“基地”组织建立了紧密联系，而且还获得平民的广泛支持。“扎马阿特”便是其中之一。“扎马阿特”（Жамоат，乌兹别克语，意为“社会”）起初在乌兹别克斯坦成立，属伊斯兰激进派组织。近年来，该组织日益活跃，并与“乌伊运”相互配合，在哈、乌、吉以及俄境内不断进行恐怖活动。

其次，中亚各国目前仍普遍面临经济安全问题的困扰。自苏联解体以来，经济安全日益成为中亚各国面临的重要安全议题。在计划经济体制时代，在劳动分工和生产专业化思想的指导下，中亚各国作为主要的原材料生产基地，经济结构单一，缺乏完备的国民经济体系。独立以来，各国都致力于经济领域的自主自立，确立了市场经济体制的目标，并采取了诸多相应的改革措施。但从目前来看，各国在经济方面仍难以完全自立，经济结构不合理，除依赖丰富的自然资源外，在国际市场上缺少具有竞争力的产品，经济安全的问题日益严峻。作为中亚地区经济的领头羊，哈萨克斯坦经济以石油、采矿、煤炭和农牧业为主，加工工业、机器制造业和轻工业相对落后，尚未建立均衡的经济体系和产业结构，大部分日用消费品仍然依靠进口。2007 年 1—6 月，哈的工业总产值同比增长 6.8%，然而，在工业迅猛发展的同时，产业结构并未得到明显改善，采矿业（包括油气开采）占工业产值近 58%，而加工工业所占比重为 37%，政府从 2003 年起实施的工业创新发展战略和 2005 年大力推行的发展加工工业的政策还未收到明显的效果。同样地，在中亚其他国家也普遍存在不合理的经济结构和严重的经济对外依赖性，这使中亚各国易受国际市场价格大幅度波动的影响，国内的政治经济稳定面临很大的压力，从而对各国经济安全和可持续发展构成严重挑战。

再次，大规模的跨国犯罪是威胁中亚地区安全稳定的又一重要安全隐患，其中危害最大的当数毒品走私。毒品走私使毒品在中亚的极端主义运动有了充足的资金来源，使中亚新兴主权国家的安全受到威胁，削弱了外国投资者们投资的兴趣，影响了该地区石油和天然气资源的开发与出口，也制约了中亚各国的政治经济发展。目前，阿富汗毒品跨境走私是威胁中亚地区稳定的主要因素之一。其中，塔吉克斯坦是阿富汗跨境毒品走私的中转站之一，那里被收缴的毒品占整个中亚地区的 70%。阿富汗跨境毒品走私为国际恐怖主义、极端主义和跨国犯罪集团提供了经费来源，严重威胁了中亚地区的稳定与安全。中亚的毒资与许多暴力政治事件有着密切的关系，因此，一位西方外交官说：“毒品交易正前所未有地决定着中亚这个地区的政治，我们把毒品交易造成的危害与其他的，如伊斯兰原教旨主义、恐怖主义和该地区一些国家可能爆发的经济危机所造成的危害相提并论”。[①] 近些年来，阿富汗毒品种植面积成倍增长，生产加工点日益增多，反毒形势日益严峻，加之中亚地区的贫困、环境恶化等社会经济问题没有完全解决，这些都为恐怖主义和极端主义的滋生和蔓延提供了土壤。随着毒品贸易与极端恐怖势力的结合日益紧密，中亚国家的安全与稳定面临着严重的威胁。

最后，影响中亚地区的非传统安全因素是多方面的，除了经济危机，恐怖主义渗透和跨国界犯罪等因素外，水资源短缺以及水问题所导致的国家之间的紧张关系也是威胁中亚地区安全与稳定的重要诱因。目前，在国际政治领域，对战略资源的争夺日趋激烈。其中，水的利用问题已被一些地区和国家视为一个日益凸显的安全问题。“水将是国家间政治包括暴力冲突的越来越显著的因素。在缺水地区，竞争有限的水资源能够使得国家把获取水作为国家安全事务。”[②] 中亚地处欧亚大陆腹地，是一个水资源严重匮乏的地区。由于多年来对水资源的过度开发，目前出现了非常严重的水危机。在中亚地区，水的争端可能成为导致中亚国家冲突、使其分裂而非聚合的又一导火线。[③] 作为中亚地区的稀缺战略资源，中亚各国之间因争夺与控制水源导致的冲突日益凸显，水资源安全问题已经成为威胁中亚区域稳定以及中亚各国安全的主要问题之一。在阿姆河盆地，乌、土两国的边界和水冲

---

① A. Rashid, *Taliban-Islam, Oil and New Great Game in Central Asia*, London &New York, IB. Tauris, 2000, p. 123.

② Sean M. Lynn Jones and Steven E. M iller, *Global Dangers: Changing Dimensions of International Security*, The MIT Press Cambridge, Massachusetts London, England, 1995, p. 84.

③ 赵常庆：“中亚国家关系现状探析”，《国际观察》2002 年第 4 期。

突已经上升到紧张的水平。[①] 在锡尔河盆地，各国间也多次发生严重的冲突。1997 年 6 月，吉尔吉斯斯坦宣称它正计划向哈、乌两国收取水费，引起了后者的严重不满。同年年末，由于哈萨克斯坦没能履行所商定的能源运输、付清所欠款项，吉尔吉斯斯坦威胁要切断对哈萨克斯坦的水电供应。1998 年 5 月，哈萨克斯坦的供水果然被停了 10 天，使得两国间的冲突一触即发。

目前，中亚各国面临的非传统安全因素日渐突出并呈现出许多新的特点：一是跨国性。非传统安全问题如跨国犯罪等在各国普遍存在，许多恐怖组织或极端势力在各国都有分支机构，并得到区域外的支持和帮助。二是突发性。非传统安全威胁的产生经常会以突如其来的形式迅速爆发。资料显示，中亚地区发生的多起影响较大的恐怖事件，都是在人们毫无防范的情况下发生的。三是复杂性，中亚地区的非传统安全问题既有历史遗留问题，又有当代产生的新问题，既可能是传统安全因素向非传统安全因素的转化，又可能是不同领域问题的交织，往往涉及多方利益。综上可知，中亚地区仍面临着综合性的安全问题，其安全环境依然严峻。来自内部外部的非传统安全威胁将长期存在。

三、中亚非传统安全合作及其发展趋势

冷战后，中亚国家针对自身的安全困境，为建立具有自身特点的非传统安全合作机制而进行了不懈的努力。构建军事和经济

---

① G. Gleason, *Uzbekistan: From Statehood to Nationhood* in Bremmerand R. Taras, eds, *Nations and Politics in the Soviet Successor States* (Cambridge University Press, 1993). pp. 351—353.

安全的合作结构，加强反恐、反毒等方面的安全合作力度，从而使该地区的非传统安全格局明显好转。但是，要从根本上解决中亚的非传统安全问题，仍须走多边主义的道路，加强区域和国际合作，构建公正、有效的地区性多边合作机制，只有这样，才能根除中亚地区非传统安全隐患，实现地区安全与稳定、促进地区经济社会的可持续发展。为此，中亚各国积极探索安全合作途径，目前，已经形成地区内外不同层次的多边安全合作框架。

第一，构建有效的安全合作机构。苏联解体后，中亚顿时失去了强有力的统合力量和地区的组织协调机制，在转型过程中，各国国内的经济社会陷入无序混乱状态，制度真空的存在刺激催化了诸多的非传统安全问题。在解决非传统安全威胁的过程中，中亚各国在多边安全合作框架内，广泛接触、加强合作、不断开展对话，在充分考虑各国与不同民族的安全和利益诉求的前提下，初步构建起一些重要的跨国安全组织。目前，中亚地区的跨国安全组织主要包括以下几种：一是独联体集体安全条约组织；二是上海合作组织；三是中亚国家之间的安全合作组织，如中亚合作组织，四是中亚国家倡导的安全机制和论坛，如“亚信会议”等；五是西方国家主导的地区安全合作组织，如欧安组织、“古阿姆联盟”、北约“和平伙伴关系”计划。[①] 近年来，中亚地区的安全合作机构进一步向纵深方向发展，安全合作内容不断深化和拓展，在促进地区和平、稳定、发展方面的作用进一步显现。目前，各国之间在安全合作方面已经形成一致和共识，确立起比较牢固的协商与对话机制，尤其是在上海合作组织的框架下，中亚各国和其他国家加强了非传统安全领域的交流与合作，

① 祝政宏：“试论影响当前中亚地区安全的正负因素”，《新疆大学学报》，2006年第5期。

逐渐形成以反恐为中心，包括能源开发和反毒等方面的非传统安全合作结构，从而有效促进该地区的安全与发展。

第二，构建多层次的经济安全框架。首先，组建中亚经济共同体，发挥各国经济的比较优势，促进地区经济整合，使经济与非传统安全合作紧密联系起来。在经济全球化日益加快背景下，各国之间的经济联系日益紧密，经贸合作日益频繁。中亚各国在民族宗教，经济社会方面具有很多相似性，同时又面临着共同的安全困境和发展机遇，因此，进一步加强各国之间的经贸联系，在发挥各国经济优势的基础上促进区域的经济整合，将经济合作与非传统安全成功对接，对各国而言都具有重要的战略意义。其次，依托独联体，积极融入独联体一体化，构建经济与非传统安全的合作机制。自 1993 年中亚各国与独联体其他六国签署《独联体建立经济联盟的条约》以来，中亚各国不断强化与独联体的经济合作。1995 年 1 月，哈、俄、白俄三国达成《海关联盟协定》，吉、塔两国后来加入；次年 3 月哈、吉、俄、白俄四国又签署《经济和人文领域加深一体化条约》。上述协议的生效，使中亚各国的经济得到有效协调，实现了双方经济与非传统安全合作的历史性跨越。目前，随着一体化进程的加快，中亚的区域经济安全框架已经初具规模。在加强区域经济合作的同时，各国也广泛开展与世界各主要经济体，周边国家以及重要国际经济组织的交流与合作，进一步拓宽非传统安全合作的空间，从而使非传统安全合作呈现出多元化格局。通过实施全方位、多层次的经济合作战略，中亚各国不仅巩固和加强了同外部世界的联系，而且促进了非传统安全合作的深化，使“安全与经贸合作相辅相成，相互促进”，逐步扭转在世界经济体系中的消极局面。

第三，根据非传统安全领域的特点和变化，构建新的针对特定非传统安全威胁的管理和协调机制。面对中亚地区日益严峻的非传统安全形势，中亚各国政府都积极探索有效的安全管理方式，并签订了大量的相关协议，但从总体上看，有些协议内容相互矛盾，甚至一些协议并不具备可行性。以水危机为例，中亚各国目前都面临严峻的水危机，为了更好地利用和治理水资源，在独立后的十多年里，尽管各国围绕跨国界水资源问题多次开会，也达成了很多协议，但大多无果而终。[①] 除了水资源问题外，目前在诸多非传统安全领域的管理和控制协调方面都缺乏相应的规则和秩序，从而无法从根本上缓解中亚纷繁复杂的非传统安全危机以及由此引起的各种矛盾。因此，各国必须携手合作，根据非传统安全领域的特点，共同努力建立起有效的风险管理体制，以更好地应付来自非传统安全领域的威胁。

最后，中亚各国应利用上海合作组织的框架不断深化与中国等周边国家的非传统安全合作机制。中国是与中亚各国山水相连的近邻，地缘上的便利、经济上的活力和政治上的稳定使中国成为中亚安全合作的现实选择，在一定程度上，中亚的安全状况与中国休戚相关。因此，作为上海合作组织的成员，中亚各国应在"互信、互利、平等、协作"的新安全观的指导下，进一步加强上海合作组织与中亚区域安全合作，扩大中亚与中国在非传统安全领域的合作范围和内容，从而维护中亚地区的安全与稳定。

---

① 傅菊辉、刘安平："水危机与中亚安全分析"，《贵州师范大学学报》，2006年第1期。

伊（朗）以[①]关系的演变与当今伊朗犹太社团

张忆南[*]

内容提要：近年来，伊朗和以色列之间因为伊朗核问题而一直处于剑拔弩张的状态。实际上，伊朗和以色列之间既没有民族、宗教上的矛盾，也没有领土纷争。犹太人和波斯人在历史上曾经有过一段友好的民族关系，而巴列维王朝时期更是伊朗犹太社团发展的“黄金时代”。伊朗伊斯兰革命后至今，伊朗与以色列之间的关系开始恶化，而今更是由于伊朗核问题而相持不下。伊朗和以色列之间关系的演变受意识形态、国家安全、战略利益等多方面因素的影响。目前，虽然伊朗核问题仍然悬而未决，但处在核问题阴影下的伊朗犹太社团依然过着比较平稳的生活，并没有表现出强烈的移民美国或以色列的倾向。

① 本文的“伊”系“伊朗”一词的略写，下同。

* 张忆南，上海社会科学院欧亚所国际安全研究室研究实习员。

一、伊以关系的历史变迁

早在公元前21世纪前后，犹太人就已经在西亚的巴勒斯坦地区活动，并一度建立了统一强盛的王国。公元前6世纪，由于犹大王国被新巴比伦帝国征服，新巴比伦国王尼布甲尼撒二世将耶路撒冷城洗劫一空，并烧毁了圣殿，将全城犹太人虏往巴比伦，这就是历史上有名的“巴比伦之囚”。与此同时，更多的犹太人被迫四处流散，其中一部分进入波斯境内，并常年定居于此。这即为犹太人在波斯（即今天的伊朗境内）的最早历史溯源。

1925年，伊朗巴列维王朝建立，并正式改国名为“伊朗”。[①] 以国王礼萨汗为首的统治精英们推行政教分离、西方化和世俗化政策，希望把当时极度贫穷落后的伊朗建设成为现代化的经济强国。同时，礼萨汗高度推崇传统波斯文化，他取消伊斯兰教什叶派国教地位，削减伊斯兰在伊朗的影响，并废除了对少数民族的歧视性法律。在这场改革中，伊朗犹太人无疑是最大受益者之一，他们从旧的束缚中被解放出来，犹太教与伊斯兰教和平共处的权利得到正式认可。并且，由于犹太人和波斯人在历史上的友好关系，礼萨汗尤其尊重国内的犹太社团：他废除了对异教徒的强迫其皈依的法律，在穆斯林中澄清“犹太人不洁”的谬误观念，并在访问伊斯法罕的犹太社团时向《圣经》文本鞠躬致敬。1941年英国与苏联占领了伊朗，迫

① 意为强调波斯人不是阿拉伯人而是雅利安人，“Iran”一词在波斯语中即为“雅利安人”之意。

使奉行亲德政策的礼萨汗退位，扶持礼萨汗的儿子巴列维登基。巴列维国王在政策上比礼萨汗更加西化，他梦想恢复波斯帝国的光荣，并以居鲁士大帝继承者自居，认为伊朗人是犹太人的朋友。在他统治期间，伊朗犹太人拥有文化上和宗教上的自治，还享受充分的政治权利——即从伊朗立宪运动开始，就在议会中为犹太人永久保留一个席位。伊朗犹太社团有了前所未有的发展和壮大。二战中，为了保护犹太人免遭德国纳粹毒手，伊朗向纳粹德国保证本国犹太人已经完全同化。[①] 为了巨大的石油利益，纳粹德国对伊朗为欧洲数千名犹太难民提供逃跑路线也就睁一只眼闭一只眼了。

1948 年 5 月 14 日，以色列宣告建国。然而，这个在联合国分治决议中诞生的中东小国，从一开始便遭到了周围阿拉伯国家的围攻。直至今日，这场世纪之争仍未平息。但在这场纷争中，同样作为伊斯兰国家的伊朗却是中东地区继土耳其之后第二个承认以色列的伊斯兰国家，并逐渐成为以色列的盟友。在阿以冲突问题上，伊朗的态度比较特殊，即在与阿拉伯国家保持伊斯兰纽带、缓和与周边阿拉伯国家关系的同时，避免卷入巴以冲突。伊以特殊战略同盟之所以能够最终形成，除了历史上波斯民族与犹太民族的传统友好关系外，还有如下三点原因：第一，伊朗对这个新生的犹太国家抱有一定程度的同情：伊朗是一个什叶派穆斯林占主导地位的国家，而围攻以色列的阿拉伯国家则主要是逊尼派。伊朗和阿拉伯国家之间的教派纷争由来已久，并且阿拉伯人和波斯人的民族认同也一直存在矛盾。面对阿拉伯国家对伊以关系的指责，伊朗声称“我们是穆

① 伊朗当时对德称国内犹太人为“kalimis”，起源于古兰经中对摩西的称谓。

斯林，但不是阿拉伯人”。[①] 第二，伊以战略同盟符合伊朗的现实安全利益。在当时的冷战背景下，伊朗不仅要面对不断扩张的苏联威胁，还必须面对周边邻国泛阿拉伯民族主义复兴所带来的巨大压力。巴列维意识到自己与以色列在中东地区拥有共同的敌人——苏联和激进的阿拉伯国家。巴列维希望能够和以色列联合构建“外围联盟”，通过以色列强大的军事实力来牵制对自身构成威胁的激进阿拉伯国家，特别希望借以色列的力量来对付伊朗宿敌伊拉克。同时，巴列维力图实现伊朗的现代化进程，复兴波斯帝国的光荣，他迫切需要以色列先进的军事装备和科学技术的帮助。第三，巴列维建立的是一个亲西方的伊朗政权，从20世纪中期开始投靠美国，成为美国在中东地区的最主要盟国之一。巴列维不愿意在阿以问题上得罪美国和影响巨大的美国犹太社团，并希望通过伊以友好关系来促进伊美关系的进一步发展，从而共同抗衡苏联的威胁。在美国犹太社团和美国政府的影响和鼓励下，20世纪60年代，伊朗和以色列建立了多层次的战略合作关系。在军事上，以色列帮助伊朗建立情报机构“萨瓦克”，为伊朗提供大量武器，甚至帮助伊朗多次在国内开展代号为“鲜花工程”的核试验。在经济上，双方合作更是密切，以色列帮助伊朗建设农业，为伊朗提供先进的农业技术，还帮助伊朗与阿拉伯世界进行争夺。作为回报，伊朗在数次中东战争中满足了以色列大量的石油需求。伊朗当局还曾顶住伊拉克政府施加的重重压力，开放两伊共同边界线，帮助数千名伊拉克犹太人撤离并移民以色列。

在这样的大环境下，以色列建国后，巴列维政府在伊朗犹太

---

① 王新龙：“以色列与伊朗的恩怨情仇”，《当代世界》2007年第4期，第18页。

人问题上仍然保持了与先前一致的宽容立场。正因为如此，伊朗犹太人在以色列建国后并没有表现出要求移民以色列的强烈愿望，而是愿意继续留在德黑兰、伊斯法罕等城市继续发展。[①] 他们建立了规模庞大的犹太社团，兴建了很多犹太会堂、犹太学校和独立的社区文体活动中心。无论从何种角度来看，巴列维王朝统治时期可称得上是伊朗犹太人发展史上的一个真正的“黄金时代”，这一时期伊朗犹太社团的规模达到了 8 万人左右。

1979 年，伊朗爆发伊斯兰革命，在革命领导人霍梅尼眼中，美国、苏联是压迫者，而穆斯林世界是被压迫者，因此穆斯林世界应该联合起来反抗压迫。在这样的指导思想下，伊斯兰共和国成立之初便奉行“不要西方，不要东方，只要伊斯兰”的外交政策，将现实世界中的美国、苏联和以色列看作三个“大撒旦”，是威胁伊斯兰世界的敌人。巴列维王朝和以色列都是西方殖民主义在中东的代理人，以色列又是巴列维专制统治的帮凶，是一个“小撒旦”。[②] 而伊朗则有责任通过伊斯兰革命来推翻巴列维政权，并进一步团结阿拉伯世界取得被压迫者反抗的胜利。因此，霍梅尼坚决视以色列为中东地区的一个“毒瘤”，若不消灭以色列，它便会毁灭伊斯兰世界。[③] 颇具意味的是，当初霍梅尼领导的革命队伍里竟然不乏伊朗犹太青年的身影，这些犹太青年不顾父母的反对，毅然投身于伊斯兰革命。令人遗憾的是，虽然伊朗犹太青年在身份认同上将自身看作伊朗人民的一分子而积极表达自己的政治立场，但最终却被伊斯兰革命者看作是国王的同盟、

---

① 章波：“巴列维时期伊朗和以色列战略关系的成因”，《西亚非洲》，2007 年第 2 期，第 27 页。

② 何志龙：“伊朗视野中的以色列”，《国际论坛》，2006 年第 6 期，第 30 页。

③ Nader Entessar：“Israel and Iranps National Security”，Journal of South Asian and Middle Eastern Studies：No. 4，Summer 2004.

保皇派，是革命的敌人。伊斯兰共和国成立后处死了大批保皇派，其中包括伊朗著名的犹太实业家哈比比·埃尔哈南，他被指控犯有腐败、与以色列和锡安主义者接触、反伊斯兰等多项罪行。哈比比·埃尔哈南事件对当时伊朗国内的8万犹太社团造成了不小的冲击，很多犹太人为自己“耶和华子民”的身份感到担忧，为了自身安全考虑，大约有四分之三的犹太人不得不选择离开伊朗，其中不乏富商巨贾，他们在逃离伊朗时都被迫留下了大批财产。留下的犹太人也惶惶不可终日，犹太社团的发展一度陷于停滞。

然而，霍梅尼时期伊朗伊斯兰共和国对以色列的外交政策具有复杂的两面性：一方面，霍梅尼为了维护伊朗共和国政权的需要，在言论上高调反美、反苏和反以。另一方面，在严酷的安全环境下，伊朗不得不在暗地里重新重视发展与同样对阿拉伯国家抱有戒心的以色列的“外围联盟”战略。因为以色列同伊朗既没有宗教上的、领土上的矛盾，也没有历史和民族上的矛盾。伊斯兰革命后，伊朗公开与美国、苏联交恶，外交关系十分紧张；同时，伊朗一贯的大国心态与积极向阿拉伯国家输出伊斯兰革命的做法也使得周边阿拉伯国家普遍对伊朗采取防范的立场甚至敌视的态度。加之两伊战争爆发后，伊朗原本由美国支持的军备由于受到革命清洗而倍显软弱。霍梅尼为了在两伊战争中保持国内高调反以意识形态的统一和国内保守派民众的支持，同时争取各种联络周边阿拉伯国家的可能性，因此对以色列采取一种“公开言论指责，暗地武器交易”的政策。在这种两面性政策的指导下，在巴以冲突中，伊朗对巴勒斯坦的支持不冷不热；在两伊战争初期的头两年，以色列通过荷兰和阿根廷向伊朗提供了价值约2亿美元的武器和弹药：前以色列驻德黑兰武官雅各布·尼姆逻迪于1981年7月达成的一笔交易价值就达1.35亿美元。从1982年到1986年的5年里，以色列又向伊朗提供了价值约2.5亿美元的武器弹药。[①] 1985年，以色列又间接促成了伊朗与美国的军火交易：由以色列西蒙·佩雷斯牵线，伊朗和美国里根政府达成协议，伊朗帮助释放真主党扣押的西方人质，美国给伊朗先进武器包括反坦克导弹。[②]

以色列在两伊战争中与伊朗的暗地接触同时也是对当时伊朗国内的4万名犹太人的保护。霍梅尼虽然反对犹太复国主义，但他在对待国内犹太社团的问题上，却持比较宽容的态度。他曾明确表示：自己会把犹太复国主义者和伊朗犹太人区分开来对待。只要伊朗犹太社团不与美国和以色列接触，且不发表支持美、以的言论，伊朗政府便会保护他们不受伤害。霍梅尼不仅在言论上作出如上许诺，在行动上也的确帮助过伊朗犹太社团。比如，在伊斯兰革命后他曾经允许愿意离开伊朗的犹太人取道巴基斯坦前往以色列、澳大利亚和美国等国家。

二、冷战后伊以双方的对峙

20世纪80年代末，全球局势带动中东局势发生了重大变化。随着苏联的解体和冷战的结束，伊朗摆脱了所谓的东方“大撒旦”的威胁。同时，由于海湾战争及其之后对伊拉克的长期制裁，也使伊朗在中东地区的强敌——伊拉克遭到极大削弱。一方面，由于苏联和伊拉克的威胁不复存在，伊朗在中东地区的地位

---

① Jack Andson: “Supply Weapons To Iran Again”, Washington Post, April 30, 1986.

② New York Times, November 22, 1986.

上升，这增强了伊朗争夺地区主导权的信心；另一方面，海湾战争后美国在波斯湾地区军事势力的不断扩张又使得伊朗忧心忡忡，并且，美国在阿以问题上明显偏袒以色列的做法也引起了伊朗和阿拉伯国家的警惕。因此面对这种局面，伊朗反美、反以的情绪再次高涨，将以色列视为与之争夺中东地区主导权的最大对手。伊朗还认识到，为了对抗强敌以色列，自己就必须主动改善与周边阿拉伯国家的关系，争取广大阿拉伯世界的支持，共同与以色列抗衡。

20 世纪 90 年代初，巴以和平进程启动，并签署了《奥斯陆协议》。但伊朗不相信和平进程是公正的，认为巴以谈判无法实现真正的和平。因此，当 1993 年巴以双方签署《奥斯陆协议》后，伊朗立即指责巴方签署该和平协议“造成了伊斯兰世界的分裂”，并呼吁一些“圣战”组织对以色列开战。[①] 伊朗在巴以和谈问题上表现出来的强硬态度有其深层次原因：首先，伊朗自霍梅尼时代就将巴列维视为伊斯兰的敌人，并将其与以色列占领巴勒斯坦领土联系在一起。长期以来，霍梅尼视以色列为中东地区的肿瘤、穆斯林世界的大敌，誓铲除而后快。即便是在两伊战争时期曾与以色列有暗地里的军火交易，霍梅尼在言论上仍然未放松对以色列的指责，甚至还资助黎巴嫩真主党，使之迅速壮大成为一支令黎巴嫩各派甚至以色列也不敢小觑的武装力量。其次，可以为伊朗树立伊斯兰利益的真正维护者的形象。伊朗自古至今总是有一种根深蒂固的地区大国思想，认为根据伊朗的面积、人口、教育水平和自然资源，伊朗理所当然应该是该地区最强大的国家，应该掌握该地区的事务主导权。霍梅尼早在伊斯兰共和国

---

① Clark Staten：“Israeli PLO Peace Agreement：Cause of Further Terrorism?”，Emergency Net News Service，September 11，1993.

建立之初便主张输出伊斯兰革命，希望伊朗成为整个伊斯兰世界的领袖。而两伊战争结束后，伊朗更是希望能借反对巴以和谈的强硬立场来获得阿拉伯国家的信任，承认其伊斯兰世界的领袖地位。1999 年 4 月，伊朗以“为以色列和美国充当间谍”为由逮捕了 13 名伊朗犹太人，并在非公开审判中判处其中 10 名有罪，以此显示对以色列的强硬立场，也借机团结周边阿拉伯国家。再次，虽然海湾战争和冷战结束后，伊拉克和苏联对伊朗的威胁消失，但海湾战争后美国在海湾的军事存在对伊朗构成了较大威胁。为了迫使美国从海湾撤军，伊朗尽力制造美国与阿拉伯国家之间的矛盾，其手段之一便是扩大阿以冲突。阿以冲突的扩大自然会使阿拉伯人对以色列的仇恨转向长期偏袒和支持以色列的美国，阿拉伯人与美国矛盾的激化最终将迫使美国从海湾撤军。最后，出于伊朗现实安全利益的考虑，伊朗最不愿意看到以色列与阿拉伯国家全面和解，从而形成阿以联合，孤立伊朗的局面。伊朗坚决反对阿以和谈就是要激起阿拉伯人与以色列之间的全面对抗。只有在以色列的强大压力下，阿拉伯国家才会积极主动地改善和发展与伊朗的关系，与伊朗结成战略联盟，从而达到伊朗反对美国、孤立以色列，实现其在中东地区的地缘政治目的和经济利益。

三、伊以交恶中的伊朗犹太社团

随着“9·11”事件后美国全球反恐战争的开始，伊朗被美国列为“邪恶轴心国”，并位列支持国际恐怖主义国家的黑名单之首。在阿富汗战争和伊拉克战争后，美国已经形成了对伊朗的全方位包围态势。随着伊朗安全环境的恶化，伊朗国内保守派势力进一步得到加强，因此加大了对以色列的指责。两伊战争后，伊朗重新启动巴列维时期停滞的核计划。以色列强烈反对伊朗重启核计划，指责伊朗意在寻求核武器，并力促美国、欧盟等国家向伊朗施压，迫使伊朗放弃核计划。伊朗核问题上升成为核危机，并成为继巴以和谈后以色列和伊朗之间针锋相对的核心问题，以色列与伊朗的敌对也进一步加深。2004 年 8 月 17 日，伊朗伊斯兰革命卫队副司令穆罕默德·巴吉尔警告以色列，不要袭击伊朗核设施，否则伊朗将摧毁以色列的迪莫纳核基地。[①] 伊朗强硬保守派新总统内贾德上台后，不仅强烈质疑二战中纳粹大屠杀的真实性，称“德国纳粹二战时屠杀犹太人完全是一个编造的神话”，并且在一个名为“世界无犹太复国主义”的会议上，更是语出惊人，声称“必须要把以色列从地图上抹去”，“以色列的存在是对伊斯兰的一大威胁，这个犹太复国主义国家已经腐烂了，干枯了，很快将会被风暴摧毁”，以色列“正在走向毁灭”，整个中东地区“很快将会得以解放”。[②] 面对以色列的指责和整个国际社会的批评，内贾德多次辩称有关以色列应该被彻底消灭的言论是正确合理的，反映了全体伊朗人民的心声。内贾德发出如此言论有如下目的：一是顺应伊朗国内政治的需要。反对犹太复国主义和反对以色列一直以来就是伊朗的基本意识形态，也是团结国内保守派民众最有效的政治工具。内贾德凭借反以言论，可以凝聚国内共识，获得政治上的支持。二是借指责以色列为伊朗争取周边阿拉伯国家的支持，从而冲破美国对伊朗的孤立，改善伊朗恶劣的外交环境，并且，将矛盾中心转向以色列也可以转

① 刘仲华、王超编：《二〇〇二年西亚非洲大事记》，中国社会科学院西亚非洲研究所，第 33 页。

② 何志龙：“伊朗视野中的以色列”，《国际论坛》2006 年第 6 期，第 32 页。

移阿拉伯国家对伊朗核问题的怀疑和担忧。

在核危机的阴影下，伊朗犹太社团成了伊以之间一座尴尬的孤岛。当今伊朗境内仍留有大约 1.3 万—2.5 万犹太人。[①] 如今伊朗官方的对犹政策是“区分对待”、“希望同化”。在这样的政策下，他们虽然在政治、经济、宗教方面会受到政府的一些限制，但仍享有政治、经济、文化上的自由。但是在政治上，伊朗政府禁止一切与“犹太复国主义”、“以色列国”有关的敏感话题，一旦犹太人被证实参与锡安组织，或者与美国有亲密接触，都将会被以“间谍罪”处以极刑。为了防止犹太人向美国和以色列移民，伊朗犹太人申请护照出国旅游必须接受特别监视局的监控，并且一个家庭的全部成员不允许在同一时间到国外旅游，尤其是家庭里的年轻人必须被要求留在伊朗国内。教育上，政府加强了对国内犹太教育机构的监管。伊斯兰革命前，伊朗有 20 所犹太学校，革命后大多数都已关闭。在德黑兰只有 3 所学校，犹太学生占多数，同时也招收穆斯林学生，而且开设的都是政府统一规定的伊斯兰课程，学位也由政府颁发，每周五会有犹太教正统派机构开设的犹太史和犹太教课程，而希伯来语课程则更多由私人教师在课外教授。与伊斯兰革命前相比，犹太会堂和犹太公墓在数量上有所减少。但现存的犹太公墓基本上出于满员状态，其中位于苏萨附近的著名的犹太先知丹尼尔的公墓非常受穆斯林的尊敬，因为穆斯林什叶派相信他预言了安拉的降临。同样受伊朗国民尊敬的还有位于哈马丹的以斯帖王后陵墓。原来在伊斯法罕、设拉子等城市的很多会堂如今已关闭，但不少大规模的会堂在安息日时仍然人满为患。在经济上，犹太人可以自由从业、虽

① 统计数据分别来自于美国国务院发布的2006年《国际宗教自由报告》和美国康涅狄格州纽黑文市的伊朗人权记录中心。

然在住房等方面会受到某些程度的限制。在社团生活上，如今的伊朗犹太社团有着完整的组织结构，其社团主席每四年选举一次，他们拥有自己的犹太妇女组织，出版自己的季刊。社团接受美犹联合分配委员会和其他国际犹太组织捐赠的资金，同时也接受伊朗政府的少量不定期资金帮助。比如，内贾德办公室就曾经向伊朗最大的犹太萨皮尔医院捐款 23800 里亚尔。[①]

尽管伊朗对国内的犹太人实行一定的限制，但仍将他们与以色列国区分对待。这从早先哈比比・埃尔哈南案件中霍梅尼表明的态度即可看出。即便是坚决反以、语出惊人的内贾德，也仍然在国内宣扬民族平等，伊朗国内的犹太人和穆斯林都应当被尊重，应该将国内的犹太人当成本国国民对待，他的总统办公室也曾经带头为国内的犹太医院捐过款。甚至伊以关系越是紧张的时候，内贾德越会表现出对国内犹太人的亲善。

伊朗犹太社团对于伊朗政府的限制政策和内贾德的反以言论似乎并无强烈反应。面对内贾德"大屠杀是个神话"的言论，伊朗犹太议员毛瑞斯・穆塔迈德甚至站在政府立场上为内贾德辩解："我必须为内贾德做出澄清，在大屠杀事件上，最大的灾难在于那数以千计的影片和记录资料，这对伊朗犹太人和整个世界来说是巨大的侮辱。"[②] 毛瑞斯・穆塔迈德意图说明，事实上，伊朗犹太人并不希望自己的犹太身份引起国际社会的关注。他不仅在大屠杀事件上为内贾德的过激言论做出辩护，在伊朗对外政策上，甚至伊朗核问题上也完全支持内贾德。他认为自己在身份认同上首先是伊朗人，其次才是犹太人。虽然他也承认伊朗犹太

---

① Aryeh Levin：The Jews of Iran：The Fragile Subsistence of an Ancient Community，Policy Study No. 1，2007，p. 9.

② Rachel Safier：How Jew-Friendly Persia Became Anti-Semitic Iran，Moment，Dec，2006.

社团现在面临很多问题，但伊朗绝不存在类似于欧洲历史上的那种反犹主义。至于内贾德的言论，完全是为了出于稳定国内政治和引起全世界的注意的考虑。内贾德之前的伊朗甚至还算不上二流国家，而现在却能够成功地在全世界的穆斯林心中树立一个勇敢对抗美国和以色列的伊斯兰卫士形象。

随着伊朗核问题的加剧，美伊、伊以之间的关系日渐扑朔迷离。以色列虽然还未对伊朗做出最后的战略选择，但其有一部分很大的顾虑是来自于对目前伊朗犹太社团的安全问题。实际上，以色列当局早已意识到这一问题，并已责令情报机关摩萨德制定营救计划。据俄罗斯《谍报网》披露，以色列摩萨德高官近来多次秘密出访毗邻伊朗的高加索国家。摩萨德试图说服伊朗邻国，一旦以色列与伊朗兵戎相见，希望这些国家向以军提供飞机着陆点和加油服务，以便能够顺利转运在伊朗境内的犹太人。[①]

除了以色列的秘密撤侨准备行动外，美国希伯来移民援助协会（HAIS）和一些美国犹太人组织也大力呼吁伊朗犹太社团撤离。但据 HAIS 的统计数字，2003 年共有 183 名伊朗犹太人离开伊朗，2004 年有 297 名，而 2005 年只有 183 名。并且，据调查，这一小部分犹太人离开伊朗主要是出于经济原因和家庭原因，而并不是出于 HAIS 原来设想的政治因素。面对伊朗官方的种种限制政策、总统内贾德的强烈反以立场和这场越演越烈的伊朗核危机问题，大部分伊朗犹太人却仍然选择留居国内，对是否移民以色列的态度并不明朗。走上伊朗街头，随处可见不戴面纱的犹太妇女，德黑兰仍有部分犹太会堂处于开放状态，伊朗犹太人的日常生活照旧且安稳。他们之所以选择留居伊朗，原因在于：其一，虽然伊朗犹太人的生活面对种种限制，但只要在政治

---

① 资料来源于 http：//gb. cri. cn/8606/2006/05/22/1905@1054389 _ 1. htm。

上闭口不谈以色列和西方，犹太人还是可以享有生活保障和一定程度的宗教信仰自由，过着稳定的犹太式生活。他们认为伊朗现在的保守和限制对每个国民都是平等的，而某些政策也并非完全针对犹太人。相反，犹太人反而还拥有一些穆斯林所不能拥有的权利，比如犹太人被允许为了宗教仪式饮酒，等等。其二，伊朗政府的反以立场并非完全等同于反犹。虽然有些媒体关于反犹太复国主义的宣传有时也会挑起针对犹太人的暴力事件，但政府基本能够坚持其承诺，出面保障国内犹太人的安全。核危机爆发后，伊朗政府曾多次表示，以色列与伊朗犹太人是两个概念，不会因为以色列而伤害本国犹太人。其三，选择留在伊朗的犹太人自认满足于生活现状，他们选择留在伊朗是因为他们有自己的工作和生活。有部分移民到美国是为了更多的工作机会。并且，现今留居伊朗的犹太人大部分年事已高，不会说希伯来语、英语，只会说波斯语，并不适合移民。如果移民以色列，他们在经济利益上会损失更多。

布什政府“大中东计划”再探讨[①]

张屹峰*

内容提要：2004 年 2 月，布什政府提出的“大中东计划”是美国在新形势下针对以中东地区为核心的伊斯兰世界采取的一项重大战略，在美国中东政策乃至整个外交战略中占有重要地位，“大中东计划”的提出及其实践对美国全球战略地位产生了深远影响。经过 4 年多的实践，“大中东计划”的发展态势已经基本明朗，现在探讨“大中东计划”可以避免由于事态仍在发展而导致的认识偏差。基于以上考虑，本文拟对“大中东计划”有关问题进行新的探讨。

① 本文获得上海社会科学院欧亚研究所 2007 年度“青年课题”的资助。

* 张屹峰，上海社会科学院欧亚研究所助理研究员，博士。

一、"大中东计划"：美国反恐战略的又一向度

"9·11"事件打破了美国本土的安全神话，表明恐怖主义已经对美国国家安全构成了现实威胁，在美国国内造成了严重的安全焦虑，反恐随即成为美国外交的重中之重和国家安全战略的核心。美国在"9·11"事件中的"受害者"身份，在道义上赋予美国"大打出手"的特权，新保守主义外交理念获得了一定意义上的合法性，从而为新保守主义的政策实践创造了必需的国际和国内政治氛围。美国也积极借助"9·11"事件后有利的国际形势，获得了世界反恐联盟的领导权，协同各国进行全球范围的反恐战争。在反恐的旗帜下，美国的单边主义外交政策和以"先发制人"为核心的国家安全战略在世界上大行其道。因此，在"9·11"事件之后的一个阶段，军事反恐成为美国反恐的首要重点。

由于"9·11"恐怖袭击确系"基地"组织所为，而"基地"组织的领导核心和指挥部均得到了阿富汗塔利班政权的庇护和支持，因此，美国对阿富汗塔利班政权和"基地"组织的军事打击得到了国际社会的认同和支持。但是，美国反恐战略掺杂着利己性考虑，利用反恐战争在各个方向上积极推进其地缘政治战略，导致美国的军事反恐偏离了正常轨道而走入歧途。2003 年 3 月，美国不顾国际社会的普遍反对，在未经联合国授权的情况下发动了以"倒萨"为主要目标的伊拉克战争。

美国虽然在军事上取得了伊拉克战争的胜利，但这场战争不仅导致国际反恐联盟的严重分裂，而且，伊拉克战争以及美国在

伊拉克大规模的军事存在，激化了美国与伊斯兰世界的矛盾，为恐怖主义在中东和全球的进一步发展提供了可乘之机，引发全球范围的新一轮恐怖袭击狂潮，出现了“越反越恐”的局面。而且，伊拉克国内的复杂局面留给美国一个难以控制的乱局：伊拉克内部逊尼派穆斯林和什叶派穆斯林之间的相互仇杀、阿拉伯人与库尔德人之间的民族矛盾、什叶派内部的权力斗争，导致自杀式爆炸恐怖袭击、武装冲突、流血暴力事件持续不断，伊拉克安全形势严重恶化，面临陷入全面内战的危险。美国在分析反恐战争所面临的挑战时坦率地承认，“美国在伊拉克的行动被恐怖分子当作重整旗鼓的宣传口号。”[①] 这一结果是美国始料未及的。

随着反恐战争的深入，恐怖主义势力的有形“实体”剧减，美国军事反恐边际效应递减的趋势日益显现。“反恐的力度越大，就越有可能在伊斯兰世界招致更多的不满，从而为恐怖主义和极端情绪的滋生提供更肥沃的土壤。”[②] 这就要求美国在军事反恐的同时，必须采取新的反恐战略，以化解伊斯兰世界的反美、仇美情绪，尤其是对以中东地区为核心的伊斯兰世界进行全面的深层次改造，铲除极端主义滋生的土壤，从而消除恐怖主义的根源。

美国政府认为，大中东地区缺乏政治自由，经济发展落后、文化教育水平低下及由此产生的怨恨是恐怖主义产生的主要根源。2003年8月，赖斯在《改造中东》一文中指出：“在中东许多地方，绝望感为一种仇恨的意识形态的产生提供了土壤。这是导致该地区不稳定的主要因素，并且对美国的安全构成了威胁。”

---

① The White House, *The National Security Strategy of the United States of America*, March, 2006, p. 9.

② 东方晓：“中东民主变革与美国的大中东倡议”，《西亚非洲》2004年第6期，第8页。

因此，“美国和我们的盟友必须投身于世界另一个地区的长期改造过程之中，这就是中东。”① 2004 年 1 月 20 日，布什在国情咨文中指出，“只要中东仍然是一个专制、绝望和愤怒的地区，它就将继续产生威胁美国及其盟友安全的人和运动。”② 因此，对大中东地区进行改造是美国全面反恐的客观需要。

正是在这种理念的指导下，美国对伊斯兰世界的全面改造开始提上议事日程，成为美国反恐战略中新的重点。2004 年 2 月，布什政府提出了“大中东民主改造计划”（Great Middle East Initiative），同年 6 月，在美国的推动下，八国集团首脑会议通过了“泛中东和北非伙伴关系计划”，并共同制定了一份《八国集团支持改革计划》，以推动对伊斯兰世界的民主改造、经济改革和社会变革，这标志着民主改造中东计划的开始。“大中东计划”涵盖阿拉伯国家联盟的 22 个成员国以及巴基斯坦、阿富汗、伊朗、土耳其、以色列等共 27 个国家，囊括了伊斯兰世界所有的重要国家，在地域上包括西亚、南亚和北非。

美国的“大中东计划”具体主要包括以下三个方面：

第一，促进民主和建立良好的社会治理。1. 倡导自由选举。向大中东国家提供选举前的选举登记和公民教育方面的技术援助，建立或加强独立选举委员会以监督选举、收集民意和应对民怨。2. 议会交流与培训。加强“八国集团”与大中东国家议会间在法律起草、法律执行和法制改革领域的交流和培训，建立和资助一批司法援助中心，强化议会在促进国家民主化建设中的作用，推动立法和司法方面的改革；资助妇女培训机构，为有志于

---

① Condoleezza Rice, “Transforming the Middle East,” *Washington Post*, August 7, 2003.

② President Bush, *State of the Union Address*, Jan 20, 2004, http://www.whitehouse.gov/news/releases/2004/1/2004120－7.html.

参与选举或建立非政府组织的妇女提供领导能力方面的培训，增强妇女参与政治和民众事务的能力。3. 营造独立的新闻舆论。支持新闻记者的交流，建立培养独立新闻记者的培训项目，建立面向新闻专业学生、教师以及新闻从业人员的资助项目。4. 促进中东各国政府增进透明度和反腐败力度，推动关于透明度和反腐败的讨论。5. 加强公民社会建设。鼓励各国政府允许人权和新闻舆论的非政府组织不受伤害或限制地活动，增加对民主、人权、新闻、妇女等非政府组织的资助，并向这些公民社团组织提供技术支持，最终培育和促进独立的媒体和社会舆论的发展。①

第二，建设知识型社会，加强教育投入，提高文化水平。1. 制定和实施促进“大中东”基础教育计划，推行联合国扫除文盲的10年计划，在10年内培养一代有文化的人，到2010年使大中东地区的文盲减少一半。2. 创建或扩大针对妇女的教师培训机构，争取到2008年培训10万女教师以加强女孩的基础教育。3. 翻译哲学、文学、社会学和自然科学等领域的西方经典著作，作为基本教材捐赠给该地区各类学校和图书馆。4. 提供资助和呼吁私营机构予以帮助，将约旦等国实行的、采用新教学技术和教学方法的“发现式学校”模式向其他国家推广。5. 由“美国—中东伙伴关系倡议”发起和资助“中东教育改革峰会”，中东和美国、欧盟的致力于教育改革的公共和私营教育机构以及社会团体的精英，交流、讨论缩小该地区的“教育赤字”等问题。6. 通过建立公共—私营合作伙伴关系向“大中东”地区，特别是偏远地区提供或扩大网络通道，初期的重点应放在互联网使用最少的伊拉克、阿富汗、巴基斯坦、也门、叙利亚、利比

① http://www.ciel.usj.edu.lb/observatoire/dictators/gme_initiative_usa_en.pdf, U.S. Working Paper for G-8 Sherpas, pp. 2-4.

亚、阿尔及利亚、埃及、摩洛哥等国。7. 在“八国集团”的商业学校和大中东地区教育机构之间建立伙伴关系，主办和资助商业发展计划或市场营销战略制订等具体培训的长期项目和短期课程教育等。①

第三，增加经济发展机遇。“大中东”需要进行类似于中、东欧国家的经济转型，才能改变贫穷落后状态，关键是激发私营经济尤其是中小企业的发展潜力，使之成为经济增长和增加就业的主引擎，促进大中东地区中产阶级的发展壮大。为此，“八国集团”应该采取如下措施：1. 向当地现有的小型金融机构提供贷款，以解决中小企业的资金瓶颈。2. 成立按照“国际金融公司”模式运营的“大中东金融公司”，向大中型企业提供专业帮助，促进地区商业一体化。3. 按照“欧洲重建和开发银行”的模式建立“大中东发展银行”，为该地区教育、医疗保障和基础设施建设筹集资金，同时促进该地区的金融改革，使其融入全球的金融体系，促进和扩大该地区金融服务自由化。4. 消除该地区非关税壁垒，建立贸易中心以促进区域内贸易，支持大中东国家加入世界贸易组织以促进该地区与区域外国家的贸易自由化，建立专门的“商业孵化区”以鼓励在产品设计、生产和营销等方面的合作。5. 建立“中东经济机遇论坛”，依照松散的“亚太经合组织”的模式运作，作为“八国集团”和“大中东”的高官及其他精英共同讨论经济改革问题的舞台。②

从“大中东计划”的内容来看，美国力图通过在政治、经

---

① http://www.ciel.usj.edu.lb/observatoire/dictators/gme_initiative_usa_en.pdf, U.S. Working Paper for G—8 Sherpas, pp. 4—5.

② http://www.ciel.usj.edu.lb/observatoire/dictators/gme_initiative_usa_en.pdf, U.S. Working Paper For G—8 Sherpas, pp. 5—7.

济和文化等领域加大对“大中东”国家的援助和投入，推动“大中东”国家的全面“进步”，从而消除恐怖主义的深层次根源。这充分表明，美国实际上也认识到消除恐怖主义是一项长期的改造工程，需要进行全面的社会综合治理。因此，“大中东计划”是美国在单纯的军事行动已经无法满足反恐需要的情况下，推出的一个更高层次的反恐战略。尽管“大中东计划”的重点和目标是按照美国的政治、经济和社会发展模式来改造大中东地区，但同时也应该看到，这一计划中有关推动社会经济文化发展的内容，比纯粹的军事反恐更具有现实意义，更符合全面深入反恐的根本要求。这些政策的实际效果以及美国实施这些政策的决心还存在许多不确定性，但是“大中东计划”在相当程度上反映了美国在军事反恐之外的另一个反恐战略向度。

二、“大中东计划”：美国回归多边外交的开端

苏联解体后，国际力量格局严重失衡。“美国强大的军事力量、雄厚的经济实力和巨大的政治影响力所造就的地位”，使美国享受着世界上唯一超级大国的“待遇”，“在世界上拥有无与伦比和前所未有的实力和影响力”。[①] 冷战后国际格局的历史性变化以及美国超强的实力地位，为美国“称霸世界”创造了难得的历史条件和战略机遇，增加了美国实现“称霸世界”这一战略目

① The White House, *The National Security Strategy of the United States of America*, September 20, 2002, p. 1.

标的可能性。这反过来又对美国外交战略产生了深刻影响。美国开始致力于建立后冷战时代的“世界新秩序”以及确立美国的“世界领袖”地位，美国外交的霸权主义特征和强权倾向日益突出。

“9·11”恐怖袭击事件打破了美国本土的安全神话，同时也为新保守派“先发制人”的国家安全战略提供了强有力的现实根据。“9·11”事件之后，反恐成为美国外交的重中之重。在反恐的旗帜下，新保守主义所秉持的外交理念获得了一定意义上的合法性，美国的单边主义外交政策披上了反恐的外衣在世界上大行其道，通过反恐战争积极谋求各种战略利益，甚至毫不顾及传统盟国的利益：从否定“京都议定书”到退出“反导条约”，从提出“邪恶轴心”到推出“先发制人”战略，从对欧洲安全的主导到对全球战略要地的军事渗透，等等。

布什政府的单边主义外交政策路线严重影响了美国—欧洲的关系，尤其是在伊拉克战争问题上美国与法德之间出现了严重分歧，但美国对这些分歧采取了极为傲慢的态度和行动。2003 年 3 月，布什政府绕开联合国发动伊拉克战争，更是让美欧关系雪上加霜，美欧关系中出现了一系列“裂痕”：伊拉克战争的合法性、伊拉克战争中的领导权（是美国还是联合国）、伊拉克战后重建以及联军撤军问题、伊拉克战后利益分配等，所有这些将美欧关系推向前所未有的“低谷”。

伊拉克战争之后，美欧双方都力图修复受到损伤的战略关系。美国在一定程度上调整了单边主义外交政策路线，这一点在“大中东计划”的酝酿和形成上得到了充分的证明。2003 年 11 月 6 日，布什在美国民主基金会成立 20 周年纪念会上表示美国决心在整个中东地区推行既定的“民主化”战略，提出了

"促进自由战略"，要在未来几十年内"致力于中东民主进程"。[①] 美国在提出这一战略设想之后，布什政府高层频繁穿梭于阿拉伯国家与欧洲盟国之间，试探各方反应，广泛听取意见，并将这些意见和反应吸收，对美国的"大中东计划"作出相应的调整。对于仍处于单边主义主导下并刚刚在军事上取得伊拉克战争胜利的美国来说，能做到这一点已经极为难得。

而且，美国还积极通过多边机制来实施"大中东计划"。2004年6月，布什政府将"大中东计划"提交西方八国集团首脑会议讨论，并将该计划正式定名为"泛中东和北非伙伴关系计划"。美国在积极谋求西方盟国的支持与合作的同时，还与大中东国家建立对话机制，倡导建立一个"未来论坛"，为各方提供对话的平台，共同商讨"大中东和北非伙伴关系计划"的实施，并在伙伴关系的框架下加强和扩展业已存在的单独或集体协议。[②] 应该注意的是，美国的这些政策行动在很大程度上是为了修复受损的美欧关系，甚至存在与欧洲争夺中东事务主导权的考虑。[③] 而且，这些政策和行动大多只是一种外交上的姿态，对美国外交政策并不具有实质性影响。

但是，在单边主义仍然主导美国外交政策的情况下，美国的这些象征性的政策行动具有特殊的意义，它表明了美国对国际多边合作的一种立场和态度，同时也为美国外交政策路线从单边主义向多边合作的回摆作好了铺垫。从这种意义上看，"大中东计划"开启了美国外交向多边主义回归的进程。

---

① President Bush Discusses Freedom in Iraq and Middle East，http：//whitehouse. gov/news/releases/2003/11/20031106－2. html.

② http：//whitehouse. gov/news/releases/2004/06/20040609－30. html.

③ 郭宪纲："美欧博弈中东'民主化'及其影响"，《国际问题研究》2005年第4期，第22—24页。

三、"大中东计划"：美国民主改造战略的"终结者"

美国历来认为自己是"上帝的选民"，肩负着教化世界的使命，领导世界走向民主自由是美国的一项神圣职责。"承担对自由的义务是美国的传统。这一点是我们立国时的宣言，并在罗斯福的四项自由、杜鲁门主义和里根对邪恶帝国的挑战中得到确认。"[①] 美国一直致力于推动世界的民主化进程，民主外交成为美国实现国家利益的一个重要手段。但是，需要指出的是，美国以往在推动世界民主化进程方面大多采取避实就虚的做法，往往是做得多、说得少，或者只是笼统地提出一些原则和战略。"大中东计划"是美国公开提出的系统的民主改造计划，并制定了一系列配套政策措施。

布什政府之所以敢冒天下之大不韪，公开制定全面改造大中东地区的计划，并在世界上公开地大肆推销，是"9·11"事件之后美国国内政治和国际形势相互作用的结果。一方面是由于冷战后美国唯一超级大国的实力地位，加上"9·11"事件后美国通过反恐获得了极为有利的战略态势，美国对中东的控制达到了二战以来的最高水平，美国在中东处于其他大国难以挑战的绝对优势地位。另一方面则是因为美国新保守主义极力推动。2001年1月，小布什上台执政，以新保守派为代表的美国右翼政治势力直接参与制定美国国家安全战略和外交政策，新保守主义也随

① President Bush Announces Major Combat Operations in Iraq Have Ended, May 1, 2003, http://www.whitehouse.gov/news/releases/2003/05/20030501-15.html.

之成为左右布什政府外交政策的主导思想。美国新保守派主要代表人物理查德·珀尔（Richard Perle）曾公开声称，“布什正沿着新保守主义的理念前进”，威廉·克里斯托尔也认为布什的外交政策“基本上就是新保守派的政策”。[①] 美国新保守主义将推广自由、民主价值观作为美国外交的根本任务，强调意识形态因素在外交中的地位，并认为自由、民主必须依靠武力才能得以维持与推广，美国超强的实力地位既是美国在世界上捍卫和推广自由和民主的坚实基础，又是美国必须承担这一不可推卸的神圣使命的理由。这一理论导致国家关系道德化、对外战略意识形态化、外交政策军事化。

美国“大中东计划”的出台还与布什政府对恐怖主义及其根源的认识密切相关。“9·11”事件之后，反恐成为美国外交的重中之重。布什政府认为，伊斯兰世界的宗教极端思想与专制主义是导致恐怖主义的根源，中东伊斯兰国家的专制、贫困和落后则是恐怖主义滋生的温床。在美国看来，由于中东国家大多实行君主制或威权政府体制，其内部的反对意见无法得到正常表达，反而被极端主义分子和恐怖主义分子利用，造成了伊斯兰世界愈演愈烈的反美情绪。因此，新保守主义把推进民主当作解决恐怖主义的根本途径。“美国在过去的60年中，一直容忍中东国家缺乏民主和自由，由于没有民主和自由，中东地区的社会发展停滞、充满怨恨和暴力，最终成为美国安全的首要隐患。”[②] “我们必须放弃实施了几十年的失败的中东政策：美国为了保持中东的稳定，对压迫作出妥协，容忍中东国家统治集团的错误。这种妥协

① Steven Hurst, “Myths of Neo-conservatism: George W. Bush's ‘Neo-conservative’ Foreign Policy Revisited,” *International Political*, Vol. 42, No. 1, March 2005, pp. 75—76.

② *Washington Post*, Dec 30, 2002.

并没有带来稳定和安全，而是为各种问题和主张暴力的意识形态的发展提供了时间。”[①]

随着阿富汗战争与伊拉克战争等大规模军事行动的结束，布什政府认为，反恐已经进入一个新的发展阶段，反恐的重心应该从军事行动转向“民主化”，在全世界实现“民主”才是保证美国国家安全、消除恐怖主义的最有效措施。2003 年 5 月 1 日，布什在宣布伊拉克战事结束的讲话中明确指出，“推广自由无疑是消除世界恐怖主义诉求的最佳战略”。[②]“美国政府的目标就是建立一个由在国内能满足民众需要、在国际社会负责任的治理良好的民主国家组成的世界。这是为美国人民提供持久安全的最好办法。”“美国的政策就是以消除世界上的暴政为最终目标，在世界所有国家和文化中寻求并支持民主运动和民主制度。”[③] 可见，布什政府实际上将“民主化”融入到美国的全球反恐战略之中，推广民主与民主改造成为美国反恐战略的重要内容。

由于大多数伊斯兰世界国家实行的是一个政党、一个家族或一个领袖的威权主义政治体制，有 6 个君主制国家、7 个“专政”国家。一些穆斯林和伊斯兰运动的领袖们强烈反对西方式的民主和议会制政府。埃及、沙特、巴基斯坦等对美国具有重要战略利益的伊斯兰国家，在政治上也大多不符合美国的标准：专制、独裁、不民主、缺乏人权等。美国要实行民主改造伊斯兰世

① President Bush Discusses Iraq Policy at Whitehall Palace, London, November 19, 2003, http://www.whitehouse.gov/news/releases/2003/11/20031119－1.html.

② President Bush Announces Major Combat Operations in Iraq Have Ended, May 1, 2003, http://www.whitehouse.gov/news/releases/2003/05/20030501－15.html.

③ The White House, *The National Security Strategy of the United States of America*, March, 2006, p.1.

界的计划，不得不对这些国家施加影响和压力以迫使其作出变革，并根据不同情况采取不同的整治方法。同时，美国也利用经济手段作为推动民主改造伊斯兰世界的重要手段，以经济援助换取民主改革，通过向有关国家提供财政支持和经济援助，促使它们自发改革。美国每年向阿拉伯国家提供 10 亿美元以上的经济援助用于民主化改造。

“9·11”事件后美国的反恐战争主要针对伊斯兰世界的战略指向，引起了伊斯兰世界的强烈不满，伊拉克战争进一步激化了伊斯兰世界的反美情绪，“大中东计划”导致这种反美情绪从社会民众心理上升到伊斯兰国家政府与美国之间的矛盾，更加直接地影响到美国在伊斯兰世界的地位和利益。就实际情形看，美国民主改造伊斯兰世界的“大中东计划”一出台，就引起有关国家的高度警惕，并质疑美国实施这一计划的真实意图，该计划因此遭到有关国家的批评和抵制。伊朗明确反对美国的“大中东计划”。2005 年 2 月，埃及政府宣布推迟原定 3 月在开罗举行的讨论美国“大中东计划”的“八国—阿拉伯国家外长会议”。伊斯兰国家的执政者和普通民众都认为，美国这一软硬兼施的计划是对伊斯兰国家内部事务的干涉。另外，执政者还担心因民主改革而失去权力和地位。他们并非自愿地进行政治、经济和社会改革，而是慑于美国的压力被迫作出一些调整。伊拉克战争后中东局势发生巨大变化，越来越多地牵制了美国的战略资源。因此，“大中东计划”不仅没有取得实质性的成果，还对美国与伊斯兰世界的关系造成了进一步冲击。布什政府“大中东计划”也就不了了之，黯然收场。

美国“大中东计划”的实施及其无果而终的结局，对热衷于民主改造战略的布什政府来说无疑是当头一盆冷水，这一结局也势必对美国的民主改造战略产生深远影响。美国不会放弃其推进世界民主化进程的目标，但在具体手法上必将发生重大转变。“大中东计划”将发挥一种警戒线的角色，使类似计划上升为国家战略的可能性降到最低点，在可预见的将来，美国不太可能重蹈“大中东计划”的覆辙。因此，从某种意义上讲，“大中东计划”是美国公开直接的民主改造战略的“终结者”。

“规范性强权”欧盟：形成、内涵、趋向

盛文沁*

内容提要：“规范性强权”欧盟，是学术界不断寻求欧洲模式特殊性的结果，也是欧盟数十年政策实践的总结提炼。欧盟“规范性强权”主要表现：在内部，欧盟涂抹越来越浓的价值色彩，发挥地区“规范性强权”作用，将价值观与制度模式等纳入欧盟扩大战略；在对外关系中输出欧洲价值；积极参与和塑造国际性和地区性多边合作机制，通过引导制度建设发挥国际影响；在全球性问题上积极参与，谋求设立规范性原则。在欧盟提升其集体军事能力整合和独立防卫的背景下，“规范性强权”遭遇挑战，其未来趋向关键在于欧盟能否持续其优先使用非军事手段解决国际与地区冲突的立场，以及积极贯彻维护全球和平的价值。

* 盛文沁，上海社会科学院欧亚研究所助理研究员，法学博士。

作为一个全球性角色，欧盟是世界第一大经济体与贸易实体。同时，伴随着欧洲一体化的深入，欧盟的集体力量在全球的影响也日益扩大。关于欧盟特性或欧盟国际角色的讨论也伴随着欧盟对外政策的日益完善成为学术关注的焦点。就实践而言，欧盟正在利用其世界最大市场的优势，强化自身对环境、人权、可持续发展等全球议题的规则制定权，逐步朝着一种新型的“规范性强权”方向发展，即用规则、价值观与观念来规范国际政治。然而，新世纪以来，欧盟开始试探军事政策合作与军力提高的可能性，向独立防务建设迈进，其传统上强调的非军事的规范性方式是否会因为其军事层面的发展而弱化，成为围绕欧盟力量特性争论的新焦点。本文拟从理论与实践的角度剖析欧盟“规范性强权”的形成与发展；描述其在对外政策中的具体体现；总结此种“规范性强权”对于欧盟及全球政治的影响；探讨在欧盟强化其集体军事力量整合的背景下，其“规范性强权”特性的未来走向。

一、“规范性强权”欧盟的形成：理论与实践

所谓“规范性强权”欧盟，是学术界不断寻求欧洲模式特殊性的结果，也是欧盟数十年政策实践的总结提炼。

若梳理关于欧洲力量的学术争论，我们会发现，较早阐述欧洲力量问题的是弗朗索瓦·迪歇纳（Francois Duchene）。他于20世纪70年代初提出了欧共体作为“民事强权”（civilian power）的概念。他认为欧洲作为一个国际角色的特殊性，在于其集体政策的性质。换言之，一个行为体在条约和惯例的基础上将国

家间关系“契约化”，从而减少诉诸武力所能得到的利益。对他而言，欧洲对国际政治所做的贡献应当是“在国际问题中导入共同责任意识和契约政治的结构”。[①] 迪歇纳之观点的重要性不在于强调欧共体注定是一个强权，而是他摒弃了传统的权力制衡的国际政治的思维方式，发掘出一种崭新的力量形式，即“观念之上的力量”，以观念来影响世界。随后不久，深谙其观点的特维切特（Twichett）界定了欧共体作为民事力量的具体内容：以经济力量解决国家层面的目标；通过外交合作解决国际层面事务；使用有约束力的多边机制来组织国际体系。[②] 当然，欧洲“民事强权”概念的提出，既是突破传统思维的理论创新，另一方面也是看到了欧洲军事力量相对弱势的现实。由于缺乏像美国那样可以全球部署的军事力量，欧洲国家发挥国际影响力的方式不可避免地受到限制，使用非军事力量成为其选择。迪歇纳即认为，欧洲军事力量的相对弱势是形成其“民事力量”的基础。总而言之，这种通过选择使用不同于惯用的“威斯特伐利亚道路”的方法成为强权的可能性，激起了关于欧洲之国际角色的早期讨论。

20世纪80年代初，英国学派之父赫德利·布尔对欧共体能否成为国际社会中的民事力量提出质疑。在他看来，“民事力量”这一术语本身就存在着悖论，因为没有军事力量便不能称其为一个力量。欧共体要取得与其历史价值和总体地位相称的力量，必须加强核力量与常规军事力量，在欧

① F. Duchene, “The European Community and the Uncertainties of Interdependence,” in M. Kohnstamen and W. Hager, *A Nation Writ Large? Foreign Policy Problems before the European Community*, MacMillan, 1973, p. 20.

② K. Twichett (ed), *Europe and the World: The External Relations of the Common Market*, Saint Martin Press, 1976. pp. 1—2.

共体层面发展防务和合作。[①] 布尔意图使欧共体成员国回归权力政治与地缘政治。这与当时的历史背景有关，20 世纪 80 年代初，由于欧洲导弹的部署，欧洲再一次成为东西冲突的敏感议题。布尔偏向于认为若欧洲发展军事力量，便可以将欧洲大陆中立化。

这一对欧洲地缘政治现实的回归并不持久。随着苏联解体，两极争霸格局瓦解，相互依存的国际关系理论焕发生机；特别是随着欧洲一体化进程的深入，尤其是在《马斯特里赫特条约》签署以后，欧盟作为一个超越了国家间组织的前所未有的共同体参与国际政治的问题日益凸显，因此，关于欧盟力量或国际角色的探讨也步入了一个新阶段。在此阶段，欧盟被视作一个特殊行为体，其内部机制是决定欧盟力量或国际角色之特性的关键。这就突破了早期偏重于从欧洲在两极力量之外发展第三条道路的思维方式。欧盟运行机制对传统的国际政治思维的挑战体现在：欧盟组织具有超国家（super-national）和跨政府（inter-governmental）特性。传统主权观以国界为范围来界定国内与国际领域，但在欧洲一体化的实践中，此一界限已逐渐模糊，以往的国家间安全也被"全球"概念所取代；同时，"安全"概念本身与国家、边界与领土的关联性不如以往紧密，非国家行为体成为新时期安全威胁的主要来源。全球安全本质的变化，使人权价值取代国家安全成为安全政策的关切核心。

尽管如此，很长一段时间内，研究欧盟对外作用更多是从程序性视角入手，强调欧盟机制决定其力量特性，而不是从其本身的内容或是它最终目的的角度。直到 2002 年伊恩·曼纳斯（Ian

① H. Bull, "Civilian Power Europe: A Contradiction in Terms?" *Journal of Common Market Studies*, 21 (2), 1982, pp. 149-164.

Manners）提出了“规范性强权欧盟”（normative power Europe）概念后，这一学术争论方波澜再起。按照曼纳斯（Manners）的观点，形成欧盟国际角色特征的最主要因素不是“欧盟做什么”，而是“欧盟是什么”，即欧盟与以往或现存强权相比的特殊性。[①]欧洲传统强权特别着重在理性的层面上，追求狭义的权力与利益，以及讲究国际体系的权力平衡；相对的，欧盟提倡规范与价值，利益并非其对外行动的唯一目的。曼纳斯将欧盟“规范性力量”的本质特征回溯至欧洲共同体成立的初衷，他认为，这种对规范的偏好与 1950 年以来欧洲政治一体化所遵循的原则相关，这些原则是：和平、自由、保护人权、法治、社会团结、公平、可持续发展等。[②] 在其新近的文章中，曼纳斯还引用让·莫内的话强调这一点。1962 年让·莫内明确宣称：“统一欧洲并不是制造一种新型强权；而是为欧洲进而世界带来变革的方式。欧洲以外的人民因为欧共体之言外之意的缘故，比欧洲人更愿意将它视为潜在的 19 世纪政权。但我们不处在 19 世纪，欧洲人建立欧共体确切的是为了找到一种方法，可以避免 19 世纪哲学所引发的冲突。”[③] 曼纳斯因此开始假设欧盟的特殊性是基于后威斯特伐利亚规范之基础上的。他将关注点从传统的权力手段转移到了超越其上的对欧盟特殊性的评估与阐释，在他看来，欧盟“规范性力量”不是权宜之计，而是其创制意愿。曼纳斯所倡导的极富原

---

① Ian Manners，“Normative Power Europe：A Contradiction in Term?” *Journal of Common Market Studies*，Vol. 40. No. 2，p. 552.

② 曼纳斯关于欧盟独特性或普适性价值的具体阐述可参见宋黎磊：“欧盟特性研究：作为一种规范性力量的欧盟”，《国际论坛》2008 年第 2 期，第 70—71 页。

③ Jean Monnet，“A Ferment of Change,” *Journal of Common Market Studies*，1 (1)，pp. 203－211. Ian Manners，“Normative power Europe reconsidered：beyond the crossroads,” in Helene Sjursen (ed)，*Civilian or Military Power?：European Foreign Policy in Perspective*，Routledge，2007，p. 14.

创性的观点，关键在于理解欧洲的国际角色不能通过与别国的比较来进行，欧盟是区别于民族国家的特殊行为体。这一系列围绕规范性力量的争论，导致了分析路径的改变，从而为重新燃起关于欧盟之力量特性与国际角色的争论提供了一种崭新的研究视角。

从以上对欧盟“民事强权”与“规范性强权”的学术史梳理中，我们可以看出，对欧盟力量特性的探讨，存在着三种不同的解释路径。第一种解释路径是从欧盟对外政策的条件与现实实践出发，欧洲传统上集体军事能力的弱势是形成其“民事力量”的条件，欧洲在全球事务上的责任，是结合多边主义、外交手段优先，民主、法治、社会正义等作为其对外政策的价值。第二种解释路径则从欧盟内部机制入手，其超国家与跨政府的制度与运行机制特性使得欧盟将“安全”的单位从“国家”向非国家行为体转移，主权与领土原则相对弱化。第三种解释路径着重从欧盟的本质入手，将“规范性强权”视为欧盟的目的与意愿。

学者关于欧盟力量的探讨，是试图区分欧洲一体化与其他强权兴起的经验或整合模式，以赋予欧洲特殊性，使得欧洲一体化模式得以成为具有学术价值的研究对象。其效果是为欧盟提供了一套能够建构其身份认同的元素。从实践角度看，“规范性强权”欧盟的发展是欧盟继承欧洲价值传统、避免战争、深化一体化，以及基于自身机制与政策特点等数种因素共同形成的。

首先，欧盟作为人类在政治领域寻求超越现实的产物，本身即是价值理念创新的产物。在欧洲建立超国家的共同体，是二战后欧洲人理性反思民族国家观念所悟出的和平之道。回到 1950 年《舒曼宣言》和 1951 年《巴黎条约》，尽管其内容是经济性质的，但这是在西欧——主要是法德之间——实现和平的长期的具有转型作用的战略。这项战略试图解决由于现代国家利益的泛滥和传统的国家间交往模式造成的“祸端”。传统的国家间交往模式建立在“主权”、“独立”以及冷酷无情地捍卫国家利益的基础上。“欧洲共同体将成为解决国家和国家间交往的负面特性的一剂灵丹妙药；1951年共同体的成立被认为是消除这些负面特性的一个进程的开端。”① 换言之，欧洲人要实现永久和平，始于消解源于欧洲的近代民族国家观念，即：个人不再信仰国家，而是信仰某些平等地适用于每个人的普遍性价值，并用价值约束国家权力。欧洲联盟的理想恢复了这样的政治传统。欧洲一体化进程，极大地丰富了欧盟的价值诉求，使其标榜的“价值共同体”轮廓日渐清晰。《欧盟宪法条约》规定：“联盟以尊重人的尊严，尊重自由、民主、平等和法制以及尊重包括少数人的权力在内的人的权利等价值观为基础。在一个多元化、非歧视、宽容、正义、休戚与共和男女平等为特点的社会里，上述价值观是各成员国的共同价值观。”② 而其他欧洲国家加入欧洲联盟的条件也只有一条：“尊重联盟价值观，并承诺共同发展联盟价值。”2007年底通过的《里斯本条约》也强调欧盟的共同价值和目标，尊重人的尊严、自由、民主和平等，特别是将其纳入《欧盟基本权利宪章》，使之具有法律约束力，保护欧盟公民的政治权利、经济权利和社会权利得到加强。

其次，作为由多个欧洲国家组成的联盟，欧盟具有丰富的规范性力量资源。欧洲许多国家在价值理念、政治经济制度、文化教育、人文艺术等方面都拥有强烈的吸引力。源起于欧洲的基本价值理念如自由、民主等在全世界范围内传播；当代欧洲福利国家的模式，如完善的社会保障与规范的劳动力市场则为许多国家

---

① 约瑟夫·威勒：《欧洲宪政》，程为东等译，中国社会科学出版社，2004年版，第90页。

② 欧共体官方出版局编：《欧洲联盟法典》（第三卷），苏明忠译，国际文化出版公司，2005年版，第6页。

所借鉴；同时，欧洲的许多社会政策，如废除死刑、少数人权利保护以及枪支管理与环境政策都走在世界前列。特别是欧盟努力推动建立公平高效的社会模式，为其规范性力量的成长奠定了坚实基础。新世纪以来，欧盟社会政策愈益从单一的“市场一体化”导向模式发展为“一体化”模式与“基本权利”导向模式并重。① 欧盟所倡导的“欧洲社会模式现代化”在肯定“社会公正”、“社会平等”、“社会团结”与“社会和谐”模式之合理性的基础上，对其进行调整与改革，使其在经济全球化、新技术发展、人口老龄化等挑战面前立于不败之地。这种意欲在公平与效率之间达成平衡的欧洲社会模式对于世界各国的社会政策具有积极影响力，被美国经济学家莱斯特·瑟罗称作为21世纪的世界经济确立规则。② 更重要的是，它体现了积极地认知与承担国家责任的价值观。在欧洲，国家的社会责任提升到福利国家的高度，从此意义上说，欧洲社会模式代表了人类文明与进步的方向。

第三，欧盟一体化发展出成熟的“共同治理”模式，为其“规范性力量”的运用提供了有效可行的制度与方法。作为超国家的共同体，欧盟是各成员国让渡部分主权并相互合作而创立的，它在兼顾集团利益和成员国利益之间进行着艰难的平衡，并逐步构建了多层次、网络状治理的共同治理与协调机制。③ 总体而言，欧盟从其50年的治理经验中发展了诸如多边主义、生态与环境、可持续发展、反对战争和武力等价值观。其治理模式中

---

① 关于欧盟社会政策模式转变，参见 Mark Bell: *Anti-Discrimination Law and the European Union*, Oxford, 2002.

② 莱斯特·瑟罗：《二十一世纪的角逐》，社会科学文献出版社，1999年版。

③ 陈瑞莲：“欧盟国家的区域协调发展：经验与启示”，《政治学研究》2006年第3期。

很好地贯彻了多边协商的民主决策方式。

第四，欧盟在对外关系中以“规范性力量”发挥影响，尤为重视观念与制度输出，的确受制于历史与现实条件。首先，由于缺乏像美国那样可以全球部署的军事力量，欧洲国家发挥国际影响力的方式不可避免地受到限制，使用非军事力量成为其选择。其次，欧盟基于历史经验，对和平与安全问题有独特理解。欧盟对安全理解是全方位的，既看到欧洲大陆及周边的安全，也看到世界其他地区的安全问题对欧洲的潜在威胁，同时也看到全球性现象以及其根本原因。因此，仅凭借武力不可能有效保卫欧洲的安全与利益。欧盟执着于“规范性强权”也在很大程度上受到冷战后国际环境改变的影响：全球化带来的大量跨国行为，打破了民族国家疆域的局限；冷战后欧盟与欧洲国家的战略与安全主题从应对来自东方的军事威胁转向应对不断发展的全球化所带来的挑战，包括恐怖主义、全球环境变化、非法移民以及流行性疾病蔓延等非传统安全问题。[①]

综合而言，“民事强权”与“规范性强权”概念的理论演进与欧盟对外政策合作的实践密切相连，互相影响。当“民事强权”概念在20世纪70年代初被提出时，正值欧洲试图建立“欧洲政治合作”以作为各国外交与安全整合的平台。由于当时欧洲一体化缺乏军事层面协调与军力整合的条件，所以强调非军事措施解决国际冲突的“民事强权”概念正好契合此现实；随着欧盟从最初的经济一体化实体逐步走向政治一体化，在此基础上又发展出涵盖共同安全与外交政策的三大支柱，并在国际问题上引入共同责任感和协议政治，输出欧盟价值观和原则，这些行动与发

① 关于全球化与非传统安全对欧盟对外政策的影响，详见张浚：“欧盟的‘软力量’：欧盟发挥国际影响的方式”，《欧洲研究》2007年第3期，第78—80页。

展促进了学者对欧盟力量特性的思维创新，强调通过价值观念发挥作用的“规范性强权”取代了仍陷于权力政治思维的“民事强权”。学者们的观点与讨论，也同样促进和塑造了欧盟的“规范性强权”身份建构。

二、“规范性强权”欧盟之内涵

从欧盟对外政策看，欧盟建构“规范性力量”身份主要表现在以下几个方面：首先，在内部，欧盟涂抹越来越浓的价值色彩，发挥地区“规范性强权”作用，将价值观与制度模式等纳入欧盟扩大战略，促进入盟申请国规范民主与法治进程，转变制度模式。其次，欧盟在对外关系中输出欧洲价值，并在对外关系中履行欧洲价值与规范性原则。第三，欧盟模式为超国家行为体的运转树立榜样和吸引力，欧盟也积极参与和塑造国际性和地区性多边合作机制，通过引导制度建设发挥国际影响。第四，欧盟在全球性问题上积极参与，谋求设立规范性原则。

（一）内部价值观色彩渐浓，确立地区“规范性强权”

欧共体自诞生之日起，便确立了其国际体系中的秩序性目标，即欧共体是一个在西方自由民主价值观基础上构建的共同体。以人权问题为例。人权对欧洲人来讲，不仅仅是由制度所保证的一种权利，而且已经演化为根深蒂固的价值观和生活态度。1993 年欧盟哥本哈根首脑会议公布的新成员国入盟标准设立民主与人权门槛，要求申请国需具有保障民主、人权、法治及尊重和保护少数民族权利的稳定制度，再次强化了欧盟自身的“民事权力”身份。突出者如土耳其入盟问题。1999 年欧盟将土耳其列为入盟候选国，但此后欧盟委员会在有关报告中都以“政治不合格”为由，不肯启动入盟谈判。欧盟素来诟病土耳其人权记录，迫于压力，土耳其不断做出“改善人权记录”的姿态，如释放政治犯，给予库尔德人受教育权等。至 2004 年底，欧盟方就启动与土耳其进行入盟谈判的条件达成一致。

（二）输出观念、规则和制度成为欧盟对外关系的重要内容

2006 年 6 月，欧盟理事会在关于欧盟外交的一份文件中说，“在全球化的世界中推广欧洲的生活方式”，是欧盟对外关系的重要内容。[①]

欧盟充分使用的政策工具是贸易政策和发展援助政策。2003 年底出台的《欧盟安全战略》文件即强调：“贸易和发展政策能够成为推动改革的有力工具。……我们应该继续保持和加强通过援助计划、附加条件和有针对性的贸易措施来改善治理状况这样一种重要的政策特性。”[②]

欧盟在制定对外贸易政策时，常常将双边贸易当作影响伙伴国内部政策的一个重要渠道，这在欧盟与非洲、加勒比和太平洋国家（简称非加太国家）的贸易关系中表现得十分明显。自 20 世纪 70 年代以来，欧盟与非加太国家的贸易关系是在四期《洛美协定》以及之后的《科特努协定》的框架中发展起来的。[③] 尽管从一开始，《洛美协定》就不是一个纯经济的合作协定，包含

---

① Council of the European Union，10633/1/06 REV 1，Brussels，17 July 2006.

② Europe Council，“A Secure Europe in a Better World：European Security Strategy.”

③ 1975 年 2 月 28 日，非加太集团 46 个成员国与欧洲经济共同体 9 国在多哥首都洛美签订贸易和经纪协定，即《洛美协定》，这是迄今为止最重要的南北合作协定，自 1975 年以来共执行四期。2000 年 6 月 23 日，非加太集团 77 个成员国与欧盟 15 国在贝宁首都科特努签订《非加太地区国家与欧共体及其成员国伙伴关系协定》，即《科特努协定》，于 2003 年 4 月 1 日生效。《洛美协定》则宣告结束。

了大量非经济因素和地缘战略考量，随着冷战趋缓，欧盟在协定中显露出明显的输出欧洲价值与规范的意图。如在 1989 年第四期《洛美协定》中，人权条款正式纳入协定的条约正文中；1995 年《洛美协定》补充议定书中，欧盟将民主与人权问题与援助挂钩。到了签署《科特努协定》之时，贸易与政治议题及发展议题联系在一起。[①] 在双方政治对话中不仅包含了欧盟一贯坚持的民主、人权和良治等内容，还包括了维和、冲突预防以及安全领域的合作。

在处理与不同地区的关系时，欧盟的战略及其政策工具也是不同的。对于那些并不特别依赖于同欧盟的贸易关系的地区，欧盟更多使用援助工具输出其制度与价值，影响受援国的发展道路。如欧盟发展欧中关系时就有意识地利用援助工具来影响中国的内外政策。考察欧盟对华政策，我们会发现，自 20 世纪 90 年代以来，推动、加强和支持中国内部整体改革进程成为欧盟发展援助的主要目标。因此，90 年代以后，欧盟对华援助的领域一是向社会领域倾斜，二是增加了与制度改革有关的内容，如经济体制改革、司法合作、环境保护等。特别是力图推动中国的各项制度与欧盟协调一致，例如，“目前欧盟在中国的知识产权、食品卫生、环保和航空等方面的合作，都是在促进中国采取更多的欧盟的技术标准和规则。对欧盟来说，中国更多地采取欧洲的标准而不是美国标准，就是其利益所在。”[②]

---

① 关于《洛美协定》中人权条款的演进，参见刘超：“欧盟对外协定中人权条款的演进”，《学术界》，总第 127 期（2007.6），第 270—279 页。

② 张浚：“欧盟的‘软力量’：欧盟发挥国际影响的方式”，《欧洲研究》2007 年第 3 期，第 87 页。

（三）欧盟积极参与和塑造国际性和地区性多边合作机制，以引导制度建设来发挥影响力

处理国际关系，解决国际冲突的欧洲模式是以“制度化”和“多边制度建设”为主要内容的。欧盟之所以强调多边主义，是与欧洲一体化进程的经验密切相关的。因为一体化是一个协商性质的多边框架，强调参与方之间的合作与共同利益，而且一体化制度保证了成员国不论大小都能平等参与合作，发挥积极作用。该模式尽管源于欧盟内部制度的限制，在某种程度上也是把欧洲一体化经验“外化”到全球范围。

欧盟在世界各地都大力支持地区性合作，并努力使这些合作机制化。在发展与其他地区和国家关系上，欧盟建立了一种所谓“集团对集团对话”的模式，典型者如亚欧会议。在亚欧会议进程中，欧盟间接地通过推动亚欧会议制度建设对东亚地区发挥影响。作为“非机制化”的合作机制，亚欧会议不是一般意义上的区域间组织，在其框架下进行的主要活动就是在不同领域和不同层次上的定期会议。亚欧会议这种非正式论坛的性质为欧盟所坚持。目前，亚欧成员之间就亚欧会议机制改革问题表现出极大的立场分歧，而欧盟仍强调亚欧会议应是一个对话与交流的渠道。究其原因，应从欧盟关于全球治理的主张入手。事实上，亚欧会议的合作机制与欧盟参与全球治理的基本主张是一致的。“根据欧盟的政策文件，它参与全球治理的主要目的不是要在不同的层次、地域和政策领域中组建各式各样的组织，治理的目标在于创建共同遵守的游戏规则。为了实现这一目标，欧盟一方面希望扩大政策讨论的参与范围、推广共同接受的规范和标准来推动全球层面的规则趋同。另一方面，欧盟又极力推荐不具有强制约束力的合作形式，……使得所有国家都可以根据自己的情况灵活地贯

彻‘共同准则’。”[①] 另外，亚欧会议中的多头参与扩展了欧洲成员发挥其影响的渠道。

简言之，欧盟所提倡的以“制度化”和“多边制度建设”为核心的全球治理的“欧洲模式”首先扬弃了传统的“均势外交”思维定式。欧盟的多边制度框架确立和巩固了成员共同认可和必须遵守的行为规则和价值规范，使得成员对自己利益的看法发生改变，为了实现本国利益而彼此冲突的竞争关系在多边框架下被寻求“共同利益”取代。其次，将“欧洲制度”变成“全球制度”的后果之一是将“欧洲”的利益变成了“共同利益”或“全球利益”，这种追求自身利益的方式迂回而有效。

（四）欧盟正在利用世界最大市场的优势，强化自身对环境、可持续发展、人权等全球议题的话语权和规制制定权

“可持续发展战略”是欧盟发挥其规范影响的重要政策工具。一方面，欧盟承诺自己在可持续发展方面的责任与义务，1997年《阿姆斯特丹条约》提出，可持续发展是欧盟基本发展目标和政策措施；另一方面又将内部环境和劳动力标准及就业战略推向全球层面，利用多边进程，力图使欧洲标准全球化。2000年欧盟颁布欧洲劳动力标准与就业战略，2001年欧委会文件就提出在全球层次上推行劳动力标准。利用规范性贸易协议，欧盟提出建立最低水平的有关竞争、社会、环境及投资行为标准。“1996年欧盟的新加坡提议将政策采购与腐败问题挂钩。在1999年的WTO西雅图会议上，欧盟提出贸易与劳动力标准的四个行动纲领，支持改善劳动力标准，加强WTO与国际劳工组织的合作。

① 张浚：“从亚欧会议进程看发展国际关系的‘欧洲模式’”，《欧洲研究》2006年第1期，第11页。

2000年欧盟在WTO框架内强化贸易与环境之间的关系，提出市场准入的生态标签条件。”①

在重要的全球性问题上，欧盟则是积极推进的先锋，典型者如全球气候变化问题。欧盟在与气候变化作战中是领头羊。自20世纪70年代中叶起，欧盟加入了绝大多数国际环境协定。联合国第一部具有法律约束力的环境立法——《京都议定书》在2005年2月16日生效，这其中欧盟发挥了不可替代的作用。欧盟不仅领跑了发达工业化国家的减排，其2000年的二氧化碳排放量仅比1990年增加1.5%，欧盟15国于2002年5月31日率先批准《京都议定书》；更难得的是，欧盟不仅自身率先减排，还在第六次缔约方大会上与日本、加拿大和澳大利亚等国在森林吸收二氧化碳、违约惩罚机制等方面达成了妥协，促使日本、加拿大和中东欧国家陆续批准了议定书。截至2004年，全世界共有131个国家批准、接受、核准或加入了《京都议定书》，但是这些国家在1990年的二氧化碳排放总量只占全球的44.2%，还不能使议定书生效。在这种情况下，俄罗斯的立场对于《京都议定书》能否顺利生效就显得十分重要了。俄罗斯的二氧化碳排放量占1990年全球排放量的17.4%，对于批准议定书，俄罗斯政府内部阻力重重。最后，欧盟以支持俄罗斯加入WTO的承诺，促使其在2004年11月4日批准了《京都议定书》。

---

① 崔宏伟：“‘规范性强权’欧盟与中欧关系的和谐发展”，《社会科学》2007年第11期，第58页。

三、"规范性强权"建设对欧盟与国际政治的作用

欧盟构建"规范性强权"的国际身份对欧盟自身发展及其在国际社会中发挥重大影响具有不容忽视的显著作用。

首先,"规范性强权"欧盟是欧洲一体化的巨大推动力。构建价值共同体,将欧盟界定为"自由、民主、公正"的集合,体现了欧盟长久以来希冀培育欧洲认同的意愿。欧洲认同被视为加强内部团结,增进共同体凝聚力的有效手段。在共同的经济与货币共同体已基本形成、其目标驱动力减缓的情况下,欧洲一体化深化遭遇停滞,欧盟制宪失败都反映了欧洲认同意识的薄弱。因此,"价值共同体"建设无异于深化一体化的强心针,有效增强了大众对欧盟的归属感。与此同时,以"欧洲社会模式"概念为核心,欧盟已经在福利国家改革的过程中逐步建立了"价值的共同体"和"制度的共同体",从而在社会层面上全面地推进了欧洲一体化进程。

其次,欧盟在"规范性强权"建设与运用上的成就使其成为国际政治经济生活中一支重要力量。

强调维护社会公正、平等与和谐的价值观念在国际舞台上具有重要意义。欧盟强调"公正"、"平等"、"团结"等人类社会普遍接受的基本社会价值作为"欧洲"的"特性",使自己与以美国为代表的"自由放任的资本主义"划清界限,将国际经济竞争与"模式之争"联系起来。而欧盟在一体化过程中形成的治理模式,在差异性的基础上寻求统一性,这在当今更为多样与多元化的世界上,具有非常重要的意义。而在国际政治

领域，欧盟对外关系模式相对于美国的霸权政治，日益显现其优势与吸引力，其在国际事务中的地位与作用大为提高。罗伯特·卡根在其影响巨大的著作《天堂与实力》中，比较了欧美战略文化，指出欧洲战略文化的特点是："强调谈判，重视外交和商业关系；强调国际法，摈弃实力；强调说服，不进行威逼；强调多边主义而不是单边主义。"更重要的是，他将这种战略文化特征并不归于欧洲人对国际关系的传统看法，而是欧洲近代历史的产物。"现代欧洲战略文化……是一种对邪恶的欧洲强权政治的反叛。"欧洲人发明了强权政治，然后又抛弃了它，并发明了维护国际和平的新体制，"这种体制不是建立在均势的基础上，而是建立在'反对实力'和'自我行为约束'上"。[①] 欧盟的多边主义与美国单边主义的外交政策形成鲜明对比，对于抑制后冷战时期单极世界格局的种种弊端，推进国际政治的民主化具有积极意义。

第三，欧盟"规范性力量"运行模式为国际政治贡献了丰富深邃的理论创新与卓有成效的政策工具。

欧盟"规范性力量"特别彰显与传统权力政治运作模式的差异。在重要的国际条约与宣言以及实际对外政策中，欧盟清楚表达其反对传统权力政治的立场。在欧盟对外政策实践中，其所倡议的"可持续性和平"（sustainable peace）概念突出反映其"规范性"立场。欧盟强调，防止国际冲突，应深入了解冲突的原始成因，而非表象的病因。康尼·佩克（Connie Peck）将"可持续性和平"界定为通过提倡关注人类安全与良善治理，提供一种

① 罗伯特·卡根：《天堂与实力：世界新秩序下的美国与欧洲》，新华出版社，2004年版，第85、87页。

预防冲突的长期"结构性"解决方案。[①] 所谓解决方式的的"结构性"，是指经过不断实践建构出的行为习惯模式，才能产生解决紧张局势的内化力量，形成长期性和平的强化作用，以避免未来引发暴力冲突。不同于人道主义干预方式，可持续性和平的内化能量强调冲突各方自发性的力量，而非外部慈善的协助。这一理念获得了国际社会的普遍重视。联合国安理会在 2001 年 6 月的"预防武装冲突"（Prevention of Armed Conflict）报告中，誓言联合国将反应的文化（a culture of reaction）转化为预防的文化（a culture of prevention），并将"可持续性和平"的内涵，包括社会与经济的发展、良善治理、民主化、法治精神、尊重人权等，纳入传统安全的概念中。

四、欧盟"规范性强权"的未来走向

欧盟近年来在军事能力整合和独立防卫建设方面的举动可能成为欧盟"规范性力量"未来走向的重要变数。

《马斯特里赫特条约》将"共同外交与安全政策"纳入欧盟决策的三大支柱以后，欧盟在外交与军事层面的合作开始具备法律基础。1997 年《阿姆斯特丹条约》设立了欧盟对外事务的机制，并将"西欧联盟"（Western European Union，WEU）的彼得堡任务，亦即危机管理、冲突预防与人道救援等纳入欧盟之

① Connie Peck, *Sustainable Peace: The Role of the UN and Regional Organizations in Preventing Conflict*, Lanham, MD: Rowman & Littlefield, 1998, pp. 15-16.

中。在科索沃战争之后的赫尔辛基高峰会议上，欧盟决定强化其防卫机制的建立与军事政策整合。近年来，欧盟更是在数个区域冲突中执行彼得堡任务，并在安全战略、军事机构设置、统一军备采购、整合防务工业等方面为建立独立防务而努力。[①] 欧盟的军事层面受到强化。

欧盟在军事能力方面的整合将“规范性力量”的争论复杂化了。尽管从 20 世纪 80 年代开始，学界已开始争论欧共体如果要成为一个具有重要影响力的国际角色，是否必须具备集体的军事力量。如前文提及 Hedley Bull 即要求发展欧洲共同防务。[②] 但在欧盟“规范性力量”已被视为欧盟价值之体现，以及其实践与机制之产物的情况下，当前主要争论的焦点是：军事力量是否成为影响欧盟身份认同的变数？换言之，军事力量的集体化是否削弱了欧盟力量的“规范性”维度？

在主张欧盟“规范性”维度受到影响的学者当中，有些从欧盟机制之本质的转变来探讨，认为欧洲国家在具有高度主权意义的安全与防卫政策领域的合作，很容易被视为朝向一个类似主权国家的方向发展，从而削弱其“规范性力量”特色。另一些学者则从权力手段转变的角度，认为如果欧盟将军事武力的干预优先于非军事手段的使用，以作为解决国际争端的方法，则欧盟的“规范性”维度将受到威胁。Ian Manners 认为，原本欧盟主张“可持续性和平”，寻求在短期问题解决与长期结构性解决方式之间的平衡，但这种平衡在过去数年间已经失衡，欧盟开始更倾向于使用军事手段解决冲突。他详细阐述了

---

① 关于欧盟在建立独立防务方面的具体举措，详见王湘穗：“欧洲的独立防务：行动与趋向”，《欧洲研究》2007 年第 2 期，第 32—35 页。

② Hedley Bull, “Civilian Power Europe: A Contradiction in Terms,” *Journal of Common Marker Studies*, 21 (2), 1982.

这一倾向的三个体现：1. 欧盟不断提升其军事政策与能力的整合，这将使其易于偏好使用武力达成目标，而缺乏耐心进行长期结构性方式，如冲突预防与和平转型。2. 在执行和平“维护”（keeping）任务中使用军事人员，尤其是针对游击战和恐怖行动时，容易使得任务性质偏离，变成和平“制造”（making），欧盟对军事手段更为依赖。3. 欧盟以往参与解决国际冲突，多注重由非军事人员所主导的人道任务，但其近期在阿富汗和伊拉克的实践显示，当前的战后国家重建工作综合了军事、政治与人道的任务，因此欧盟倾向于更为快速有效的军事手段，如此势将侵蚀欧盟的“规范性”形象。在此，Manners 以欧盟对外政策的实践作为判断欧盟“规范性”维度是否受到影响的标准：如果欧盟坚持使用“可持续性和平”的规范性手段，则其尚得以维持“规范性力量”身份；如果欧盟积极进行具有军事意味的任务，则它将失去其规范性特质。[①] 但持不同意见者认为，欧盟军事政策的整合并不意味着它“规范性力量”性质有所减损。相反，协同的安全与防卫政策有助于欧盟在全球担任“规范性力量”，成为对外推动民主原则的动力。如 Stelios Stavridis 即强调，欧盟的“规范性”维度着重于目的，而非手段，因此如果军事手段能够协助欧盟扩大在人权与民主化方面的影响力，则军事政策的整合反而强化了“规范性”，而非弱化。[②]

对于“军事”维度与“规范性”维度是冲突还是互补的争

---

① Ian Manners, “Normative power Europe reconsidered: beyond the crossroads,” in Helene Sjursen (ed), *Civilian or Military Power: European Foreign Policy in Perspective*, Routledge, p. 26.

② Stelios Stavridis, “‘Militarising’ the EU: The Concept of Civilian Power Europe Revisited,” *The International Spectator*, Vol. 36, No. 4, pp. 43－50.

议关键点，在于“规范性”目的与“规范性”手段能否分离，即达成“规范性”目的是否只能使用“规范性”手段。主张欧盟在集体军事力量上的强化将侵蚀其“规范性”身份的学者认为，所谓的“规范性”特质本身就意味着非军事的含义，因此任何军事性的渗透，皆会破坏“规范性”本质，而且使用军事力量必定将欧盟的对外政策模式引导至传统的权力政治模式，从而威胁欧盟在半个世纪内建立的身份认同。相反，主张欧盟“规范性”特质不受影响的学者则强调，欧盟建立在其内化的基本价值之上的行为习惯，将因集体军事能力的提升，获得更为有效的对外政策工具；欧盟的“规范性力量”身份，不会因为使用强制性工具而弱化，反而因为同时具备非利益考量的道德目标与达成目标的有力工具而得到强化。Helene Sjursen 对非军事手段的强制特性的揭示为“不受影响”派提供了另一角度的支持。她指出，单纯地强调“规范性”手段是构成“规范性力量”的必要条件，容易忽略这些手段并不必然是非强制性的。她举了经济制裁的例子，说明非军事手段可能造成严重的伤害。①

事实上，未来欧盟“规范性力量”的国际身份认同是否受到安全与军事政策整合的挑战，关键因素不在于欧盟是否朝向更为紧密合作的军事政策，也不在于欧盟逐渐具备的集体军事能力，而是欧盟能否持续其优先使用非军事手段以解决国际与地区冲突的立场，以及积极贯彻维护全球和平的价值。而为了符合欧盟“规范性力量”的身份认同，未来欧盟的军事政策与

① Helene Sjursen, “The EU as a ‘Normative Power’: how can this be,” in Helene Sjursen (ed), *Civilian or Military Power: European Foreign Policy in Perspective*, Routledge, pp. 67－81.

任务必须在多边机制的架构下运行；欧盟的军事行动也须具备合法性，包括由联合国授权任务；在军事任务的性质方面，军事手段或可作为欧盟非军事手段的后盾，但欧盟仍应主要使用非军事手段。

中国的新安全问题

试析美国战略界对美中经济关系的评估

黄仁伟　陈　锴*

内容提要：2008年，美中经济关系再度成为美国战略界关注的焦点，其中“红队”和“蓝队”的观点交锋最为抢眼。双方基本认同中国崛起的历史趋势和美中共同利益的现实存在，主要分歧在于美中共同利益是否会长期稳定地延续下去。从这个角度来看，美国战略界对美中经济关系的战略评估焦点是美中共同利益的前景，有关人民币汇率和美中贸易逆差等问题的讨论实质上是美中共同利益讨论的延续。

2008年，随着中国经济发展和国际影响力的提升，以及在美国大选和华尔街金融危机的进一步影响之下，美中经济再度成为美国战略界关注的焦点。为此，美国战略界的众多智囊、学者

* 黄仁伟，上海社会科学院副院长，研究员；陈锴，上海社会科学院世界经济研究所博士研究生。

和官员就美中经济关系阐发了各自的观点，其中以“红队”和“蓝队”的观点交锋最为抢眼。双方均认同中国崛起的历史趋势和美中共同利益的现实存在，其主要分歧在于美中共同利益是否会长期稳定地延续下去。持悲观态度的“蓝队”认为，美中共同利益难以持续，中国崛起迟早会对美国构成威胁；持乐观态度的“红队”则认为美中共同利益存在很大的发展潜力，避免冲突和对抗才符合两国的最大利益，美国应当采取积极行动维护美中共同利益的发展。从这个角度来看，美国战略界对美中经济关系的战略评估焦点是美中共同利益的前景，有关人民币汇率和美中贸易逆差等问题的讨论实质上是美中共同利益讨论的延续。

一、美中经济的共同利益

美中经济的共同利益是否会长期稳定地持续下去？这是美国战略界最为关注的议题。“蓝队”试图通过对话说服中国改变经济政策，特别是在贸易逆差、人民币汇率、知识产权保护、市场准入等领域不断做出让步。事实证明，中国是不可能完全按照美国的意愿行事的，因此许多“蓝队”学者在不切实际的期望落空之后，往往对美中经济的共同利益持悲观论调。“红队”则认为，美中两国不仅在经济上实现了高度的相互依存，而且面临许多共同威胁，两国冲突或对抗的机会成本已经超出了彼此所能承受的极限。

在 2008 年 8 月 7 日于曼谷发表的公开演说中，美国总统乔治·布什不仅明显倾向于“红队”对美中共同利益的论断，更将“蓝队”在美中经济关系上的消极立场视为“经济孤立主义”。布什强调，“经济孤立主义根本不能代表美国人民的利益。亚太地区长久和平与繁荣离不开美中两国的共同努力。”[①] 作为倡导美中共同利益的中坚分子，美国财政部长亨利·保尔森在美国《外交》双月刊 2008 年 9/10 月号上发表了名为《战略经济合作：增进美中关系》的文章，呼吁继续增进美中共同利益。保尔森在文中强调，假如美中两国在未来能够构建一个成功的战略性经济关系，那么美国民众便不必担心中国的经济崛起，反而会将中国的崛起视为一个增进两国共同利益的良机。例如，美中两国在能源领域拥有非常多的共同利益。作为全球的石油进口大国，美中两国需要共同应对能源安全问题与市场动荡。美国真正需要担心的问题在于，如果中国的经济发展出现问题，势必会殃及美国的经济发展。[②]

身为“蓝队”的干将，芝加哥大学教授约翰·米尔斯海默对美中共同利益的前景始终表示疑虑。约翰·米尔斯海默在《中国安全》2008 年春季号上撰文指出：回顾历史，大国在崛起阶段往往会与其他大国发生战争。历史经验是否意味着崛起中的中国必定要给全球带来强烈的冲击？中国是否必将与邻国或美国开战？对此，约翰·米尔斯海默的答案是：“实力日益增强的中国不仅会成为亚洲最强大的国家，还会效法美国支配西半球的方式来主导亚洲事务，绝不会像 1931—1942 年的日本那样用武力谋求亚洲的地区霸权。值得注意的是，中国很可能想逐步蚕食美国在亚洲的战略存在，就如同美国当年蚕食欧洲强国在西半球的战

---

① George W. Bush，“China can Decide which Course it will Follow,” *Vital Speeches of the Day*，September 2008，pp. 387—389.

② Henry M. Paulson，A Strategic Economic Engagement. Foreign Affairs，Sep/Oct 2008，pp. 59—70.

略存在一样。”[①]

从某种程度来看，一贯坚持“中国威胁论”的约翰·米尔斯海默对于美中共同利益的判断似乎开始转向“中国不确定论”。对此，米尔斯海默本人的解释是：在缺乏超国家级权威机构的现实世界中，美国根本无法确定其他国家的真实战略意图。对美国而言，最好的战略选择就是控制与美国利益相关的周边地区，确保其他任何一个强国都无法成为地区霸权。因此，就不难理解美国为什么积极地谋求西半球的霸权，竭力遏制任何试图谋求欧洲或亚洲霸权的国家。照米尔斯海默的逻辑推究，尽管美国和中国之间爆发战争并非不可避免，但是美国势必会全力阻止中国谋求亚洲霸权。换言之，就是将崛起的中国限定为一个亚洲区域大国。

美国企业研究所亚洲问题资深研究员卜大年支持约翰·米尔斯海默的观点。卜大年表示，“假使中国成功地消除了美国在亚洲的影响，那么谁来维护地区和平？谁来应对未来的人道主义灾难？谁来协助亚洲国家反击恐怖主义？谁来防止亚洲地区的核扩散？……任何一个亚洲国家都无法保证中国会像美国那样去全力维护亚洲地区的和平与稳定。”[②] 美国战略与国际问题研究中心的约翰·哈姆雷则表示，尽管中国强调其普遍存在的贫穷问题和诸多不足，但中国始终相信自己的实力。中国会继续沿着当前的发展路径前进，通过大力推动经济发展和转变经济增长方式来增强国家实力。

针对“蓝队”的“中国不确定论”，苏黎世金融服务集团全

---

① John Mearsheimer, “Rivalry in the Offing,” *China Security*, Vol. 4, No. 2, Spring 2008, p. 9.

② Dan Blumenthal, “Positioning,” *China Security*, Vol. 4, No. 2, Spring 2008, pp. 19—20.

球首席经济学家戴维·黑尔与中国在线首席执行官尧丽玲认为，中国完全有理由拒绝美国有关人民币升值的要求，但中国最终还是朝着美国预期的方向加快了汇率调整。人民币升值对中国经济政策的影响远胜于对中美贸易顺差的影响。早在过去的30年里，中国就开始准备融入全球经济之中。无论中国在融入全球经济体系之前经历了多少次经济改革，其中许多经济成本最终都要由国际社会共同承担。中国融入全球经济体系的成败关系到全球每个国家的切身利益，美国以保护自身利益为出发点的单边政策是缺乏战略眼光的。

普林斯顿大学教授约翰·伊肯伯里在美国《外交》双月刊2008年1/2月号上撰文指出："尽管美国的全球领导可能趋于衰落，但21世纪的美国依然具备主导国际体系的实力。中国的崛起已成事实，以何种适宜的国际秩序接纳中国正是美国的当务之急。"[①] 约翰·伊肯伯里继而指出，中国崛起并不一定会引发美中之间的权力转移。即使美中之间会发生权力转移，其转移方式势必与以往的权力转移方式大不相同。这是因为中国所面对的国际体系与以往的国际体系存在实质性的区别。中国面对的不仅仅是美国，而是以西方国家为主导的国际体系。与此同时，核武器的存在制约了大国的战略决策：崛起中的大国绝不会贸然使用核武器来对抗现存的国际体系，趋于衰落的霸权国亦不会断然使用核武器来打击其未来的潜在对手。对于崛起的中国来说，挑战国际体系的成本远远大于融入该体系所付出的代价。因此，约翰·伊肯伯里认为："美国的单极时刻终将结束。如果把21世纪之争定义为美中之间的竞争，那么中国是具有优势的。如果把21世

① G. John Ikenberry, "The Rise of China & the Future of the West," *Foreign Affairs*, Jan/Feb 2008, p. 37.

纪之争定义为中国与复兴的西方体系之间的竞争，那么西方将取得胜利。”① 卡内基国际和平基金会中国项目主任包道格对此表示赞同。包道格认为：“在美国的相对实力还没有衰弱之前，应立即采取行动建立保护和推动共同利益的构架。美国的下届总统要把他的重点清楚和尽早地告诉中国，展望美中建设性合作的前景。新一届美国政府要继续表示希望中国在国际体制里扮演负责任的利益攸关方的角色。”②

部分“红队”学者认为“蓝队”无视中国力量的实际增长，特别是在经济和知识领域的快速发展，仍然继续教条地评估中国的力量。他们进一步指出，中国客观上尚不具备挑战美国的实力，美国无需将中国视为未来的假想敌。例如，哈佛大学教授约瑟夫·奈认为：“中国经济年平均增长率达到10%，是世界第四大经济体，但其人均收入仅为美国的1/25。如果美国和中国按照当前的速度发展下去，那么30年内中国经济总量很有可能超过美国，但美国的人均收入仍然是中国的4倍多。”③ 约翰·霍普金斯大学教授戴维·兰普顿也认为，一个国家的软权力不仅涵盖经济和意识形态方面的力量，还包含该国在知识、文化、精神、领导艺术、创新和立法等方面的力量。中国不仅是全球吸引外国直接投资最多的国家，而且拥有高速的经济增长速度和庞大的国内市场，中国在经济层面的软权力的确增长迅速。但是，如果从软权力的其他层面来看，中国尚未拥有与其经济实力相称的

① G. John Ikenberry, “The Rise of China & the Future of the West,” *Foreign Affairs*, Jan/Feb 2008, p. 24.

② Douglas H. Paal, “Asia-Shaping the Future,” Carnegie Endowment for International Peace, *Policy Brief*, June 2008, p. 4.

③ Joseph S. Nye, Jr., “The Rise of Uncertainty,” *China Security*, Vol. 4, No. 2, Spring 2008, pp. 11—12.

软权力。对外部世界而言，中国的力量往往意味着大规模的经济增长，而且经常随之出现无意的溢出效应，而这种印象正是中国的忧患所在。虽然中国制定国内政策和外交政策的初衷并不是恶意的，但这些政策却总是造成有害的影响。对那些试图抨击中国的国家来说，中国善意的初衷并不能解决问题。因此，美中合作应主要着眼于减少造成这种无意溢出效应的原因以及由此产生的后果。

二、人民币升值

自 2005 年中国启动汇改以来，人民币对美元汇率累计升值超过 20%，目前中国仍在进一步推进人民币汇率形成机制改革。美国战略界在人民币升值问题上的分歧实质上源于各自对于美中共同利益前景的判断。持悲观态度的“蓝队”认为中国不会放弃挑战美国霸权的机遇，美中共同利益缺乏可持续性。因此，“蓝队”夸大了中国对美国的经济威胁程度，强调美中贸易逆差扩大的原因在于中国低估了人民币币值，由此导致中国的出口产品在国际市场上形成不合理的价格优势，从而造成美国对华巨额贸易赤字并抑制了美国经济的增长。不过，在人民币应该采取怎样的升值方式这一问题上，“蓝队”内部存在分歧，部分“蓝队”学者主张以稳健的方式提升人民币汇率。相比之下，持乐观态度的“红队”学者则认为美中经济的共同利益远大于分歧，应当从长远角度看待人民币升值问题，同时尽量避免使相互依存的美中经济关系陷入不必要的紧张氛围。

哈佛大学的经济学教授马丁·费尔德斯坦认为：“美国财政部之所以重点对中国施压，试图进一步提升人民币的币值，是为了缓解美元在全球贸易中面临的巨大压力。事实上，保持美元强势对美国大众更有利，因为美国的消费者可以更低的价格购买所需的商品。”[①] 戴维·黑尔与尧丽玲在美国《外交》双月刊上更为详尽、深入地探讨了人民币继续升值的利弊。黑尔与尧丽玲认为，无论人民币升值的倡导者如何慷慨陈词，人民币升值终究不是解决美中贸易失衡的灵丹妙药。与人民币升值相比，中国的税务改革、企业界与银行业重组、逐步开放资本账户、鼓励国内消费，对于当前中国对美国的贸易顺差的积极影响更为持久可观。如果中国政府对人民币进行不低于20%的大幅度升值，不仅会减少中国的对外出口、增加国内失业，还会迫使资本从中国流向劳动力成本更低的其他新兴市场，中国政府持有的价值数千亿美元的美国财政部债券也会因货币投机和汇率损失而蒙受巨额损失。戴维·黑尔与尧丽玲以美国《1934年购银法案》为例，证明人民币的大幅度升值很可能导致中国通货紧缩、削弱出口乃至大规模的失业。20世纪30年代，美国总统弗兰克林·罗斯福为了增加美国对中国的出口，支持政府出台《1934年购银法案》提升银价。在该法案的负面影响下，当时尚在实行银本位制的中国被迫对货币进行升值，减少了将近60%的出口，中国经济随即陷入了混乱之中，美国增加对中国出口的设想也落空了。

部分“蓝队”学者认为，中国经济高速发展的主要动力是出口，而中国为了保持出口优势刻意地低估了人民币的币值。例如，美国马里兰大学教授彼德·莫里奇不仅主张人民币应该继续大幅度升值，还建议美国财政部在人民币问题上应该采取更强硬的施压措施，至少应把中国列为货币操纵国。莫里奇认为，中国

① Martin Feldstein, “The Dollar will fall further,” *The International Economy*, Spring 2008, p. 16.

为了压低本国货币的币值，被迫增加人民币的发行量，用以购买美元。但是，这些多余的流动性资金最终都要以某种形式返回到中国经济当中，从而引发经济过热和通货膨胀等问题。与此同时，中国为了维持出口竞争优势，刻意将人民币币值压低了40%，这是造成美国外贸失衡、债台高筑和工作外流的最主要原因。美国外交关系协会研究员布拉德·塞泽尔则认为，中国的贸易盈余和外汇储备的迅猛增加一方面反映了中国在贸易上的很多比较优势，但同时也反映了中国政府进行政策干预的程度，尤其是在汇率上。因此，塞泽尔表示，中国外汇储备的迅速增加是中国政府进行大量干预造成的。2000 年，中国用整整一年的时间增加了 150 亿美元的外汇储备。现在，中国平均每星期就增加 150 亿美元的外汇储备。在外汇干预的金额和程度上，这都是一个巨大的变化。在二战后的经济史上，我们没有看到过这种规模和程度上的干预。

对于“蓝队”的上述观点，卡内基国际和平基金会的资深研究员盖保德针锋相对地予以反驳。盖保德认为：“许多学者误以为中国经济的发展动力是外部需求（例如出口），事实上中国的经济增长绝大多数由国内经济活动驱动，独立于美国的 GDP 波动和其外贸结构，美国的巨额进口与中国经济增长并不存在必然的联系。此外，中国拥有稳定的由国家支持的金融系统，并以积极开放的态度吸引外国投资。这些因素都是中国经济保持持续快速增长的切实保障。此外，盖保德预计中国的经济将在未来的数十年中持续增长。中国的 GDP 总量将在 2035 年超越美国，并将在 2055 年增长到目前的两倍。”① 美国传统基金会研究员特里·

---

① Albert Keidel, “21st Century Economic Dominance,” *China Security*, Vol. 4, No. 3, Summer 2008, pp. 10—14.

米勒则撰文指出，当前人民币币值的相对低估将给美国经济的总体发展带来双重收益。中国政府购买美元和美国政府发行的债券，巨额的美中贸易逆差有相当一部分流回了美国。与美国的消费者和纳税人相比，中国的出口产品制造商获得的经济收益（加上政府的出口补贴）并不明显。美国既能获得更多的产品和服务，还可以对海外进行更多投资，以便推动美国经济的发展并将失业率保持在较低的水平。值得注意的是，美元的价值是由美国在全球的贸易和投资环境决定的。仅凭人民币的持续升值，并不能有效确保美元在全球范围的贬值。正如美国总统乔治·布什所言："中国要走什么道路只有中国自己才能够决定。中国未来将以自己的方式发生变化，按照其历史与传统发展的轨迹发生变化。"①

三、美中贸易逆差

中国经济在过去30多年的时间里保持了史无前例的高速增长。随著中国对外贸易的日益扩大，中国的贸易盈余也出现了前所未有的快速增加。对此，"红队"认为，美国巨额贸易逆差的主要原因在于美国制造业结构的升级和美国政府一向奉行的过度消费政策。换言之，即使美中贸易逆差大幅度减少，美国的巨额贸易逆差总量也不会出现明显的减少，只是从中国转移到美国的其他贸易伙伴。"蓝队"则普遍认为，中国庞大的外汇储备已经对美国的经济发展（尤其是制造业）构成严重的威胁。"蓝队"

① George W. Bush, "China can Decide which Course it will Follow," *Vital Speeches of the Day*, September 2008, p. 389.

之所以做出这样的结论，是因为他们普遍以冷战思维和霸权逻辑作为考察美中经济关系的出发点，故而对美中共同利益的前景持悲观态度。

美国经济政策研究所经济学家罗伯特·斯考特认为："2001—2007年，美国对中国的巨大贸易逆差导致美国国内230万工人失业。2001—2007年，仅美国的北卡罗来纳州就有79800名工人失业。其中，纺织业的失业情况最为严重，2001—2007年净失业工人高达14336人。美中贸易逆差的增长额占美国全球贸易逆差增长额的1/2以上。美国计算机和电子业的失业人数高达561000（占美国全国失业人数的24.4%），这在很大程度与美中贸易逆差有关。"① 罗伯特·斯考特进一步指出："中国并没有为美国创造就业机会。美国工人的确可以买到廉价的中国商品，但他们近30年里的实际收入并未上升。据预计，印第安纳州有45000名产业工人因中国进口产品的涌入而失业。"② 通用全球产品研发首脑鲍勃·卢兹也对美中贸易逆差持悲观态度，他认为美国商品制造商通过比较，觉得从低工资国家进口商品的成本要低于自己制造时，他们当然会理性地选择进口。这种决定也许有利于消费者，但最终结果是对美国传统制造业基础不可避免的掏空。

摩根士丹利的研究报告显示，美国国内大约400万—800万个就业机会与美中贸易有关。在过去的10年中，物美价廉的中国商品不仅满足了美国消费者的需求，更为美国消费者节省了将

① Terry Miller, "China's Undervalued Currency Benefits Americans," WebMemo, May 8th 2008, The Heritage Foundation, p. 3.

② Terry Miller, "China's Undervalued Currency Benefits Americans," p. 3.

近6000亿美元。[①] 据美中商会对旗下250多家美国企业进行的年度调查显示，2008年83%的美国企业在中国赢得可观的利润，大多数美国企业在中国的投资已经在其全球业务中居于关键地位。[②] 对此，特里·米勒进一步阐释："人民币持续升值的确有利于美国的部分产业，尤其是与中国进口商品存在直接利益冲突的部门。但是，大部分的美国生产商和消费者的利益却会因此受损。中国进口到美国的产品之所以廉价，主要是因为人民币的币值相对较低。如果人民币继续升值，那么美国消费者的购买力也会随之相应地减弱，美国中产阶级和贫困人群受到的负面影响尤为可观。美国国会之所以频繁对中国施压，是源于国内利益集团的压力。为了满足少数美国生产商和利益集团的需求，大多数美国消费者和制造商却要相应付出沉重的代价。"[③]

部分"蓝队"学者认为，中国之所以保持对美国的巨额贸易顺差，是出于隐蔽的政治目的。例如，加利福尼亚大学教授彼德·纳瓦罗推断中国正在利用其外汇储备实现经济战略所无法实现的目标。彼德·纳瓦罗在《基督教科学箴言报》撰文指出："中国的货币政策以牺牲美国就业为代价，推动其出口与国内就业。不仅如此，中国更将其外汇储备作为政治武器。假如美国进一步要求中国在人民币汇率或其他贸易争端中做出让步，就要预先考虑到中国政府是否会因此大量抛售美元储备并停止购买美国债券。此外，中国正大量引进美国的研发、管理精英以及尖端技

① Zhou Wenzhong, "China-U. S. Economic and Trade Relations," *Vital Speeches of the Day*, March 2008, p. 113.

② Barbara Hackman Franklin, "U. S. Trade," *Vital Speeches of the Day*, September 2008, p. 391.

③ Terry Miller, "China's Undervalued Currency Benefits Americans," WebMemo, May 8th 2008, The Heritage Foundation, p. 3.

术，此举将对美国未来的生产力和经济增长造成明显的负面影响。”[①] 对此，美国前劳工部长罗伯特·莱克表示反对：全球经济不是零和游戏，一个国家尽赢，而另一个国家尽输。当中国经济增长时，它也将是我们的商品和服务的更大的市场，它也有可能是我们资本的持续源泉，因为它会买我们的政府债券和持有我们的货币储蓄。尽管我们失去了制造业的工作，但这部分也是进步的结果。因为这些工作大半已经让位给新技术、计算机和电脑控制的机器，这取代了老式的流水线，极大地降低了对劳动力的需要。1900 年，超过 1/3 的美国人在农场工作，现在不到 5％的人在做这样的事。制造业正在遵循这样的模式。同时，我们依然在高智力产品和服务业中领先，比如网络、电脑软件、生物技术、娱乐、市场开发和金融业等等。

拉赫曼认为中国的外汇储备远远超出了其用于国际收支的需要。拉赫曼指出：中国的经常项目顺差在 2007 年达到 3600 亿美元，占其国内生产总值的 11％，几乎是美国 8000 亿美元经常项目赤字的一半。不过，与经常项目顺差相比，中国这些年来积累的外汇储备更令人吃惊。2007 年，中国的外汇储备增加了 4600 亿美元。在 2008 年的头 4 个月，中国的外汇储备增加了 2250 亿美元，估计 2008 年的外汇储备会增加 6000 到 7000 亿美元。目前，中国的外汇储备达到 1.7 万亿美元，相当于中国 20 个月的进口，中国国内生产总值的一半。戴维·黑尔与尧丽玲则认为，“蓝队”过分关注美中双边贸易问题和汇率问题，却未能从全球角度审视美中贸易失衡问题。实际上，尽管中国对美国的贸易顺差持续增加，中国与其他亚洲国家之间却保持着可观的贸易逆

① Peter Navarro, “Sovereign wealth funds: China’s potent economic weapon,” *The Christian Science Monitor*, Boston, Feb 8, 2008, p. 9.

差。2000—2007 年，中国对东亚国家的贸易赤字从 390 亿美元增长至 1300 亿美元，增长了两倍多。同期，中国对美国的贸易顺差从 900 亿美元增至 2500 亿美元，也增长了将近两倍。

对于“蓝队”的悲观论调，参议院外交关系委员会主席约瑟夫·拜登在 2008 年 5 月 15 日的国会听证会上发表了自己的意见：“有人认为美中关系终究会走向冲突和对立，这种大国必然对立的论断明显受到了冷战意识形态的影响。事实证明，用冷战思维来判断 21 世纪的大国关系显然是一种谬误。对于美中两国而言，唯有携手合作才能解决两国共同面临的问题。尽管美中两国在部分问题上存在分歧，但是两国在许多关系到国家核心利益的领域具有共同的利益。事实上，美中两国不仅不会走向冲突和对立，双方的共同利益反而愈加稳固。对于美国的决策者而言，切不可被冷战思维或 19 世纪的大国对抗逻辑所误导。”①

---

① Joseph R. Biden，JR.，U. S. －China Relations，Fdch Congressional Testimony，05/15/2008.

超越"利益攸关方"

——关于建设多层次多领域利益共同体的初步设想

何　曜*

内容提要：相对于中性的"利益攸关方"，"利益共同体"具有更加积极的意义。这个概念是在"安全共同体"的启发下提出来的，但在内涵、理论基础以及实现的具体途径上则有所区别。作为中国的政策选择，无论是实现内部可持续发展的需要还是在外部努力推动建立和谐世界的要求，建立这样一种共同体都具有现实意义。中国可以通过软硬两种力量来推动建立利益共同体。

自2005年美国前副国务卿佐利克提出中国与美国同为当前国际体系的"利益攸关方"以来，这一说法已经逐渐得到了美中

* 何曜，上海社会科学院世界经济研究所国际政治经济学研究室助理研究员。

两国政府和学界主流的认同。[①] 实际上，利益攸关方本意只是指“争议资产托管人”或“赌金保管者”，它只是一种中性概念，并不对涉及的利益相关方相互关系做出积极或消极的评价。实际上，在经济全球化进程进一步发展乃至国家间相互依存日趋紧密的今天，在国际体系中具有重要影响力（尤其是地缘接近）的大国或国家集团之间都是互为利益攸关方的。问题的关键不在于是不是利益攸关，而在于相关各方如何判断和处理这些相互牵扯的利益。例如，美国国务院负责东亚和太平洋事务的副助理国务卿柯庆生曾在美中经济与安全评估委员会 2006 年 8 月举行的听证会上，对总体的中美关系作出了积极评价，但同时他也认为“中国还不是负责任的利益攸关方”。姑且不论他得出结论的依据是否合理，由此可以看出，是否“利益攸关方”并非问题核心，关键在于以何种态度来对待这种切身利益。

自从 20 世纪 50 年代多伊奇以“安全共同体”从学理上描述北大西洋公约组织之后，国际关系领域里不同理论流派的学者（尤其是新自由主义者和建构主义者）对此概念的内涵以及外延进行了大量富有成效的讨论，并试图将其进一步扩展应用到其他地区。[②] 本文所提出的“利益共同体”受此概念启发，在内涵、

---

① 2006 年 4 月胡锦涛主席访美期间，美国总统布什明确提出“中国作为国际制度的利益攸关方，两国有很多战略利益”，（见中新社 2006 年 4 月 20 日电）。国防部长拉姆斯菲尔德访华时，同样使用了“中美关系是攸关利益方”的概念。而胡锦涛在与美国总统布什举行会谈时也强调，中美在维护世界和平、促进共同发展方面拥有广泛而重要的共同战略利益，肩负着共同责任；中美双方不仅是利益攸关方，更应该是建设性合作者。

② Peter J. Kazenstein & Alexander Wendt (eds.), *The Culture of National Security: Norms, and Identity in World Politics*, Columbia University Press, 1996; Emanuel Adler & Michael Barnett (ed.), *Security Communities*, Cambridge University Press, 1998; [加拿大] 阿米塔·阿查亚：《建构安全共同体：东盟与地区秩序》，王正毅、冯怀信译，上海人民出版社，2004 年版。

理论基础以及实现的具体途径上有联系但也有明显区别。从概念的内涵来说，它是指在包括政治、经济、安全、文化以及社会事务等国家交往不同层次上的，以及在这些层次中不同领域里（如经济层次中的金融领域、贸易领域，或社会事务层次中的环保领域、防范大规模疾病流行领域等）基于共同利益而形成的可能既包括国家也包括非国家行为体的一种松散的国际合作形式。而理论基础则同时借鉴了现实主义和建构主义有关国家利益的论述。至于实现的手段，则结合中国的具体情况，通过运用软硬两种力量来推进。

从性质上而言，这种共同体也是国际制度的一种，不过只能算是一种初级的和不太成熟的层次。因为它并不像正式的国际制度那样有固定的章程以及议事程序等，甚至参与其中的行为体都不会定期举行会议，参与形式可以是双边的也可以是多边的。这种合作形式在特定的国家或非国家之间出现共同利益的前提下，在各利益相关方主观上愿意合作，而客观上又有一定的相关方愿意承担组织、推动合作的责任时就会出现，六方会谈是迄今为止比较成功的一个范例。

一、理论基础

提出这一设想的理论基础有两方面，一是现实主义对国家利益的界定。现实主义者强调的是客观条件——国际体系的结构因素——决定了国家利益。摩根索认为“政治家的思想和行动是以权力界定的利益出发的，而历史事实证实了这一假定”；“以权力所界定的利益这一关键概念是普遍适用的客观范畴……利益的观念确实是政治的实质，不受时间和空间环境的影响”；“利益是判断、指导政治行为的唯一永存的标准”。[①] 也就是说，摩根索是通过“权力”这个概念来界定国家利益的，不过他也承认这样的界定不容易确定。不过，可以确定的是，无论是哪个国家也无论在什么时代，生存都是国家利益的基石，这从历史和现实中无所不在的冲突以及战争就可以理解为什么安全问题会成为理论家和实践者们始终关注的焦点。

自从赫茨（John Herz）和巴特菲尔德（Herbert Butterfield）在20世纪50年代首次在学理上用“安全困境”这一概念来概括国家之间的安全关系后，该概念就成为现实主义者思考和分析国际安全问题的基本前提，即：“当国家努力获得安全以免遭到攻击时，国家被迫争取获得更大的权力以免受到他国力量的影响。这又让其他国家感觉不安全，使它们为了准备最坏的局面而增强权力。在这样一种单元相互竞争的世界中，没有任何国家可以完全觉得安全，权力的争夺将接踵而至，安全和权力积累的恶性循环不断出现。”[②] 此后，许多现实主义者围绕着安全困境在国际关系中的作用进行了许多有益的探讨。而此后的新自由制度主义者也承认国际关系中安全困境的客观存在，他们与现实主义者的区别在于他们认为“国家可以通过合作来避免出现这样的安全困境”。[③] 在这一点上，现实主义者内部也有分歧，以米尔斯海默（John Mearsheimer）为代表的进攻性现实主义者认为，“只要国家生活在无政府状态中，就几乎不可能采取任何措施改

---

① ［美］汉斯·摩根索：《国家间政治：权力斗争与和平》，徐昕等译，北京大学出版社，2006年版，第29、35、36页。

② John Herz, “Idealist Internationalism and the Security Dilemma,” *World Politics*, Vol. 2, No. 2 (1950), p. 157.

③ ［美］小约瑟夫·奈：《理解国际冲突：理论与历史》，上海人民出版社，2002年版，第23页。

善安全困境”，[①] 而防御性现实主义者如杰维斯（Robert Jervis）则认为通过合作可以缓解安全困境，[②] 格莱瑟（Charles Glaser）则在杰维斯的基础上更进一步，认为国家间将通过安全合作而非安全对抗来缓解安全困境，即安全困境会在国家间形成难以解决的竞争状态，但并不必然导致冲突状态。[③] 可见，他们虽然对如何解决安全困境有不同的见解，但都认同安全困境在国际关系中是客观存在的。

所以说，要确保国家安全这一基础国家利益，任何国家都不能忽略安全困境。国家利益当然是所有主权国家推行对内对外政策的原动力，但如果不明确特定的利益内涵尤其是实现这种利益的手段和途径，那么这句话就毫无意义。因为国家利益的内涵会随着时代背景的演变而变化，即使是具有同样内涵的国家利益，在不同的时代要确保这些利益也有不同的手段。这样的实例在历史上非常普遍。19 世纪防止沙俄获取君士坦丁堡是英国的重要国家利益，但到了 1915 年在需要共同对德作战的压力下，英国又同意俄国占据君士坦丁堡，而当布尔什维克推翻沙俄政府后，英国又拒绝承认这一协议。所以说冷战的大背景使得绝大部分国家的利益重点都放在确保国家安全方面，在两极对立的恐怖均衡状态下，零和博弈的逻辑无论在政界还是学术界都占据主流地位，这种时代背景决定了以确保安全为归宿的（新）现实主义能得到更多人的认同。

---

① ［美］约翰·米尔斯海默：《大国政治的悲剧》，王义桅、唐小松译，上海人民出版社，2003 年版，第 49 页。

② Robert Jervis，“Cooperation Under the Security Dilemma，” *World Politics*，Vol. 30，No. 2（1978），pp. 167－214.

③ Chales Glaser，“The Security Dilemma Revisited，” *World Politics*，Vol. 50，No. 2（1997），pp. 171－201；“Realists as Optimist：Cooperation as Self-Help，” *International Security*，Vol. 19，No. 1（1994/95），pp. 50－90.

但随着冷战的终结，绝大部分国家的利益重点开始从确保安全逐步转变为同时注重安全与发展。也就是说，由于国家利益的核心逐步从单向度向多维度发展，导致国家的政策行为也需要相应调整以适应新的国际形势，这一转变也促使国际关系学者从20世纪80年代开始从理论上反思现实主义对于国际关系新形势的解释力。无论是新自由主义还是后来崛起的建构主义，正是试图从理论上去理解这种变化，并进而影响国家政策行为。

理论依据的另一方面则借鉴了建构主义关于国际体系中国家利益是在相互交往过程中得以建构的观点。按照费丽莫（Martha Finnemore）的观点，“国家利益是根据国际上公认的规范和理解——什么是善的和合适的——来定义……当国际上公认的规范和价值变化时，它们就引起体系层面上的国家利益和行为的相应转变……国家利益的再定义常常不是外部威胁和国内集团要求的结果，而是由国际共享的规范和价值所塑造的。”[①] 而建构主义者对规范的界定和理性主义者也有差异。现实主义者认为，以规范、规则和决策程序体现的国际制度只不过是各国利益的集中反映，在影响国家行为方面，制度只能起到边缘性的作用。[②] 在这里，现实主义者将行为体身份和利益视为外生和既定的因素，而规范等制度性变量是从属于既定身份和利益的因变量。而新自由主义虽然重视制度性因素的作用，但他们看重的是其对国家行为的约束作用，而不是塑造和建构国家利益的能动作用。[③] 他们

---

① ［美］玛莎·费丽莫：《国际社会中的国家利益》，袁正清译，浙江人民出版社，2001年版，第3页。

② John J. Mearsheimer, “The False Promise of International Institutions,” *International Security*, Vol. 19, No. 3 (Winter 1994/95), pp. 5—49.

③ Robert O. Keohane & Lisa L. Martin, “The Promise of Institutionalist Theory,” *International Security*, Vol. 20, No. 1 (Summer 1995), pp. 39—51.

都是通过实证方法来理解规范对行为的效用，但如克拉托赫维尔（Friedrich V. Kratochwil）这样的建构主义者认为规范是自变量，行为是因变量，规范通过实践塑造行为。[①]

其实，两种理论关于国家利益的论述并非截然对立而是相互补充的。理性主义者看重物质性因素，但同样也重视观念的作用："观念常常是政府政策的重要决定因素。我们的论点是，观念以下述方式影响政策：观念所体现出的原则化或因果性的信念为行为者提供了路线图，使其对目标或目的—手段关系更加清晰；在不存在单一均衡的战略形势下，观念影响战略形势的结果；观念能够嵌入政治制度当中。"[②] 而建构主义者除了强调观念和规范的因果作用，更雄心勃勃地认为"物质性原因是由观念建构的"。[③] 也就是说，规范和观念等非物质性因素不仅建立了行为体对行为的预期，而且重新建构新的国家利益，从而直接影响国家政策行为。[④]

在建构主义者看来，安全困境是社会建构的产物，行为体可以通过社会实践活动改变它们之间的主体间性，从而改变无政府状态性质，使行为体从安全困境中完全摆脱出来，建立起"安全共同体"。实际上，根据阿德勒（Emanuel Adler）以及巴内特（Michael Barnett）的阐述，建立安全共同体的三个阶段中最关

---

① Friedrich V. Kratochwil, *Rules, Norms, and Decisions: On the Conditions of Practical and Legal Reasoning in the International Relations and Domestic Affairs*, Cambridge University Press, 1989.

② ［美］朱迪斯·戈尔斯坦、罗伯特·基欧汉主编：《观念与外交政策：信念、制度与政治变迁》，刘东国、于军译，北京大学出版社，2005年版，第3页。

③ ［美］亚历山大·温特：《国际政治的社会理论》，秦亚青译，上海人民出版社，2000年版，第121页。

④ Jeffrey T. Checkel, "The Constructivist Turn in International Relations Theory," *World Politics*, Vol. 50, No. 2 (1998), pp. 271—272.

键的环节是国家之间大量的交往实践活动，通过充分的物质交换和观念交流，促进国家之间的共同利益，逐步培养起相互信任和集体认同的预期。[①] 需要指出的是，通过阿查亚（Amitav Acharya）对东盟发展历程的分析可以看出，虽然共同价值对于这种共同体的建构是必要的，但这种价值观并非一定是“民主和平论”所鼓吹的自由民主观念。“一种对经济发展、机制安全和政治稳定的共同承诺，能够弥补经济相互依存度不高的缺陷。”[②] 实际上，无论是在这种机制最为成熟的欧盟，还是在新兴的东盟，其内部各国走上相互交往的重要前提还是在于它们存在共同的利益需求，[③] 从这个角度来说，客观性因素仍然是优先于主观性的认知。这一点对于中国在推动建立利益共同体的初始阶段是非常重要的，近十多年来中国与东盟之间关系的实践也证明，双方先在一些具体的共同关切的问题上取得初步一致后，再逐步提升经贸交流和人员交往的水平和层次，互信不断加强后，双方的共同利益也不断扩展，从而走向良性互动。[④]

国家利益在当前的时代背景下固然还包含一些基本要素，如维护领土完整、保持国内稳定不受外国侵略等，但如果国家还把制定内外政策的出发点仅仅停留于此，那只会削弱自身在国际舞台上的竞争力，实际上反而损害了国家利益。在新的国际格局下，应该摈弃传统的零和博弈思维，以更加积极主动的态度去参与和推动更广泛的国际多边合作，通过在不同层次以及其中的不

---

① Emanuel Adler & Michael Barnett (ed.), *Security Communities*, chap. 1.

② 阿米塔·阿查亚：《建构安全共同体：东盟与地区秩序》，第 47 页。

③ 王子昌、郭又新：《国家利益还是地区利益：东盟合作的政治经济学》，世界知识出版社，2005 年版。

④ Kuik Cheng-Chwee, “Multilateralism in China’s ASEAN Policy: Its Evolution, Characteristics, and Aspiration,” *Contemporary Southeast Asia*, Vol. 27, No. 1 (2005).

同领域与利益相关的国家进行合作，在这个互动过程中实现并不断塑造共同利益，这样反过来也能不断推动国家间关系摆脱、或者起码最大限度地缓解传统安全困境的约束，在经过长期的良性互动后才可能为真正实现从建构主义认为的“霍布斯文化”向“康德文化”的提升奠定现实基础。

二、中国的政策选择

从中国的角度而言，为什么需要推动建设这样的一些利益共同体？首先，这与建设和谐世界的总体战略一致，建设和谐世界是一个长期的过程，这个过程就是一个不断发现（创造）并扩大共同利益并尽可能实现利益公平分配的过程。其次，早在中国阐述新安全观时，就已经提出了互信、互利、平等和协作的观点，虽然这只是从解决安全领域问题的角度出发的，但完全可以将这四点推而广之，用以建设这样的利益共同体。第三，从中国自身发展的外部环境来说，目前中国最需要一个稳定的国际环境，尤其是一个稳定的周边环境，而随着中国国力的增强，周边国家和地区受到中国的影响必然也会相应增强。当然，站在这些国家或地区的角度，可能并不一定非常希望看到中国实力的迅猛提升，因此，这种影响力所导致的反应也可能包含积极和消极两种结果。那么，为了维持周边环境的稳定，消除因为中国国力增强对某些（非）国家行为体所带来的消极效应，中国就有必要充分发挥主观能动性，尽量发现（创造）并不断增加共同利益，使它们能从中国实力的增长中得到实实在在的利益，从而最大程度地缓解各种所谓的担忧。关于这一点，中国应有在短期内或是在个别领域里国家利益暂时受到损失的心理准备，这在东南亚金融危机期间也已经有了范例。

从手段上来说，建设这种利益共同体可以通过运用软硬两种力量的途径来实现。硬力量的运用主要是在经济和安全层次，相对而言，经济层次各领域的共同利益更加容易发现（创造）。即使在利益的分配问题上，一般经过充分的谈判协商也比较容易达成各方都能接受的协议，因为国情各不相同的国家对经济利益的衡量标准并不一致，因此不太容易受到在安全层次上广泛困扰各国的安全困境所带来的约束，而且随着中国经济的发展以及和周边国家经济交往的深入，这种共同利益也在不断增加。在经济层次各领域发展利益共同体，对于在其他层次建设利益共同体具有积极的推动效应。由于中国周边国家绝大多数是发展中国家，因而经济发展是其国家战略的首要利益所在，充分挖掘中国具有无限潜力的国内市场是推动经济共同利益深化的关键。

在安全层次上，硬力量的运用则更需要耐心和策略。正如上文所言，安全困境是主权国家体系中的客观存在，无论国家大小和社会制度的差异，都会面临这个问题。从中国周边的安全环境来说，虽然仍然存在一些涉及边界的不确定因素，但最起码在可以预见的未来，相关各国都没有试图通过武力方式来解决这些纠纷的意愿，这就为建立安全利益共同体创造了条件，因为这种利益共同体的基本功能之一就是预防一般的纠纷升级，避免冲突和矛盾的激化。出于最大程度地缓解安全困境造成的约束的目的，在现阶段可以采取的措施主要应该着眼于增进互信，包括军费开支的进一步透明，邀请相关国家参观军演，更多地参与双边和多边的军事合作项目。在现阶段，由于恐怖主义日益成为欧美发达国家国家利益的重大威胁，这在很大程度上为中国加强与这些发达国家的安全合作创造了机会，除了加强相关信息的共享，还可以继续扩大与相关国家在这方面的联合军事演习等合作行动。

软力量更多地运用在政治、文化以及社会事务等层次的不同领域。使他国接受甚至追随中国的观念和制度（最起码能表示理解而不在国际上公开反对）是该战略的根本目标。由于软力量发挥作用更多地是通过文化、思想以及制度这些无形的渠道，这是与硬力量明显不同的地方，因此在运用软力量的过程中首先要明确的是，不能指望像运用硬力量那样可以取得立竿见影的效果。无论是经济合作协议还是共享反恐信息情报，这些都是看得见摸得着的成果，但通过软力量推动政治、文化以及社会事务的共同利益，可能更多地体现在无形的成果上。而且软力量因素产生效应所需的时间可能更长，因为思想、文化以及制度能使他国真正在内心产生共鸣和吸引，不可能在这样两三年的时间里指望通过一些对外宣传和一般的交流活动就能见效，而必须立足于至少十年时间的长时段，通过持续而深入的交流沟通，才有可能产生效果。而且，从历史上相关国家成功运用软力量的实践来看，这些措施必须要有坚实的经济实力为保障，这就为在实践中制定实施以及坚持推行相关政策带来很大的挑战，因为会面临浪费国家资源、搞“面子”工程这样的质疑，这就要求中国在推行软力量战略时保持平常心和耐心，不能像对待经济谈判那样功利化地期待软力量发挥作用，这在国内市场经济程度越来越高的环境下也是一种挑战。但软力量一旦作用显现，则是无论多少经济协议和经济援助都无法取代的。这方面成功和失败的范例都很多，美国在冷战期间通过其大众文化的对外传播对美国形象的塑造，包括中国在 20 世纪六七十年代与广大亚非拉国家的交往，都堪称成功的范例。与此相对应，冷战期间，苏联一方面由于没有在国家战略上认识到软力量的重要性，过于迷信军事力量的作用，另一方面受自身经济力量的制约，无法在这方面投入相应的资源，因此在国际舞台上的形象始终不佳。而美国在伊拉克战争期间所暴露出来的对武力的简单迷信以及过分看重石油经济利益，包括虐囚和杀害无辜平民等事件，则严重损害了其在冷战期间以及冷战刚结束时所树立的世界民主自由天堂的形象，反而进一步恶化了伊斯兰世界与美国的关系，从而危害到美国的国家利益。

中国政治制度的优势包括很多方面，尤其是与中国悠久的思想文化传统结合在一起，使得这种中国特色的制度优势更加明显。很多误解往往源自于不了解，因此加强人员往来，尤其是为更多的发展中国家年轻人提供到中国来留学的机会，是着眼未来的捷径。就社会事务方面的共同利益而言，有许多是客观存在的，包括环境问题（如跨国河流污染、大气污染等）、大规模流行性疾病传播问题（已有的历史经验有 SARS 和禽流感，未来完全可能再出现传播性更强、危害性更大的疾病）、毒品走私以及产品质量安全等问题。在这些问题中，有一些中国已经有比较成功的国际合作经验，但目前这些合作几乎都是应激反应式的，往往是出了问题才采取补救措施，这在国际舆论中容易处于被动地位。可否在这个层次的各个不同领域发现共同利益并主动采取措施推动国际合作呢？这也许需要社会事务各相关职能部门在对外交往实践中发挥主观能动性。

以色列反恐机制及其对中国的启示

王 震*

内容提要：以色列在长期的反恐斗争中形成了一个涵盖情报、决策、执行、救援等各个环节的反恐机制。它具有重视情报、强调法制、军民结合、适应性强等若干特征。然而，由于以色列的反恐斗争和巴以冲突紧密相联，这就决定了其反恐机制始终无法摆脱诸多反恐“困境”。以色列在反恐机制建设方面的经验和不足，可以为我国未来的反恐机制建设提供若干有益的借鉴。

以色列作为当今世界面临恐怖主义威胁最为严重的国家之一，在长期的反恐实践和独特的安全环境中形成了一套卓有成效的反恐机制。“9·11”事件后，在新一轮国际恐怖主义浪潮面前，以色列丰富的反恐作战经验和反恐机制更是国际社会关注的

* 王震，上海社会科学院欧亚所国际安全研究室研究实习员，上海社会科学院犹太研究中心副秘书长。

焦点。“他山之石，可以攻玉。”以色列面临的恐怖威胁虽然和我国有着很大的不同，但是以色列在反恐机制建设方面的很多做法仍然可以为我们提供有益的借鉴。本文旨在通过研究以色列反恐机制的构成及其特征，分析其对于中国反恐机制建设的借鉴意义。

一、以色列反恐机制的构成

经过多年的反恐作战实践，以色列已经形成了从情报、决策、执行到救援等一套完整的反恐作战机制，主要由下述几方面组成：

1. 情报系统。主要由五个部门组成：其一，情报和特殊使命局（即摩萨德“Mossad”）。它是以色列最重要的情报部门，主要执行窃密、绑架、暗杀、破坏等特殊使命，具体任务包括三方面：搜集政治、军事和安全情报；研究汇总各情报机构的情报信息，对它们进行分析判断；在国内外（主要是国外）执行特殊行动。其二，军事情报局（即阿曼“Aman”）。阿曼源自 1937 年成立的“哈加纳”[①] 的情报机构“萨伊”，1948 年改组为军情局。阿曼归属国防部领导，是总参谋部的一个组成部分，主要搜集军事方面的情报。阿曼通过先进的电子侦察系统，包括无线电、雷达、航空、卫星等，获得与军事有关的数据和情报，经过分析处理后每天向军方和内阁报告最新信息，并根据自己的判断提出相应建议。其三，国家安全总局（即辛贝特“Shin Beth”）是以色列国内最为重要的反恐情报与作战机构。辛贝特成立于 1948 年，

① 以色列建国前的犹太地下武装组织，建国后并入以色列国防军（IDF）。

局长一般由内阁总理任命，接受总理的直接领导并参加总理内阁会议。辛贝特主要负责国内的反间谍、反破坏、反恐怖等安全活动，包括保护国家领导人和重要目标的安全，搜集有关外国情报机构及其活动的情报资料，调查国外势力策划的各种破坏活动，对敏感职位的人员进行安全检查，对任何对以色列构成安全威胁的人员进行监控。据估计，辛贝特目前大约有 1000 人左右，分属行动部和支援部两大部门。行动部下设 3 个处：安全保卫处，专司国家领导人、外国驻以使领馆、以色列驻外使领馆以及一些重要国家设施的安全保卫工作；阿拉伯事务处，专司针对阿拉伯人的反间谍、反恐等活动，建立阿拉伯人的秘密档案；非阿拉伯事务处，专司对非阿拉伯国家的反间谍、反恐以及安全监控等工作。另外，辛贝特还在西奈—加沙地区、北部地区、西岸地区以及特拉维夫设有四个分局。其四，外交部政策计划与研究中心。其前身是 1948 年成立的外交部政治司，1975 年改为“政策计划与研究中心”。中心约有 100 多人，下设 6 个处：北非处、西亚新月地带处、阿拉伯半岛处、其他地区处、经济处、战略处。其主要任务是向政府决策者和以色列驻外使馆人员提供有关外交方面的情报和分析报告，包括安全方面的情报信息。其五，警察总局情报与调查处。系以色列秘密警察组织，主要负责收集、评估涉及公共安全的情报，以及国内各重要部门的反间谍工作。

2. 决策系统。决策系统主要包括两个层面：一个是内阁会议，往往由总理主持，对以色列国防军和警察系统进行管理和协调。在发生紧急情况和重大事件时，内阁召开紧急会议及时进行磋商，发表对外声明，讨论和批准针对重大紧急事件的应急处理方案。在发生特大恐怖事件时，总理往往会组成由国防部长、外交部长、总参谋长、司法部长以及情报部门和警察系统的负责人参加的应急指挥部。另一个是国防军总参谋部，根据以色列第

411号政府令，发生在以色列境内的恐怖事件由以色列警察系统来处理，而发生在以色列境外和被占领土的恐怖事件则由国防军处理。不过，由于国防军在以色列的威望和地位极高，作战经验丰富，所以国防军总参谋部一般会积极参与应对重大恐怖事件的行动，无论其发生在国内还是国外。通常，由应急指挥部在对警方和军方的作战方案进行比较后，由总理负责作出选择，重大的事项通常还需要召开内阁会议讨论批准后方可执行。

3. 执行系统。以色列的反恐执行系统主要由国防军总参谋部系统和边防与国家警察系统组成。国防军总参谋部和陆海空三军都分别设有特种部队，包括最为有名的总参侦察营。这些特种部队除遂行常规军事任务外，都能够在紧急情况下执行反恐作战任务。由于以色列面临的反恐形势比较严峻，国防军在反恐过程中一直扮演着非常重要的角色。根据以色列的反恐怖作战大纲，各特种部队根据担负主要任务的不同分为三类：营救部队、战斗部队、支援部队。其中以营救人质为主的部队有军方的总参侦察营、海军13中队和国家警察系统的“雅曼”特警队3支；以反恐作战为主要任务的部队有陆、海、空的各类特种侦察部队共8支；支援部队主要包括特种军犬部队、搜救部队等。位于亚当的特种军训练基地，即707部队，是以色列的反恐怖作战训练中心，主要负责全国特种兵的反恐作战训练。虽然警方在以色列南部的边防警察训练基地拥有自己的反恐怖与人质营救训练基地，但是也要经常借用707部队的训练设施。1974年马阿洛特惨案发生后，以色列政府发布了第411号政府令，规定城市反恐任务主要由边防警察和国家警察系统负责，警方为此专门成立了多支城市反恐特别行动队。国家警察系统还建有专门的城市排爆分队、搜救分队等。除上述警方和军方的反恐机构外，其他一些机构也同时承担了部分反恐功能。

4. 救援系统。救援系统主要由医疗急救系统和消防系统组成。医疗急救系统主要由“红色大卫星”和“以色列院前急救组织（MDA）”组成，前者是以色列的医疗急救组织，拥有450辆常规救护车和100个流动医疗救助队，在全国设有86个急救站。该组织把全国划分为11个救助区域，并在每个区域配置相应数量的救护车和流动医疗救助队，各区域之间的资源可以在最短的时间内通过网络调配实现互通有无。后者系以色列非政府组织，隶属于国家红十字会。

上述四个系统连同以色列国内的司法、教育、媒体、军工、民防等部门一道形成了一个完整的反恐体系，它涵盖了前期防范预警、应急反应、后果控制和处理以及民众教育等各个环节。

二、以色列反恐机制的经验特征

从以色列反恐机制的构成及其运作实践来看，它具有以下几个明显的经验特征：

1. 高度重视反恐斗争中的情报环节，坚持预防与打击并重的积极防御原则。以色列把情报工作当作是国家安全的战略武器，其地位可同以色列海陆空三军相提并论。经过近60年的发展，以色列已经拥有了非常完备的情报网络体系，并和美国中情局等西方国家的谍报机构进行着密切合作。不管是国内的犹太极右翼势力，还是被占领土上的武装起义，以色列当局都可以通过完善的情报网络进行监控。前“辛贝特”的一位首长曾指出，“辛贝特”与“巴勒斯坦人建立了紧密、亲近的接触联系。这种接触是我们获取情报以及行动不可或缺的工具。正是这种接触帮助我们将恐怖主义打击到'可承受'的程度”。[①] 在最近几年发生的一些恐怖爆炸活动中，以色列多次先于其他国家发出了恐怖袭击预警，从而最大限度地避免了自身损失，这种能力与其发达的情报系统是分不开的。除了通过发达的情报系统提供先期预警外，以色列当局坚持预防与打击并重的原则，在加强打击恐怖主义武装力量的同时也重视针对恐怖活动的防范工作。据有关统计，从 2001 年到 2006 年底，以色列先后成功地制止了数百起恐怖暴力攻击，其中 2001 年有 20 起暴力袭击被成功制止，2002 年有 112 起被成功制止，2003 年有 184 起被成功制止，2004 年有 119 起被成功制止，2005 年有 15 起被成功制止，2006 年有 71 起被成功制止。[②] 针对以色列人的自杀性爆炸成功率在 2000 年为 100％，2001 年降至 63％，2002 年进一步降至 34％，2003 年为 12％，2004 年为 11％，2005 年反弹至 31％，2006 年仅为 5％。

2. 重视对广大民众的动员和教育工作，积极培养全民反恐意识和反恐能力。作为一个恐怖事件频发国家，以色列非常重视通过“全民战争”途径开展反恐斗争，对民众进行动员和教育工作。比如说媒体每天都会刊登一些关于防爆反恐的小知识，国内的电台和电视台也经常会有一些类似的节目，告诉民众如何识破爆炸物和恐怖分子，如何使用防生化设备等。以色列民防系统的

---

① ［以］卡尔米·吉龙：《裂隙间的沙巴克》，王宇等译，国际文化出版公司，2003 年版，第 207 页。

② Intelligence and Terrorism Information in Center at the Israel Intelligence Heritage & Commemoration Center (IICC), "Anti-Israeli Terrorism, 2006: Data, Analysis and Trends," March 2007, http://www.terrorism-info.org.il/malam_multimedia/English/eng_n/pdf/terrorism_2006e.pdf.

后方司令部建有专门的训练中心，负责预备役官兵与部队的民防集中训练等。日常训练分基层部队训练和群众性民防训练，群众性民防训练侧重同地方各单位的协调与合作，分地区和项目开展演练。以色列很多社区都有接受过反恐怖培训的人员，国内各种公共场所的保安人员、公共汽车和出租汽车司机等都要接受反恐方面的知识培训；城镇内的人口密集地，如学校、商场、公交站点等以及重要建筑设施附近都会张贴诸如“请注意周围可疑物品”之类的标语或宣传画；电台、报纸等媒体也经常会有意无意地宣传反恐知识；高校、科研院所等也经常举办一些有关反恐怖主义的培训班、研讨班和研讨会等。这些措施一方面使民众对恐怖活动保持了应有的警惕，能够积极配合政府反恐斗争，另一方面也能够让广大民众在恐怖袭击面前坦然以对，积极开展防护和自救工作。

3. 强调通过法制手段进行反恐斗争，既让反恐工作有法可依，又避免反恐执法部门滥用权力。以色列最高法院主席阿哈龙·巴拉克指出：“以色列正在和到处肆虐的恐怖分子进行一场战争。它是在自卫权的基础上的开战行动，……但这场武装冲突并不是在绝对的真空中进行。”① 因此，他认为法律在战争中不应保持沉默，而是应当根据反恐斗争的实践进行适当调整。以色列早在 1948 年就制定了专门的《预防恐怖主义条例》，以后多次进行修订。该条例对恐怖组织、恐怖分子等的认定，对资恐、助恐行为及其量刑等都有相应规定。1979 年，以色列通过了《反窃听法》。法律通过之前，“辛贝特”几乎是无限制地使用窃听。《反窃听法》通过之后，很多人担心负责

① Israel Supreme Court, *Judgments of the Israel Supreme Court: Fighting Terrorism within the Law*, Jerusalem, 2005, p. 13.

国内反恐的“辛贝特”无法继续工作，因为窃听是反恐中最重要的工作手段。但实际上只要进行申请，这种“窃听”总能获得许可，反而比以前那种毫无节制的窃听要好得多。20世纪80年代开始，“辛贝特”和国防军以及其他安全部门，都开始受到公众和司法部门的监管。比如，“辛贝特”的审讯报告和窃听报告需要提交给国家监察机关，并提交给“克奈赛特”[①]安全与外交委员会下属的情报工作小组委员会。甚至连总理和“辛贝特”首长进行工作谈话时也要有军事秘书在场，并记录在案。不管是以色列公民还是被占领土的居民，只要认为受到了“辛贝特”的伤害，都可以向以色列的公义法庭提出诉讼。1987年，根据兰杜伊委员会的建议专门成立了审讯事务部长委员会，以解决针对嫌犯的刑讯逼供问题。审讯事务部长委员会主席由总理本人担任，参加者有国防部长、“辛贝特”首长和司法部长。政府法律顾问为首的高级司法小组和国家检察官作为列席人员，没有表决权。委员会大约每三个月开会一次，以便讨论“辛贝特”根据现实情况和需要提出的调整审讯手段的要求，包括提出“特别审讯许可”。[②]以色列反恐法律法规不仅赋予强力部门特别权力，而且对每个公民都规定了具体要求，真正做到人人有责。如以色列政府要求出租车司机提高警惕，如果出租车搭载了“人弹”，司机要坐牢。2004年2月4日，以色列特拉维夫法院以“为凶手提供帮助”的罪名起诉了出租

① “Knesset”，即以色列“议会”。

② “特别审讯许可”主要是针对特殊恐怖分子而设立的，根据兰杜伊委员会的指示，凡属界定为“定时炸弹”的案件即可使用“特别审讯”，即允许对此类嫌犯施加“柔和的物理压力”。所谓“定时炸弹”，就是指那些知道某个地方埋藏着短期内即将爆炸的炸药的恐怖分子。“特别审讯许可”由审讯事务部长委员会授予，有效期为三个月，之后必须申请延长。

车司机奥弗·施瓦茨布，理由是这名司机曾在2003年12月25日将一名巴勒斯坦“人弹”送到了特拉维夫附近。在他之前，已有4名以色列阿拉伯裔出租车司机因搭载“恐怖分子”被以“帮凶”的罪名起诉，并被判处10到15年徒刑。[①] 继《国家保险法》之后，1995年以色列又出台了《医疗保险法》，前者明确规定了国家对突发性意外灾难事故的赔偿、救援、重建的标准，后者则设置了医疗服务包括城市急救的各项标准，为医院和其他急救组织的紧急救援工作提供了重要的支持。这些法律法规的颁布实施，健全完善了打击恐怖主义活动的法律法规体系，保障了反恐斗争的制度化、法律化，为反恐工作的有序开展提供了有力的法律保障。

4. 重视反恐政策的实用性和适应性。以色列的反恐机制和政策并不是一成不变的，它在适应反恐作战实践过程中一直不断地进行着调整和演化。随着1973年“赎罪日战争”后以色列国内犹太极右翼势力的不断上升，“辛贝特”内部逐渐加强了专司国内犹太极右翼势力的力量。1974年的马阿洛特惨案发生之后，以色列政府根据霍列夫调查委员会的建议，专门通过了411法令，将军警之间的职能进行了明确的分工。前面提到的1984年300路公共汽车事件之后，以色列成立了审讯事务部长委员会，以解决审讯恐怖嫌犯过程中的“合法性”问题。1996年，针对境内公交车恐怖爆炸事件的增多，国家警察专门组建了“尤阿夫(Yoav)”行动队，专门负责在公交车站和公交车辆上进行巡逻和检查。为了减少在行动中伤及平民，增强攻击的针对性，近年来以色列国防军又创建了“即时决策”(Short Decision Cycles)

① 俊武：“以色列怎样反恐?”，《看世界》2004年第12期。

模式[①]，即由来自不同职能部门富有实践经验的代表组成一个临时指挥团队，这些人既熟悉作战任务，又了解地形。他们可以根据现场情况随机决定行动方式、地点以及时机等。这就有效地避免了逐级上报的官僚主义做法，增强了打击恐怖主义的针对性和实效性。从2003年开始，以色列情报与特殊使命局（即“摩萨德”）在当时总理沙龙的支持下进行了新一轮变革。在原来以收集和处理情报功能为主的基础上，增加了在全球范围内执行反恐特种作战任务的能力。其变革的主要目的就是为了适应“9·11”事件后恐怖活动全球化和意识形态化的新趋势。

5. 注重资源整合与各方面的应急联动，强调军民结合，重视针对各类威胁的针对性演练。除了情报部门定期进行情报交流和沟通之外，以色列军方所属的各特种部队，警察总局下辖的特警队、防爆分队、防核生化分队，以及各市政当局建立的消防队、医疗急救分队之间一般都能进行较好的应急联动。一旦应急机制启动，距离现场最近的部队或者医院能够在最快的时间内赶赴现场，相邻城市的警方、医院、消防等应急队伍也会在比较短的时间内驰援。

三、以色列反恐机制的缺陷

除了上述明显特征外，以色列反恐机制也存在一些明显的缺陷。这些缺陷既有“先天”方面的因素，也有在反恐过程中产生的“后发性”因素，它们制约着以色列反恐的最终成效，并使其

① David Eshel, “Israel Air Force Transforms for ‘War Against Terror’,” *Military Technology*, 3/2006, p. 25.

反恐政策面临诸多难以摆脱的“困境”。

首先是以色列在反恐问题上的“道义困境”，这是以色列在反恐过程中面临的一个无法摆脱的“先天性”悖论。如果说建国前后的犹太人是在为自己独立而战的话，那么现在这样的借口显然已经无法说服民众了。因为在当前巴弱以强的形势下，以色列占领着大量的巴勒斯坦领土，其所谓的反恐很大程度上其实只是对巴方暴力反抗的镇压，这就不可避免地会产生道义问题。除了国际社会和阿拉伯世界对以色列动辄大打出手的行为进行谴责外，以色列国内在这一问题上的争执也正在产生负面影响。2002年3月，1.9万名预备役官兵接到征召令，而其中有400多人断然拒绝执行命令，一些官兵宁可坐牢也不愿意参加这样的战争。一批国防军飞行员还曾联名向当时的沙龙总理递交请愿书，明确表示从道义上反对使用“定点清除”政策。2003年，又有大约200名预备役军人联名上书，拒绝在约旦河西岸和加沙地带服役。

其次是以色列在反恐政策上的“制度困境”。以色列独特的安全环境决定了国防军在整个国家安全中的重要地位，但是其反恐体制的职能分工依然不够明确，整个反恐工作过于依赖国防军系统。一方面，职业军队承担太多反恐任务会分散注意力，影响日常战备工作；另一方面，军队所从事的野战和侦察训练与反恐斗争又有很大区别。1975年以后，虽然政府规定国内安全事务全部归属警方处理，以色列警方也专门成立了数支特警队，但是军警之间职能交叉、恶性竞争的局面依然存在。1978年3月，11名恐怖分子夺取了一辆载有乘客的公共汽车，开往特拉维夫。总参侦察营和警方的“雅曼”特警队都奉命赶往现场，由于各支队伍之间缺乏有效协调，现场乱成一片，混乱中导致35名人质死亡。1984年4月，4名恐怖分子劫持了一辆公共汽车，并扣押了几十名乘客作为人质。最先到达现场的“雅曼”特警队在准备开展攻击行动时，被要求撤离，改由总参侦察营来执行，为此导致了两个部队之间的激烈冲突。以色列国内对此也存在不同意见，认为花费巨资设置两个功能相似的反恐队伍没有必要。2006年黎以冲突结束后，以色列国内在此问题上的争论再次升级，不少人批评说国防军过多地参与反恐斗争直接影响了其常规作战能力。就情报部门而言，“辛贝特”、“阿曼”和“摩萨德”之间虽然存在着密切的情报交流与合作，但是为了增强自身对内阁和总理的影响力，它们之间也不可避免地存在着恶性竞争。

第三是反恐问题上的“法律困境”。以色列自诩为民主法治国家，政府当局也制定了一系列的法律政策来规范各种反恐行为，但是以色列国内的一些传统习惯和宗教影响使得法律的权威不时受到挑战。一方面是国内执法部门在反恐过程中仍然存在滥用权力现象。1984年的300路公共汽车案件中，参加人质解救的国防军将两名被抓捕的恐怖分子移交给了国家安全总局。在当时首长沙洛姆的支持下，“辛贝特”行动队不仅用私刑处死了两名犯罪分子，还制造伪证谎称二人是重伤后去医院途中死亡的。此事披露后，在以色列国内外引起了极大的震惊。“辛贝特”在审讯嫌犯的过程中，还多次发生因过度使用酷刑逼供而致嫌犯死亡的案件。另一方面，犹太人长期所具有的“家族式”团结影响了以色列民众对法律的认识，使他们对犹太极右翼暴力分子的一些极端违法行为表现出了高度的同情和认可。在奥斯曼土耳其帝国时期，这一地区就盛行一种“夜巡”制度，人们根据《圣经》经典上的说法，通过“夜巡”对施暴者进行复仇或惩罚。建国前，犹太社区的“哈加纳”等民兵武装在包围犹太定居点的同时，也会伺机对来袭者发动报复性攻击。至今不少以色列民众仍坚持他们有自行惩治恐怖嫌犯的权利，特别是在他们认为政府不能有效地保障社会安全的时候更是如此。在 1982 年对定居者的民意调查中，当被问及以色列民众对“自己掌握法律的尺度”和迅速反击“阿拉伯恐怖分子”是否支持时，有 63%的定居者对此持赞同态度，甚至有 28%的人表示愿意参与这样的活动。[①] 以色列前“辛贝特”首长卡尔米曾援引艾森施塔特教授的话说道，“以色列社会的几乎每一个人都相信真理掌握在自己手中，所以他不受任何国家法律和公共行为准则的约束。”他感叹说：“可以确信以色列社会的很大一部分人，具有我们前面提到过的那种家族式的民族‘团结性’，相信并且依靠自发性的‘夜巡’。他们对‘以恐怖活动对付恐怖活动’都很宽容甚至持鼓励态度，特别是当这些活动是由一个具有明确指导思想的组织进行的时候更是如此，例如‘犹太地下组织’，或者是有组织地针对杀害犹太人的袭击进行报复，尽管被害的犹太人跟为他复仇的人之间并没有直接的亲属或朋友关系。”[②] 当年刺杀拉宾总理的犹太极右翼分子阿米尔获刑后，以色列国内始终有一大批同情者和追随者，他们不断对政府施加压力，提出各种要求。

最后是以色列在反恐方面的“暴力困境”。虽然以色列已经开始注意强调综合性反恐，但仍过于依赖通过军事手段，这就使其反恐斗争一直深陷“以暴易暴”的恶性循环中。随着当前恐怖袭击手段的多样化和意识形态化，在大量自杀性“圣战者”（Jihadist）面前，以色列过于强调使用军事手段进行反恐的做法也开始受到质疑。以色列著名分析家达尼·鲁宾斯坦指出，由于恐怖分

① [以] 卡尔米·吉龙：《裂隙间的沙巴克》，王宇等译，国际文化出版公司，2003 年版，第 151 页。

② [以] 卡尔米·吉龙：《裂隙间的沙巴克》，王宇等译，国际文化出版公司，2003 年版，第 162 页。

子太多，以往的那些战略包括暗杀等已经不再奏效了，“警方已经无法追捕大量的（恐怖主义）积极分子，哈马斯拥有数以千计可以成为积极分子的支持者，即使没有上百，也至少有数十个随时可以成为‘人弹’的烈士”。[①] 现在，越来越多的以色列人也已经认识到，对于这些出于“圣战”目的的自杀性恐怖分子来说，“单靠武装部队是不能赢得战争的，真正的战斗发生在意识形态领域”。[②]

四、以色列反恐实践对中国的启示

由于以色列和我国面临的恐怖威胁有着本质不同，我们不可能照搬以色列的反恐经验。但以色列在反恐机制建设方面的经验却能够给我们提供一些有益的启示：

1. 要重视综合反恐机制的建设。反恐斗争是一项综合性的社会工程，不仅要求在面对恐怖袭击时能够快速反应，还需要在平时做到防患于未然，这就需要情报、军警、医疗、消防乃至媒体、学校等密切配合，快速联动，以色列的成功就在于其拥有一个完整、高效的协调与应急机制。我们也应当加强这方面的努力，并且特别要注意以下几点：首先是构建一个强有力而又高效率的反恐协调机制，以反恐为目标组建一个反恐协调网络，着力加强军、警、民、消防、医疗救护等各方之间的协调，同时加强针对性的应急演练，避免纸上谈兵。其次，要着力提高强力部门的情报收集能力和快速反应能力，既要能够根据有效的情报信息

① Monte Palmer and Princess Palmer, *At the Heart of Terror: Islam, Jihadist, and American's War on Terrorism*, New York, 2004, p. 226.

② ［美］布里安·詹金斯：“对美国反恐战争的反思”，《国际观察》2006 年第 5 期。

“先发制人”地挫败一些恐怖活动，又要确保能够在事发后对恐怖分子进行迅速有力的打击。目前国内不少城市建立了反恐特警部队，当务之急是加强实战训练，以确保在突发事件发生时能快速而有力地挫败、打垮、消灭恐怖团伙。最后，要重视大中城市关键设施和敏感部门的防卫工作。对我国来说，既面临有组织的恐怖犯罪的威胁，还面临着因社会转型而导致的个人极端暴力活动的威胁，这就要求我们既要加强对政府机关、军警部门、检查站等“硬目标”的防护工作，同时还要加强对人口密集场所、重点公用设施和生命线工程等“软目标”的日常防护工作。对国内不少城市来说，除了要防御那些常规恐怖攻击外，还要注意防止使用高科技手段进行恐怖袭击。利用实验室和医院的放射性物质制造“脏弹”等，都可以在人口密集地区产生致命效应。因此，当前国内的反恐工作应将重点放在防范生、化、核、网络恐怖袭击上，特别要注重保护公用设施和生命线工程，如水、暖、电、煤气、油料供应设施，交通运输枢纽等。

2. 进一步加快国内反恐立法工作，努力做到反恐工作有法可循、有章可依。以色列从建国之初就制定了《民防法》、《预防恐怖主义条例》、《国家保险法》和《反窃听法》等一系列法律法规，多年来根据国内公共安全形势的需要又不断进行修改，并陆续出台了一系列相关的配套法律。健全有效的法律体系成为以色列反恐斗争的主要法律依据，而务实的司法部门则使之成为以色列反恐斗争的一个重要阵地。相比之下，我们的有关立法工作就略显滞后。2006 年 1 月，国务院发布了《国家突发公共事件总体应急预案》，它对国内突发公共事件的内涵、类型、应急工作的原则和紧急预案等都作了规定。随后，国内一些省市也制订了相应的《突发公共事件总体应急预案》，这是我们在维护城市公共安全工作方面的一大进步。但由于这只是一部关于突发公共事件的概括性法律，加上城市反恐工作涉及情报、军警、民防、医疗急救等诸多领域，因而仍然不能适应当前城市反恐斗争的需要。目前我国已经加入了大多数关于反恐的国际公约。但是，我们国内的反恐立法工作却仍然进展不快，酝酿许久的《反恐法》尚未出台，因此相应的法规和政策也难以制定，反恐工作的法律依据只能从 2001 年 12 月公布实施的《刑法修正案（三）》等少数法律文件中寻找。为此，有关部门可借鉴以色列的经验，进一步加强对反恐立法问题的研究和探讨，加快反恐方面的立法工作，进而完善国内相关的法律法规和政策措施。

3. 在整体发展中树立反恐观念，提高全社会的反恐意识，增强民众的反恐知识和应急自救知识。当前国内普遍存在着一个错误认识，就是认为反恐是其他国家的事情，中国目前没有恐怖主义威胁。实际上，大多数情况下，恐怖事件造成的直接损失往往并不大，但它具有很强的“溢出效应”和“扩散效应”，常常会在普通民众中造成焦虑和恐慌，以致影响整个城市的正常运作。虽然目前中国的恐怖威胁主要集中于“东突”等极端分裂势力，但是并不意味着其他地区就没有恐怖主义威胁。对于中国其他地区而言，主要的恐怖威胁一方面来自内部的社会不稳定因素；另一方面也可能来自外部的恐怖势力，也即“输入型”恐怖活动。随着中国对外开放程度的不断增加，未来我们面临这方面的威胁可能会越来越突出。如何在发展社会经济的同时，减少社会转型带来的一系列矛盾，或是防止这些矛盾的激化；如何通过媒体、学校等各种渠道，引导民众正确认识我们当前面临的实际反恐形势，切实认识到恐怖主义的危害，并能够让广大民众具备应对各种恐怖危害的基础知识、基本技能和心理基础，都是我们在构建和完善反恐机制过程中应当认真思考的重要课题。

对当前中国与中东经贸关系的思考

周国建*

内容提要：中东是我国实施“市场多元化”战略和“走出去”战略的重要地区。近年来，在高层互访和多层次合作交流机制的推动下，中国和中东国家的经济贸易关系保持着快速、全面、深入发展的良好势头。未来中国与中东经贸合作机遇与挑战并存，但机遇大于挑战。只要不懈努力、积极开拓，同时坚持互利、共赢原则，中国与中东的经贸合作有望跃上一个新的台阶。

随着中国“市场多元化”战略和“走出去”战略的实施，中国与中东的经贸合作取得了快速发展，但仍有潜力可挖。近年来，中东国家经济改革持续深入，世界油价回升，使中东地区的经济形势日益好转。中东经济形势的变化，将为中国拓展中东市场提供良好的机遇，同时双方经贸合作也面临一定的挑战。只要

* 周国建，上海社会科学院欧亚研究所中东室副主任。

不懈努力，积极开拓，中国与中东国家的经贸合作前景看好。

一、中国与中东经贸关系现状

中国与中东国家的经贸关系是在20世纪50年代建立起来的。埃及1956年与中国建交，拉开了中东国家与中国建立外交关系的帷幕。至1992年，中国与所有中东国家均建立了正式外交关系，双方之间的经贸关系也逐渐发展成熟起来。进入21世纪，中国努力实施“市场多元化”和“走出去”的发展战略，使双方之间的经贸合作取得了显著成效。至2007年，中国已与除索马里以外的21个阿拉伯国家签署了双边政府经济、贸易和技术合作协定，与16个阿拉伯国家签署了投资保护协定，与11个阿拉伯国家签署了避免双重征税协定。双方经贸合作形式趋于多样化，经贸往来在数量上和质量上都有了很大的突破。

（一）中阿集体对话与区域合作机制取得进展

2004年1月，中国与阿拉伯国家联盟共同宣布建立“中国—阿拉伯国家合作论坛”。同年9月，中阿合作论坛第一届部长级会议在阿拉伯国家联盟总部开罗举行，双方签署了《中阿合作论坛宣言》和《中阿合作论坛行动计划》两个文件，标志着中阿合作论坛正式启动。2006年5—6月，中阿合作论坛第二届部长会议在北京召开。双方签署论坛2006年至2008年行动执行计划，其中包括：中阿建立能源对话合作机制；鼓励双方企业相互投资和建立合资项目；促进中阿经贸合作等。中阿合作论坛的成立为中阿双方在平等互利基础上进行对话与合作提供了一个新的平台，有利于巩固和拓展双方在政治、经贸、科技等诸多领域内的互利合作，全面提升合作水平。

（二）双边贸易量连年递增

近年来，中国与中东国家经贸合作进入了一个快速发展期。2007年，中国与包括中东非阿拉伯国家在内的24个国家进出口贸易额达到1249亿美元，与2001年贸易相比，增幅达514.64%。在与阿拉伯国家的双边贸易中，增幅排名前3位的都是海湾国家。其中，与沙特阿拉伯贸易额为253.67亿美元，比上年增长26%；与阿联酋的贸易额为200.40亿美元，比上年增长41%；与阿曼的贸易额为72.67亿美元，比上年增长12%。[①]

值得注意的是，近年来中国与中东非阿拉伯国家的贸易量也在快速上升。其中，与伊朗贸易额由2002年的37亿美元升至2007年的205.89亿美元，增幅超过500%。2008年1—6月两国贸易额达139.13亿美元，同比增长43.2%；与以色列贸易额2007年为53.06亿美元，同比增长37%；[②]与土耳其贸易额由2005年的70亿美元跃升到了2007年的140亿美元，2008年预计可达180亿美元。[③]

中国出口至中东的商品主要是机械设备、五金矿产、轮胎、纺织服装、鞋类、旅行用品及箱包等；进口商品主要是原油、化工原料、化肥、成品油等，及铜、铝等金属材料。近年来，以机电产品为代表的高技术和高附加值产品在中国对中东出口产品中的比重有所增加。

---

① 中华人民共和国商务部亚洲司统计资料。

② 中华人民共和国商务部亚洲司统计数字。

③ 中国新闻网，2008年9月3日。

（三）双边经贸合作全方位、多领域发展

中国与中东国家在工程承包、劳务输出方面的合作持续扩大。2001 年，中国在中东阿拉伯国家的承包项目为 6900 个，合同总金额 147 亿美元。2006 年双方的合作项目金额达 461.6 亿美元，5 年间增加 3 倍多，项目涉及住房、通讯、石油、渔业、交通等。同年，中国公司中标阿尔及利亚东西高速公路建设项目。这条高速公路设计全长 1216 公里，待建路段 927 公里，框架合同金额 62.5 亿美元。这是中国公司在世界工程承包市场赢得的同类项目单项合同中的最大订单。

双向投资是中国与中东开展经贸合作的一个重要内容。中国十分注重对中东地区的投资，特别是在石油生产领域。近年来，中国公司采取灵活多变、积极主动的策略，在一些大的石油投资领域取得了突破。如 2003 年 2 月，中国石油天然气勘探开发公司与叙利亚石油部就叙利亚油田项目合作开发签订合同，中方投入近 1 亿美元。这是中国公司首次以投标方式在中东地区资源开发上取得项目。2007 年 12 月，中国最大的石油精炼公司和中石化集团公司与伊朗国家石油公司签署价值 20 亿美元的亚达瓦兰（Yadavaran）油田开发合同，使中国成为伊朗原油的重要开发者。

除石油外，中国在中东其他方面的投资日益扩大。据不完全统计，截至 2007 年 6 月，中国在阿拉伯国家的各类投资达 60 多亿美元。中国海尔集团在约旦、突尼斯、叙利亚等国分别投资设立家电厂。中兴通讯的第三代移动通信技术已在多个阿拉伯国家投入使用。2007 年，华为公司独家承建并完成了阿联酋电信 HSPA 网络。同年，奇瑞汽车在约旦兴建汽车组装生产基地。

在中国企业走出去的同时，中东阿拉伯国家也在中国积极寻

找投资机会。截至2007年6月，阿拉伯国家在华实际投资约10亿美元，主要集中在石化、轻工、建材、房地产业。[①] 2008年5月，由阿曼国家石油公司同中国、韩国公司共同出资，总投资额近6亿美元的青岛丽东化工有限公司正式投产。

建立中外合资企业是中国吸引海外资金的一种经济合作形式。过去中国发展合资企业的对象主要是日、美、欧等西方国家以及港澳台地区，但近年来，在中国一些中外合资企业中中东国家的份额开始上升。投资领域涉及天然气开发、化肥生产、机场扩建，以及房地产等。沙特是中国石油合作的主要伙伴，近年来两国在石油相关领域的合作不断发展。2004年，中石化、沙特阿美石油公司与沙特石油部共同签署了开发鲁卜哈利盆地B区块上游石油的协议，这是沙特25年来第一次对海外投资者开放的三块气田中的一块。2005年，全球最大的石油生产商沙特阿拉伯阿美石油公司参股中石化青岛千万吨大炼油项目。该项目一期总投资103亿元，已经于2006年6月开工。2007年3月30日，由中石化、埃克森美孚公司、沙特阿美公司合资的福建联合石油化工有限公司正式成立。与此同时，中东其他阿拉伯国家，如科威特国家石油公司2007年决定同中方共建一个1500万吨炼油、远期100万吨乙烯的大型石化项目，该项目拟投资金额为50亿美元。

除阿拉伯国家外，中东其他国家在中国的投资也在不断增加。如以色列在中国化工、电力、食品加工、农业、电子通讯产品、珠宝钻石等行业都有大量投入。其中，以合资形式建立起来的青海联合钾肥厂、上海克瓦林公司、天津艾尔比特公司等，在中国都具有一定的影响力。

总之，近年来中国与中东国家经贸合作的成就是显著的，但

① 商务部新闻办公室：《中国与阿拉伯国家经贸合作继续深化》，商务部网站。

双方之间的合作水平与彼此的市场能量相比依然存在着一定的差距，双方合作的层次和范围还有待进一步拓展。

二、中国与中东经贸关系迅速发展的原因

中国与中东经贸合作快速发展的原因，大致可以归纳为以下几个方面。

（一）牢固的政治关系是推动双方经贸合作持续扩大的重要保证

中国和广大中东各国都是发展中国家，都有着遭受外来压迫和剥削的共同经历。这种共同命运把双方紧紧地联系在一起，在许多重大国际问题上，互相同情，相互支持，结下了深厚友谊。中国政府历来主张全面公正、合理解决中东问题。与此同时，大多数中东国家在人权问题和台湾问题上一贯积极支持中国。面对复杂多变的国际形势，中国与中东广大阿拉伯国家彼此之间需要对方的支持，政治关系日益密切。这种良好的政治关系成为推动双方经贸关系向前发展的坚实基础。

（二）振兴经济、提高综合国力的共同愿望是推动双方经贸合作持续发展的动力

中国和中东国家同属发展中国家，都面临着发展经济、提高人民生活水平和增强综合国力的重任。通过经贸合作，可以在很多方面实现优势互补，促进各自的经济发展。因此，加强合作是双方的共同愿望，也是推动双方经贸合作持续向前发展的动力。

（三）中国与中东国家经济上有较强的互补性

中东石油、天然气资源丰富，但经济结构单一，工业基础较薄弱，大部分生产资料和生活用品都依赖进口。如沙特每年的进口额都在500亿美元以上。另一方面，中东人才资源缺乏，国家建设项目从设计到施工，以及以后的维修保养大都依赖外来劳务人员进行。中国是一个缺油大国，但工农业基础比较雄厚，中国的技术和产品非常适合中东经济建设和当地市场的实际需求。同时，中国又是一个人口超过13亿的大国，不但劳动力资源丰富，而且人才资源雄厚。因此，双方有着良好的合作基础。

（四）双方都实行市场多元化发展战略，鼓励对外经济交流，以适应世界经济形势的变化

20世纪末，中国与中东国家在深化改革的基础上，相继实施市场多元化发展战略，都希望通过加强与外部的联系，促进本国经济发展。为了改善投资环境和吸引外资，中东国家普遍实行贸易自由化和低关税政策。许多国家在国内开设了自由贸易区和经济特区，允许外商享受免交利润税、营业税、个人所得税、商品税等各种优惠。同样，中国在推进实施市场多元化的过程中，也采取了中东各国普遍的做法。所有这些，为促进双方经济合作创造了有利条件。

三、中国与中东经贸合作前景展望

经过长期不懈努力，中国与中东地区的经贸合作取得了显著成效，但发展的空间还很大。当前中东经济形势好转，将为中国进一步拓展中东市场提供良好的机遇，但同时双方经贸合作也面临挑战。只要不懈努力、积极开拓，中国与中东国家的经贸合作有望跃上一个新的台阶。

（一）双方高层高度重视推动双边经贸合作

中国政府与中东阿拉伯国家政府对发展双方经贸合作十分重视。今后将继续加强双方在贸易和投资便利化方面的磋商与合作，为中阿经贸合作的扩大和深化提供政策保障。还将推动双方工商会等组织之间加强往来，建立贸易和投资促进机构之间的合作机制，利用好中阿合作论坛、中非合作论坛框架下的经贸交流平台，为中阿企业提供更多的沟通与合作渠道，推动中阿经贸合作迈向更高水平。

（二）中国在中东地区的影响力持续上升

过去美国一直是中东地区最大的贸易对象国，美国产品销量在中东市场上的巨大份额在一定程度上影响着中国对外出口，美国在没有联合国授权的情况下贸然发动伊拉克战争，引起广大阿拉伯国家的不满，双方关系因此倒退。这种对抗情绪已经对美国与中东国家的经贸合作投下阴影。相反，战后阿拉伯国家越来越重视与中国的合作。伊拉克战争期间，中国政府所持的公正立场得到中东国家的普遍赞赏。这对中国开拓中东市场将产生积极而深远的影响。

（三）中东资金东移，中国鼓励“走出去”发展战略

长期以来，中东海湾国家一直是国际资金的重要供应市场，其资金来源是近30年来所积累的“石油美元”。由于国内吸收资金的能力有限，海湾国家将大部分剩余资金投在美国及其他西方国家银行。伊拉克战争后出现的一些因素，促使海湾国家对海外资金进行调整，出现资金东移势头。中国经济长期稳定发展，经济实力不断增强，特别是中国对石油需求的快速增长以及对进口中东石油依赖程度的增加，使得海湾国家日益看好中国的投资环境。海湾国家的一些投资商对前往中国投资热情十分高涨。如阿布扎比投资局和阿布扎比石油投资公司也都表示希望到中国投资。作为一个发展中国家，中国目前经济建设急需资金，吸引石油美元一直是中国面临的一大课题。因此，战后中东资金东移对中国来说无疑是一次极好的机会。与此同时，中国政府继续鼓励"走出去"发展战略。政府提出了向海外转移的长线产品目标，并制定有关进一步推动工业企业海外投资建厂的措施和办法，中东是中国政府鼓励对外投资的重点地区。正如世界金融中心主席苏莱曼博士在2007年初在迪拜召开的中东—中国投资问题论坛上指出的那样，"中东国家重视在亚洲，特别是在中国的投资"，"未来5年内，海湾国家将斥资5000多亿美元发展基建、农业、教育、卫生、信息技术等产业，这也为中国公司提供了巨大商机"。[①] 可见，中国与中东国家的经济合作今后还有很大的发展空间。

（四）中东工程承包和劳务市场趋于兴旺

中东是世界上最重要的工程承包和劳务市场之一。近年来，中东一些国家正对20世纪70年代建成的基础设施进行改造和重建，使伊战后一度下滑的中东工程承包和劳务市场重新活跃。由

① 李腾："专家预测中东国家将加强在中国投资"，新华网，开罗2007年2月1日电。

于中东国家投资的重点大多是港口、码头、机场、公路、铁路、石化、电力、钢铁等技术性很强的建设项目，靠本地有限的人力、物力难以实现，因此中东重建大部分项目将实行国际招标，由外国承包公司来完成。中国公司技术水平高、信誉好，在工程承包上又有价格优势，因此在中东重建项目争标中具备很强的竞争力。

中国公司与中东国家在建筑业方面的合作前景尤为广阔。未来中东地区人口高速增长将是推动建筑业快速发展的一个重要动力。据估计，到 2010 年中东海湾地区人口增长预计达 1.7 亿，而 1990 年仅为 1 亿。在未来 10 年的人口增长过程中，约 60％的人口在 25 周岁以下，这将导致每年将有几十万对的新婚夫妇购买新宅，推动建筑业发展。中国建筑公司在中东信誉良好。在过去的 20 年中，中国建筑公司曾在中东地区承包过数以万计的建筑项目，其中有许多在当地极具影响力，如伊朗德黑兰地铁、埃及万人体育馆等，都以其一流的技术和完美的设计深得中东同行的赞赏。因此，随着中东建筑业再度兴旺，中国建筑公司与中东地区的项目合作有望得到进一步加强。

（五）双方贸易互补性增强

随着中东重建和经济振兴，中东市场对商品的需求将大量增加。这对于中国企业开拓中东市场是一个良机。中东地区的工业基础薄弱，产品自给率明显不足，经济建设所需设备和人民的日常生活用品大都需要进口。中国的同类产品发展迅速，不但种类齐全，而且技术先进，与中东国家开展贸易合作具有优越的条件。与此同时，随着中国经济的快速发展，中国对中东的矿产资源，尤其是能源方面的需求将大量增加。中国是一个产油大国，但又是石油消费大国。随着经济高速发展，国内石油缺口越来越大。1993年以来，中国已成为石油净进口国，每年的进口量递增。预计到2010年进口石油将占中国总需求量的一半，而到2015年，则有可能达到中国总需求量的2/3。中东石油、天然气储量丰富，扩大进口中东石油是弥补中国石油缺口最理想的途径。双方经济互补性强，开展合作完全符合各自的利益。

中国与中东国家的经贸合作也存在一些制约和障碍，不利于今后双方合作顺利开展。

（一）双边贸易不平衡

近年来，中国与中东的贸易中，除与海湾产油国之间保持贸易逆差外，与其他大多数中东国家均维持贸易顺差，这将招致有关国家对中国商品采取征收报复性关税，实施反倾销抵制。如土耳其外贸署2007年9月至10月接连对从中国进口的聚酯合成纤维和电子挂钟征收报复性关税。与中国关系一直较为密切的埃及，也于2008年5月开始对中国的公共汽车和卡车轮胎征收反倾销税。2007年，中东国家与中国存在贸易逆差较为突出的国家有：土耳其，92亿美元；埃及，42亿美元。此外，以色列、叙利亚、摩洛哥和阿尔及利亚与中国的贸易逆差也都在10亿美元以上。因此，如何平衡中国与中东国家的贸易，是未来双方开展经贸合作不能回避的问题。

（二）中东地区局势动荡

长期以来，中东动荡不宁的地区局势给中国公司在中东投资带来了许多风险，造成了一定的负面影响。发生在一些国家的战乱以及近来针对中国工程人员的恐怖袭击，不仅使中国公司蒙受经济损失和人员伤亡，而且妨碍了中国公司在当地工程项目的正常开展。如2007年12月11日，发生在阿尔及利亚的针对中国工程队的自杀性恐怖袭击，造成10名中国工人死亡的悲剧，使工程进度受到严重影响。未来中东地区的混乱局面仍将延续，它对中国与中东经贸合作的负面影响难以消除。

（三）美国因素的干扰

中东对美国而言具有重要的战略利益，为确保它在中东的主导地位，美国长期以来一直对其他大国与中东发展关系加以干扰，对中国也不例外。中国改善和加强与中东国家的经贸合作，特别是在油气领域内的合作，被美国认为是对其在中东的石油利益的挑战。中国的崛起所产生的巨大的经济和地缘政治影响，更令美国不安。所以，美国在某些中东事务上故意找茬污蔑中国，企图阻挠中国与相关国家开展正常的经贸合作。发生在苏丹的达尔富尔危机就是一个突出的事例。受美国的掣肘，中国与中东国家，尤其与伊朗、苏丹等国开展能源合作难度加大。

四、就中国加强与中东经贸关系的几点建议

要进一步推进中国与中东经贸合作，中国有关方面尚需加强以下几方面的工作。

第一，加强对劳务人员的技术培训，提高劳务人员技术水平。中东是世界上最重要的劳务市场之一，竞争异常激烈。这对各国到中东劳务人员的技术素质提出了相应的要求，否则很难在中东劳务市场打开局面。20世纪80年代末，中东劳务需求主要集中在一些基础设施建设方面，对劳务人员的技术要求不是很高。进入21世纪，中东新一轮经济发展，使劳务市场对电信、

商业、金融、园林绿化、医疗护理、沙漠治理等方面的技术工人和专家的需求增加，而对熟练工人的需求比例下降。中国应针对这种情况，加强对劳务人员的技术培训。

第二，拓展合作范围，加强与中东国家在银行、保险、旅游等服务领域的合作。开展上述合作，有以下几个积极作用：1. 可以增加石油输出国对中国进行直接和间接投资，吸引中东的资金；2. 随着双方经贸往来日益密切，银行和保险业加强合作将直接支持贸易和投资规模的增长；3. 由于民族和宗教方面的关系，中国与中东金融和旅游合作将有助于中国西部地区的改革开放和经济发展。

第三，进一步发挥西北地区的桥梁作用。中国西北地区幅员辽阔、资源丰富，又是中国穆斯林的主要聚居区。当地回族和中东阿拉伯民族不仅有共同的宗教信仰，而且有着友好交往的悠久历史。发展中国与中东的经贸关系，有必要大力发展西北地区与中东的经贸关系，充分发挥当地的桥梁作用。中国政府可以根据中东市场特点和西北地区经济发展条件，对现有产业结构进行必要调整，重点扶持相关产业，为地区出口提供便利。这不仅有助于增强中国与中东经济上的互补性，还可促进中国西北地区经济的发展。

第四，采取适当措施，消除西方国家的干扰对中国商品出口所造成的负面影响。美国等西方国家极力排挤中东市场上的中国商品，使中国商品出口遇到种种阻力。中国的一些产品，无论从价格还是从质量上看，都比西方的同类产品具有竞争力，有的甚至更适合中东发展中国家使用。对此，中国应当采取适当措施，逐步化解西方干扰给中国产品造成的不利影响。在做法上可注意以下三个方面：1. 加大市场调研力度，找到供需双方的结合点；2. 搞好市场售后服务，在销售家电产品、机电设备、高科技产品的同时，采取适当措施帮助对方掌握使用技术，提供产品维修服务；3. 做好从市场到销售、售后服务到跟踪调查、反馈厂家改进等一系列工作。

第五，发展交通运输业，为拓展与中东的经贸合作提供便利。交通运输是目前中国与中东开展合作的一大难题。如土耳其的商品出口到中国新疆，都是通过海运到天津港，然后再通过铁路运输，整个行程需要两个月。若有直通的铁路，运输时间将缩短至 10 天。目前，中国仅有一条铁路通往中亚，经由阿拉山口进入哈萨克斯坦。这种落后的交通状况，已经不适应日益扩大的中国与中东经贸合作，应引起中国有关方面的重视。

跨国公司对华投资的影响及其对策措施

贺晓琴*

内容提要：随着中国对外开放的进一步扩大以及经济的持续稳定增长，基于自身利益考虑，跨国公司加大了对华投资战略的调整，将中国视为其全球投资链中的重要环节。毫无疑问，跨国公司对华投资在推动中国经济的发展、优化产业结构、促进生产要素合理配置以及加强出口贸易等方面产生积极影响的同时，也产生了一些负面影响。本文主要对跨国公司对华投资对中国经济的积极与负面影响进行深入的分析探讨，并就如何进一步优化跨国公司对华投资环境提出一些对策思路。

* 贺晓琴，上海社会科学院世界经济研究所副研究员。

一、跨国公司对华投资对中国经济发展的积极影响

自20世纪90年代中期以来，跨国公司对华投资力度不断加大，对中国经济改革的取向以及现代化建设进程产生了积极的影响。客观地说，跨国公司的进入为我们带来了技术、资金和管理，使我国的产业布局、产品结构、资金利用、管理技能与生产经验等各方面都有了很大的改善与提高，增强了我国的经济实力，提升了我国企业的国际竞争力，加快了中国经济融入全球化的进程。总之，跨国公司对华投资的积极影响，可从以下几方面加以阐述。

（一）进一步推动中国经济的发展

积极合理有效地引进跨国公司的投资，不但能加速中国参与国际分工的进程，而且能大力推进中国开放型经济的形成，促进中国经济实现跨越式发展。特别是20世纪90年代以来，作为中国开放型经济的主力军，外商投资对国民经济发展的促进作用明显增加。在中国境内设立的外资企业不仅具有中国企业的法律地位，而且已经深深地融入中国经济体系。这些企业创造了中国约1/3的工业产值，提供了全国超过1/5的税收，雇佣了2000多万员工。更为重要的是，外资企业已经成为中国参与全球竞争最积极的企业群体。外资企业引进的技术约占中国引进技术总量的50％，外资企业的出口约占中国全部出口的60％，中国高新技术产品出口的88％

是外资企业实现的。[①] 显然，外资企业作为最具活力的企业群体，大大加强了中国企业在全球的竞争实力，并且推动了我国经济的快速发展。

（二）引进先进技术，缩短与跨国公司的差距

发达国家的跨国公司资金基础雄厚，研发实力强大。跨国公司在激烈的国际竞争中，不断地研究和开发新技术、新工艺和新产品。世界上大部分最重要的技术创新都是由跨国公司完成的。作为发展中国家，中国的现代化建设需要大量一流的先进技术，但技术的发明创造需要花费大量的投资，要经过长时间的试验和累积，周期长、风险大，而且很多情况下国内企业无力承担如此巨大的开支，也无足够的科技人员从事大量研究。因此，从国外引进先进技术，不仅能较快得到我国现代化建设需要的技术，而且可以较好地弥补我国在新技术研究开发方面资金、人才缺乏的不足。

众所周知，外商直接投资是带动技术转移的主要渠道，跨国公司则在其中起着重要作用。目前，中国 50%的技术引进是通过跨国公司等外商投资企业实现的，其主要途径为：一是通过进口技术含量较高的资本货物和加工工艺，提升了国内产业的技术水平；二是通过引进内地不能制造的新产品，使高技术含量和高附加值的产品和行业在中国制造业中的比重增加；三是通过改善出口商品结构，使技术含量和附加价值相对较高的制成品在出口商品中的比重增加。当跨国公司把技术和创新活动引入中国的子公司时，虽然这种引进是在母公司的控制和监管下进行的，但为中国总体技术水平的提升带来了益处。尤其是通过其研究开发机

① 见《2007年中国外商投资报告》（第一章专论），中国商务部外资司。

构和子公司雇员培训活动，为中国培育了大批人才及创新能力。目前已有750多家跨国公司在华设立研发机构，[①] 据联合国贸发会议的研究，中国已经成为全球跨国公司海外研发活动的首选地，有高达61.8%的跨国公司将中国作为其2005—2009年海外研发地点的首选，美国以41.2%排在第二位，印度以29.4%排在第三位。[②] 毫无疑问，我国成为了跨国公司重要的海外研发基地。

通过与跨国公司的合作及竞争，国内企业也迅速发展起来，并进一步缩小了与跨国公司的技术水平差距。目前，中国已经涌现出一批有规模、有水平、有市场的大型企业集团。在一些成长性指标上，已经接近或者赶上世界500强企业，企业的成长方式也逐渐由粗放的外源式向内源式转变，在国际经营方面也取得了良好的成绩。据《财富》杂志2005年全球500强大公司的排名，19家中国大陆企业榜上有名，上榜数量居世界第六，仅次于美、日、英、法、德，而1996年中国企业只有3家上榜。中国企业不仅数量大大增加，而且质量也显著提高。2005年世界500强的平均销售收益率是6.42%，中国19家企业的平均销售收益率则是6.88%，超过了美国、日本、英国、法国和德国。有的中国公司甚至已成为行业的领先企业。例如，中国移动的销售收入排在全球电信公司第11位，但是其销售收益率和资产收益率分别排在第二和第三。最近，其市值跃升全球电信公司第一。[③]

---

① 《2006年中国外商投资报告》（第七章，跨国公司在华投资情况），商务部外资司。

② 《2007年中国外商投资报告》（第一章，专论二：数额稳中略降，质量继续提高），商务部外资司。

③ 《2007年中国外商投资报告》（第一章，专论五：外资并购与国家经济安全），商务部外资司。

（三）优化产业结构，加速“世界工厂”形成

在投资项目上，大型跨国公司大多数选择进入中国产业结构升级过程中正在大力发展的产业，从而大大地促进了我国产业结构的升级。跨国公司投资最密集的行业有微电子、汽车制造、通信设备、办公用品、仪器仪表、制药、化工等，而这些都是技术、资金密集型的行业。产业结构不断升级是工业化和现代化的必然要求，跨国公司的直接投资不仅能使中国获取静态经济利益，更能推动产业转换、结构升级，造就动态经济利益。

首先，跨国投资所导致的生产专业化和资源的优化配置，可以大大促进中国自身优势产业的发展。中国在发展经济中，由于自身所存在的瓶颈，限制了具有比较优势的生产要素作用的发挥。因此，通过跨国公司的直接投资，可以增强产业国际竞争力。例如，在中国改革开放初期，劳动力丰裕而资本和技术短缺。这时，通过跨国公司的投资带动劳动密集型产业的迅速发展。随着时间的推移，中国的比较优势发生了变化，资本密集型产业和技术密集产业就随之发展起来，从而实现产业结构的高级化。

其次，跨国公司投资的前后关联作用形成了外资的产业带动效应。大批企业被纳入跨国公司的国际化生产网络体系，从而使其生产和经营方向同大公司主导的产业结构变动保持高度的相关性。作为供应商的国内企业可以以较低的代价获得外商较全面的技术支持，从整体上提高了国内产业的技术水平及国内产业的国际竞争力。

第三，跨国公司的流入对国内同行的示范与竞争效应也促进了相关产业的向上升级。由于跨国公司的进入引起市场的竞争加剧，本土公司被迫转向更有效地使用现有的技术和资源，从而加

速企业技术改造和创新，促进竞争力提高；在跨国公司集中的区域，因收入提高和消费示范效应，可在一定程度上引起需求结构的变化，这种需求拉动效应显然会推动产业结构向高级化发展。

改革开放 30 年，中国经济获得了举世瞩目的发展，但由于诸多历史及经验等非经济原因，中国经济也面临着结构性过剩等问题，中国市场正面临着产业的大整合，而跨国公司在华战略的调整，无疑加快了这一进程，促进了中国产业结构的升级，促进了中国与世界经济体系的融合，加速了中国“世界工厂”的形成。特别是珠三角和长三角等中国南方沿海地区，跨国公司投资规模的扩大和配套率的提高，将加速当地企业集群的发展，促进这一地区产业结构的升级，使中国融入全球的分工体系，成为“世界工厂”。目前，中国的华南地区已经成为全球劳动密集产品、消费类电子产品和桌面型电脑的主要生产基地，华东一带正在成为资本密集型跨国公司和笔记本电脑、半导体等电子产品的全球生产地。

（四）加快出口增长，提升出口商品结构

出口的持续增长是中国经济持续稳定增长的一个重要因素。跨国公司是中国出口增长的重要推动力量。20 世纪 80 年中期，外资企业涉及的出口仅占整个中国出口总额比重的 1%，简直是微不足道。但近 20 年来，该比例一直在稳步提高，1993 年为 27.5%，2002 年为 52.5%，2004 年更高达 57%，进口额亦占到全国进口总额的 58%。而到了 2005 年，外商投资企业进出口总值已达 8317.26 亿美元，同比增长 25.42%，高于同期全国增幅 2.27 个百分点；占全国进出口总值的比重为 58.48%，同比提高 1.05 个百分点。同时，2005 年，全国出口增加值（1686.31 亿美元）的 62.62%和进出口顺差（1018.78 亿美元）的 55.65%

是由外商投资企业创造的，其金额分别为1056.02亿美元和566.94亿美元。与国内企业相比，跨国公司投资企业的出口能力更强，对中国出口的增长贡献显著。①

更重要的是，跨国公司投资优化了中国的出口商品结构。由于外资企业在引进技术、提高生产率、开拓国际市场等方面拥有很强的能力，其出口商品中资金、技术密集型产品，如机电产品和高新技术产品的比重较高，并一直保持增长态势。2005年，外商投资企业出口总额（4442.10亿美元）中，机电产品所占比重达到71.40%，为3171.85亿美元，同比增长33.62%；高新技术产品占43.21%，为1919.64亿美元，同比增长32.78%；但其占全国同类产品出口金额的比重则高达74.33%和87.96%。②

除此以外，跨国公司还吸纳了我国相当数量的剩余劳动力。随着利用外资规模的不断扩大，跨国公司吸收的劳动力数量逐年增加，由1985年的6万人增加到1999年的612万人，年均递增43万人，对同时期全国城镇就业新增数的贡献率达到7.4%。如果将直接或间接从事与外资企业有关配套加工、服务等活动以及参与利用国外贷款和援助项目的劳务人员计算在内，截至2004年末，外商投资企业的就业人员达到2400万人，约占中国城镇劳动人口的10%。③ 从某种程度上说，跨国公司在华投资缓解了我国就业难的问题，并缓和全面建设小康社会进程中的矛盾冲突。

---

① 《2006年中国外商投资报告》（第七章，跨国公司在华投资情况），商务部外资司。

② 《2006年中国外商投资报告》（第七章，跨国公司在华投资情况），商务部外资司。

③ 《2005年中国外商投资报告》，商务部外资司。

（五）弥补资金不足，促进生产要素合理配置

虽然跨国公司流入中国的资金数量有限，远远满足不了中国经济发展的需要，且资金流入只限于一段时间，但必定能够起到一定的作用。通过投入资金和技术，打破中国生产要素不配套而使生产发展受到阻滞的障碍，使本来不能利用的要素得以充分地发挥作用，促进生产要素的合理配置。中国将引进的技术和资本与本国的廉价劳动力及某些丰富的自然资源相结合，使中国的优势资源得到充分利用，创造新的生产能力。如桑塔纳轿车合资10年，即形成了年产 20 万辆的生产能力，1994 年实际生产11.50 万辆，并推出新一代车型，成为目前国内生产量和市场占有量最大的轿车厂，其产品替代了大量进口。跨国公司资金输入补充了中国紧缺的资源，扩大了就业。随着经济的增长，人均收入也得以提高。有关部门对 30 家著名跨国公司投资企业调查，这些企业共投人 6.50 亿美元，每个项目平均达 2200 万美元，大大超过了全国外资企业平均外资规模 138 万美元的水平。

（六）引入先进经营管理模式，提高人员素质

跨国公司对华投资也为中国带来了国外先进的经营管理模式，为我们学习、应用、推广外国科学的经营管理经验，提高中国企业的运营质量与国际竞争力，创造了极为有利的条件和空间。跨国公司的管理模式是经过千锤百炼总结出来的管理体系和规章，而国内的很多企业还在摸索如何适应市场经济的环境，探讨适合本企业的管理体系和规章，其难度不言而喻。从 1949 年到 1978 年，当西方已经把管理视为科学的时候，中国还是一个对外实行闭关锁国政策的计划经济国家。长期以来人们更看重有形资产，对管理这样一个“软科学”重视不够。西方企业家认

为，没有先进技术就等于没有“脚”，永远走不出国门及走向世界市场；没有科学的经营管理才能就等于没有“头脑”，即使有了脚走出国门，但在竞争激烈的世界市场上也难以站稳脚跟，更遑论立于不败之地。可以说，有了好的管理，就能把握住市场，就明白该干什么，能干什么，技术、资金也就会随之而来。

一个企业要想取得比较好的经济效益，出色的管理人才是必不可少的。而中国管理科学起步远远落后于西方发达国家，因此优秀管理人才的缺乏也就不足为奇了。跨国公司的进入，使中国的管理人员可以如此近距离地观察和学习它们的管理结构和管理机制，提高自身素质。大多数规模较大的跨国公司投资企业都提供了人力资源培训项目，在人力资源开发方面的支出要远远超出国内许多同类企业；许多跨国公司投资企业为其中国境内雇员提供的培训机会和培训设施，与母国公司的雇员相差无几。另外，跨国公司对华战略的调整使大量国外人才回流，促进了中国人力资源的素质不断提高。所以，通过跨国公司对职员的培训，不仅会缓和我国管理人才短缺的问题，而且会不断增加中国经济发展所需要的与世界接轨的人才。

二、跨国公司对华投资的负面影响

历史的经验表明，无论是一个国家，或一个地区，以跨国公司为代表的外商投资尽管会推动其经济社会的快速发展，但也会带来负面影响，其中尤以发展中国家为最。中国自然也不例外，主要表现在以下几个方面：

（一）对国内企业造成巨大的冲击

中国改革开放以来，特别是1993年以来，世界著名跨国公司纷纷投资中国，如此之多的世界级著名跨国公司进入一个国家投资必然导致极其激烈的竞争。而且过去几年中国吸引外资的侧重点，由原来的以劳动力成本低为主要动力转变为以中国市场的消费为主要动力，这就对国内企业造成了很大的冲击，从某种意义上讲，真正的市场竞争开始了。另外，由于在管理体制上中国与世界先进国家差距较大，因此中国企业与跨国公司的竞争并不在同一条起跑线上。随着跨国公司纷纷在中国抢滩，一些中国的民族企业被拥有雄厚资金的跨国公司收购，跨国公司以它的商标替代我国企业原有商标，取得控股权，占领市场；还有一些公司虽还未被收购，但由于受到跨国公司强有力的挑战，市场份额被日益侵蚀，在激烈的竞争中苦苦支撑。这是我们不得不面对的残酷现实。

（二）跨国公司引入技术所起作用的有限性

一些跨国公司虽在中国建立技术开发中心，但是这些研发中心多数还处于初级阶段，往往只进行针对中国市场的适应性开发。在很多情况下，跨国公司往往不会把最先进的技术引入中国，跨国公司的考虑是以技术转让不损害其技术垄断地位为出发点的。有时会把一些相对于跨国公司母国已经过时的、已经失去竞争力或正在普及和标准化的技术引入中国。即使转移了部分高精尖的技术，往往以各种限制性条款来限制中国对转让技术的使用。如日本在技术转让方面，对中国人只讲操作，不讲性能，只讲基本原理，不讲诀窍，高新技术投资少，日本技术国产化难。长此以往，中国可能会变成跨国公司在全球经营网络中的一个简单加工厂。这样，中国的技术只停留在交换的层次上而不是开发的层次上，无法培育和发展我们自身的创新能力，在国际分工中始终处于从属与被动的地位，至多只能获取有限利益，难以实现发展中国家的“后发性利益优势”。可以看出在跨国公司的全球战略安排中，中国还处在比较低的层面上，在全球化中分享的利益有限。虽然跨国公司把中国逐步纳人其价值增值链之中或者经营网络之中，但在这些经营网络的节点中，增加值最大的是营运中心。中国目前由于交通、通讯等基础设施的不足，特别是知识密集型服务业落后，还难以作为跨国公司的营运中心。

（三）跨国公司在华投资的地区和行业选择

跨国公司从利润最大化出发，倾向将资本投向东道国利润丰厚的行业和部门。跨国公司在华投资的地区和行业选择，与中国国民经济发展的长期目标有一定差距。虽然大多数项目的行业是中国国民经济建设所需，但毕竟有一批是我国多次引进、并在国内已经形成较强生产力的项目。过热的项目包括电子、家用电器、通讯设备等。而中国迫切需要的农业、能源和矿产加工等基础产业却门可罗雀。在地区选择上，跨国公司偏重东南沿海地带，在中国中西部地区投资只占投资项目的10%左右，这与中国发展中西部的导向偏离更加明显。

三、进一步优化跨国公司对华投资的环境

为了尽快缩小与跨国公司的差距，适应经济全球化的浪潮，我国企业应当针对跨国公司的全球战略制定自己的对应战略，进

一步优化跨国公司对华投资的环境。

（一）制定适当的政策

总体上来说，跨国公司来华投资的利大于弊，因此对待跨国公司投资应采取积极鼓励和主动争取方针，制定各行业吸收跨国公司投资的战略和一系列的配套政策。政府要进一步加大对外开放的力度，同时对内尤其是国有企业进行更理智的改革。但是为了把跨国公司对中国经济发展造成的不利降到最低限度，保障中国经济安全，增强抗衡跨国公司垄断国内市场与保护本国权益的能力，以及抗御跨国公司转移外部风险的能力，国家要特别注重利用外资的管理，如提高利用外资的质量和效益，引导外商投资方向，促进国内产业结构调整和优化升级，逐步从引进国外资金向引进国外先进技术、现代化管理和专门人才转变等。对于以跨国公司为代表的外资企业对我国本土企业造成的影响，我们不仅要有清醒的认识，而且要采取客观实际的防范措施，利用外资促进我国经济的发展。

（二）要积极建立一个透明度高、统一一致的投资环境

投资环境被很多跨国公司认为是在东道国所面临的最不稳定的因素，也是风险最大的领域。投资环境由硬环境（即物质环境）与软环境（即人际环境）组成。硬环境包括交通设施、通讯系统、能源供应、仓储设备、生活居住等。软环境包括开放进程、投资刺激、政治社会安定、政策连续性、法制健全程度等。中国要特别注意政策的连续性和稳定性，政治风险太大是一国吸引外资之大忌。吸收跨国公司投资符合我国利益，作为世界上最大的新兴市场，外国直接投资已经成为促进中国经济增长的重要来源之一。只有形成一个较好的投资环境，才能使外资更好地为

本国服务。

（三）加强与世界跨国公司的合作与交流

"学习、合作、竞争"这个战略的实质是以积极主动的姿态面对跨国公司的挑战，变消极防御、被动挨打为主动学习、积极合作、勇于竞争。重视学习跨国公司先进的管理经验和市场开发策略，并进行广泛而深入的合作。如中国本土企业为了提高国内国际竞争力，应有选择地积极争取与发达国家的跨国公司缔结跨国战略联盟，通过合作研制开发高新技术，以达到引进先进技术、获取新的利益来源、合理配置资源、促进我国跨国经营发展的目的。另外，我们要积极借鉴国外跨国公司成功经验，像如何有计划地扩大资产经营，以有限的资产调动各类社会资源，扩大资产的辐射范围；如何像美欧日跨国公司那样重视股东利益，增加经营透明度，不断提高营业收益率和资产收益率，而不是仅仅重视市场占有率；如何通过选择和集中，加强有竞争力的主营业务；如何实现企业经营重点从制造向销售、服务转移，从硬件产品向系统产品转移等等。

（四）积极发展中国自己的跨国公司

为了紧跟世界经济发展潮流，提高国际竞争力，中国一批有实力、有条件的企业要大力发展国外投资，实行跨国经营。尤其是我国加入 WTO 后，不能只看着外国公司到中国来抢占市场，应充分利用自身优势，冲出国门，走向世界。只有拥有了一批自己的在世界经济领域充当主角的公司，才能体现国家的世界地位具有影响世界的实力。中国要想加强国际竞争力，必须培养一批具有全球影响的跨国公司。企业通过在海外投资，积极开拓海外市场，充分利用国内外两个市场、两种资源，获得更大的生存空间。

随着跨国公司成为国际经济活动中的主角，我们要加强对跨国公司的认识，尤其是明了它与中国经济发展的关系。既要了解跨国公司对中国的积极作用，善待跨国公司，又要了解它们对中国经济的消极作用，并尽量减少这种负面影响，让它们为中国经济增长、技术进步和社会发展做出贡献。

对中国国家形象的刚性认识

虞卫东*

内容提要：中国外交走向国际经历了相对孤立——部分参与——全面参与的过程。在全球化日益加剧和中国经济快速增长的背景下，中国在国际舞台上的展示机会越来越多，中国国家形象的重要性越来越突出，也引起了全世界人民和国家的关注。如何塑造一个真实可信的中国国家形象，我们面临着许多刚性问题：西方对中国的认识偏好，中国发展的客观现实和负责任大国的承诺等。中国国家形象的塑造是机会，更是考验。

一、西方对中国形象的认知刚性

虽然，在心理学上有各种各样的认知模式，但是，我认为，不同的文化和历史背景，包括生长环境，造就了人们截然不同的价值观和判断标准。因此，认知灵活相符理论有助于我们客观合

* 虞卫东，上海社会科学院欧亚所副研究员。

理地去认识主客体双方的立场，由此做出建设性的判断和决定。虽然有人认为，认知是多方面的，相符理论只是一种解释，但我认为，关键是看这种理论是否能准确反映人们的认识活动。

广义的认知与认识是同一概念，是人脑反映客观事物的特性与联系，并揭露事物对人的意义与作用的心理活动。现代认知心理学强调认知结构的意义，认为认知系以个人已有的知识结构来接纳新知识，新知识为旧知识结构所吸收；旧知识结构又从中得到改造与发展。作为建构主义的“认知灵活性理论”（Cognitive Flexibility Theory）认为，认知不是单单地提取，它有着经验背景，是以自己的方式构建对于事物的理解，不存在正确与否的标准。事物的意义并非独立于我们而存在，而是源于我们的建构。认知相符性是一种强烈的认知取向，即人们趋于看见他们预期看见的事物，趋于将接收的信息归入自己原有的认识中去。[①] 我们喜欢的国家会做我们喜欢的事情，支持我们的目标；反之，我们不喜欢的国家会做伤害我们的事情，损害我们的利益。大多数人发现他们的朋友的确相互喜欢，具有相同的价值观。一个国家是否“喜欢”另外一个国家还取决于行为体对这个国家利益的认识。人们往往过多依赖权威，盲目接受权威的建议。这些权威的导向作用与国家权利机构的利益是紧密联系的。[②] 认知方对事物的认识更多是基于自身的价值和利益判断，行为体的一切举动都会引起认知方的怀疑，都摆脱不了原有的认知框架，使双方间业已形成的心理鸿沟越来越难以弥合。

西方不少国家是属于低情境文化，是直线型逻辑，喜欢直接

---

① ［美］罗伯特·杰维斯：《国际政治中的知觉与错误知觉》，秦亚青等译，世界知识出版社，2003年8月版，第112页。

② 同上书，第117页。

的沟通和直线式推理，强调个人观点和个人责任感。既推销自己，宣扬成就，也要为自己的错误承担相应的责任。中国是属于高情境文化，依赖含蓄的沟通，迂回、间接的推理。在西方人看来，中国人是个谜，是一个既有突出的民族个性，又相互间十分矛盾的民族。中国人的思维方式是联想和曲折的。在西方人看来，中国人充满了神秘性。西方人喜欢直来直去，实话实说；而中国人则喜欢拐弯抹角，半真半假。因此，西方人在与中国人打交道时，存在不信任。西方总是用“他者”来看待中国。由于价值取向和利益的差异，西方关于中国的一些认识和固定观念是西方传统文化概念的一部分，一方面对中国存有戒心和不理解，另一方面无法摆脱殖民主义的蔑视。西方人以高人一等的优越感来俯视中国，中国只能是一个跟在西方后面乞求顺从的弱者。中国发展得快些，就是有威胁。西方人能接受的是一个在他们掌控中的中国。所以，出现“中国威胁论”或者“中国衰退论”也在意料之中。

这样的认知是我们无法改变的，也无需去改变。这是世界多样性的魅力，也是人类相互依存、相互督促和共同发展的动力。中国的发展同样也避免不了这种认识的惯性。我们只有认清了这一点，才会在塑造国家形象的努力上更上一层楼。

二、对中国发展的刚性认识

从2004年起，中国成为了世界钢铁、铜、燃煤、铁矿等原料最大的消费国。西方就担心中国会与它们争夺资源。据估计，不久，中国将超过德国，成为第三大经济体。在西方人看来，这是种“威胁”。对于所谓的中国在20世纪90年代中期快速崛起的兴趣和关注，与其说是被真实的、渐进的、“预期的”（estimated）力量变化所驱动，还不如说被正如威廉·沃尔福·威茨一再谈到的“被感知的”（Perceived）力量所驱动。[①] 外部国家对中国急剧增长的实力的感知与中国认为仅取得有限成绩的自我认知存在偏差，中国共产党更加愤怒地回应最初在 90 年代中期西方分析家中开始流行的新“中国威胁论”。[②]

20 世纪 80 年代和 90 年代，中国经济的飞速发展不仅提高了中国人民的生活水平和提升了国家实力，而且引起了世界的关注，但这一发展在其他国家看来，是具有突破性的，这一突破性变化的认知被部分拔高了。因为，中国的经济增长起点低，人口多，总量大，人均低。在军事方面也是如此，中国增加弹道导弹的数量和种类，着手改进战略核弹头，通过海军及空军重组和改装形成实际的投射力量，这一切均有助于形成下述印象：中国关心的可能不会只是将其军队用于挫败其他国家挑战中国的领土统一上。[③] 由于中国视自己的发展只是确保其国家利益，而其他国家却对中国的发展十分警惕，中国陷入了安全困境。

当 IMF 按照购买力平价来评估 GDP 时，中国的排名马上上升。虽然这只是一个经济指标的修正，是对中国经济发展评估的还原。但在一些人看来，这是一种提醒。他们对总量的关注远远超过了对中国国内问题和人均低的事实的关注。中国发展的绝对值成了“中国威胁论”的依据。由于全球化和商品的同质化，世界人民对物质利益的追求空前高涨，能源和资源的消耗日益激烈，各国政府对这些能源资源的需求和敏感度也是

---

① [美] 金骏远（Avery Goldstein）：《中国大战略与国际安全》，王军译，社会科学文献出版社，2008 年 4 月版，第 79 页。

② 同上书，第 88 页。

③ 同上书，第 83 页。

不言而喻的。

随着中国力量不断增长，围绕中国而产生的猜疑和防范将增加。首先，更加强大的中国将要求在管理国际事务上扮演更加重要的角色，而这一角色一直是由世界上的领导国美国来扮演的。[①] 按照权力转移理论的逻辑，霸权国认为及早采取行动来阻止权力转移才是明智之举。其次，中国实力上升和发展也将引起邻国的反应和警惕，这些邻国关注中国可能以何种方式使用其不断增长的实力。如沃尔特强调的，大国自身也许并不会一直被认为是需要做出回应的，但威胁、冲突可能会出现，原因是地缘关系以及19世纪西方帝国主义到来之前中国支配东亚地区这一经历，因此对北京而言，减轻东亚国家的如下担心是困难的：中国将如何使用其增长的实力。[②] 再有，一些发展中国家对中国现实主义的发展十分担忧，在能源和经济的竞争上出现了零和博弈，虽然我们一直强调双赢。从中国的现有能力和历史文化属性来看，杰出的意大利耶稣会会士利玛窦曾在1582至1610年间居住在中国，他对中国人的不好战、不尚侵略和宗教信仰自由也同样大为惊异。他写道："……如果我们停下来细想一下，这一点似乎很出人意外。在一个几乎可以说其疆域广阔无边、人口不计其教、物产多种多样且极其丰富的王国里，尽管他们拥有装备精良、可轻而易举地征服邻近国家的陆军和海军，但不论国家还是他的人民，竟然都从未想到去进行一场侵略战争。他们完全满足于自己所拥有的东西，并不热望着征服。在这方面，他们截然不同于欧洲人；欧洲人常常对自己的政府不满，垂涎其他人所享有

---

① ［美］金骏远（Avery Goldstein）：《中国大战略与国际安全》，王军译，社会科学文献出版社，2008年4月版，第94页。

② 同上书，第98页。

的东西。”[①] 但真正发展中的就业机会、投资机会和市场机会存在一定的刚性。你赢得的，就是别人失去的。因此，任何解释在中国的发展面前显得苍白无力。

三、塑造中国负责任国家形象的机遇和挑战

结合上述的刚性认识，在原有的认知框架下，西方不会去客观地考虑人均和其他质量指标。他们更关注的是中国要超过他们了。现实的利益冲突和原有的中心主义立场会加深西方以及其他国家对中国的“防范”。因此，从双方的认知来看，要让西方认同中国的行为和发展是十分困难的。在塑造中国国家形象的问题上，我们必须要有明确的定位。因为，首先，中国的国家形象受到的评价比较低，而且与复杂的现实很不一致；第二，将中国的国家形象转变为真实可靠、言行一致并且坚定不移的形象，其重要程度不亚于改革正面临的其他严峻挑战。调查数据表明，世界上大多数人早就知道中国拥有历史悠久、博大精深的文化。反复再强调这一点根本无助于树立中国的新形象。要向外界传达明确的信息，就必须上下一心、共同努力来树立真实可靠、言行一致的国家品牌形象。[②]

随着中国不断走向世界，积极推行多边外交，中国的国家形象是一把双刃剑，塑造好了，事半功倍，反之，事倍功半。因为

① ［美］斯塔夫里阿诺斯：《全球通史—1500年以后的世界》，上海社会科学院出版社，1999年5月版，第14页。

② 乔舒亚·库珀·雷默等著：《中国形象 外国学者眼里的中国》，社会科学文献出版社，2006年12月版，第45页。

我们的一言一行都要在全世界面前展示，国家形象问题是中国当前最棘手的难题。中国的国家形象没有跟上时代和发展的步伐。西方国家对中国的看法，自然摆脱不了认知的“偏见”和戒心。而中国对自己的看法，又往往在自负与自卑之间不停摇摆，有时候充满自信，有时候又缺乏起码的安全感。① 一个主要的情感倾向是常常过于强调自身，因而难以理解对手。这虽达不到完全的自恋（在实权领导者中也并非少见），但同样伤害对外关系。正如罗伯特·肯尼迪在古巴导弹危机后所指出的，不能设身处地从他人角度设想（移情作用）是最致命的错误。你很难预测或理解他们的回应，而且这意味着你不能够在别人退让的时候让他们有台阶可下。人们常常认为他人应该基于与自己同样的假设而采取行动，否则他们就是敌对的野蛮人、为社会所不容。民族主义经常制造后一种效果。②

要树立一个良好的国家形象，关键是我们首先要有一个定位。新现实主义理论的解释是，多行为体间的合作行为是以利益为目的的战略互动的结果，在缺少交往、信任和第三方强制的非合作性博弈中，也能达到合作的结果。新现实主义的解释并非注定毫无意义。但是新现实主义方法确实有其局限性，它忽视了合作还依赖于一套事先产生却又未被认识到的因素，包括集体信念、假定的习惯和共有价值观。反思主义则认为：如果国家的特性仅仅是利益和战略，那么将不会产生合作的结果。对游戏规则的共同理解，行动得到准许的程度，选择和结果之间的联系以及博弈中行为者的本质，都是重要的前提条件。这样说是为了使我

① 刘明著：《当代中国国家形象定位与传播》，外文出版社，2007年1月版，第9页。

② ［英］克里斯托弗·希尔：《变化中的对外政策政治》，上海人民出版社，2007年7月版，第130页。

们认识到，共同的理解和交往理性，是与工具理性同样重要的。[1] 罗伯特·基欧汉在2002年出版的《局部全球化世界中的权力与治理》一书中，更明显地借鉴了建构主义的观点。他指出，"制度既为人类行为所造就又建构人类行为，这既是个体主义的又是制度主义的。"在谈到自利与理性的概念时，他指出，"一个人的自我利益不能与其主导信念或认同区分开来。"因此他认为在研究国际制度时应该将理性主义与反思主义结合起来。我认为，中国的国家形象的塑造应该既重视现实主义的合理性，也要结合反思主义的长远性。

中国兼现状维护者与渐进改革者于一身。作为地区性大国的中国，不再以"挑战者"身份要打破现存国际体系为目标，而是在积极参与国际体系的基础上，谋求对国际体系的改造，对国际规则施加影响，争取更多的话语权。[2]

在体系主导大国与中国的相互影响不对称、西方对中国的认知定式不适应中国的快速发展的情况下，在围绕国际机制展开的多边外交活动中，中国在兼顾自身国家利益和主权的基础上，需要承担必要责任、树立良好的声誉和尽可能地做到公正透明。要求一个国家克制，甚至放弃某些领域内的单边或双边的利益。

1. 声誉：一国在遵守国际机制、履行国际承诺方面声誉的好坏影响着中国的形象和达成国际协议的能力。这很大程度上取决于参与者信守诺言的意愿和能力的预计。履行承诺的意愿和倾向有助于获得其他国家的信任，提高自身的协议达成能力，增加多边合作的获利机会。也必须从战略的高度来看待和注重其遵守

① [美] 约翰·鲁杰：《多边主义》，浙江人民出版社，2003年版，第93页。

② "Chinese Foreign Relations: Power and Policy since the Cold War," Robert G. Sutter Romman & Littlefield Publishers, Inc. 2008, p. 45.

机制、履行承诺的声誉。声誉具有不随国家角色变化的普适意义。中国也只有遵守国际机制和保持履行国际承诺的声誉，才能在多边外交中赢得更多的主动性。尽管，各国政府也许是因为强硬乃至愿意欺侮弱国才重视声誉，而不是因为遵从承诺才重视之。[①] 20世纪90年代中期（也包括中国在APEC论坛中的年度会议上越来越积极）中国的行为显示，中国认为自己正在由国际经济中的客体转变为主体。[②] 1997年年末，东南亚经济危机加深，威胁着整个世界的金融稳定。当邻国货币贬值时，中国决定人民币元不贬值。而且，更重要的是，北京明确表示这是中国为了稳定危险的国际形势而采取的一项措施，为此中国政府付出了重大代价。中国是出于大战略方面的考虑，而并非仅仅是经济上的算计，因而，坚持人民币不贬值的政策不仅提高了中国的声誉，同时领导人所展示出的负责任的态度，也有助于证明一个日益繁荣的中国应该在日益一体化的全球经济中尽快发挥更显著的作用。

2. 责任：它包含两个相互联系的部分：第一部分是正式的义务，即由于个人所扮演的角色而对他人承担的义务，但这只是合理限度中的责任。责任的第二部分含义指的是“责任人”内化的义务感，即：“自己承担责任，就意味着不指责他人的过错。这经常被看做是成人的定义。在即将沉没的船上，船长是最后一个离船的人——他要承担责任。从这个意义上讲，责任就是负担决策及其后果，不管这样是否公平合理。”相反，不负责任的行为就是无视自己对他人的实际义务，不在乎后果如何——即便这

① ［美］罗伯特·基欧汉：《局部全球化世界中的权力与治理》，北京大学出版社，2004年5月版，第241页。

② ［美］金骏远（Avery Goldstein）：《中国大战略与国际安全》，社会科学文献出版社，2008年4月版，第86页。

种后果也涉及自己的利益。[①] 一个负责任的大国承担着机制建设的领导责任，并且是国际机制创建者和维持者，承担着解决公共物品供给不足等问题。大国的推卸责任必然造成公共物品的供给不足，使包括自身在内的所有成员国的利益受损。中国作为一个在全球事务中影响力日益上升的大国，在各种国际机制的创建和维持中，不仅要积极参与，还要发挥积极的领导作用和承担责任的勇气。

3. 公正透明：中国作为发展中大国，就意味着中国需要努力实现各种体现发展中国家偏好和需求的全球性公共物品的供给。中国在国际事务中一贯主张正义，主持公道，反对霸权主义，为维护世界和平、促进共同发展发挥了建设性作用。“针对当前存在着的不合理、不公正国际政治经济旧秩序，中国坚定地站在发展中国家一边，坚决主张在平等互利、协商一致、求同存异、循序渐进的基础上，开展多层次、多渠道、多形式的国际安全对话和国际经济合作。”作为一个地区性大国，中国的关注点与其他发展中国家不尽相同。例如，在核裁军、防扩散等问题上，我国的立场比较接近于发达国家，这样在多边组织的讨论和谈判中就会与发展中国家发生矛盾，有时甚至站在对立面。这就需要我们耐心地讲事实，阐明自己的立场和处境，不是一味地回避。同时也要适当考虑对方的利益，并且运用反思主义强调的对游戏规则的共同理解、行动得到准许的程度、选择和结果之间的联系等细节来说服对方。中国需要开诚布公地告诉外界自己正面临的挑战，尽可能地解释为什么会与国际社会的期望有所偏差，同时还需要不断强调一个观点，即中国正处于自我变革的过程

---

① ［英］克里斯托弗·希尔：《变化中的对外政策政治》，上海人民出版社，2007年7月版，第344页。

中，其目的是要使国家更加富饶和自由。然而，这毕竟不能一蹴而就。至少有研究表明，人们在谈到对中国的感觉时，“创新”这一印象与“古老”还是同时存在的。[①] 中国习惯了把自己的想法强加给世界，这种“广播”模式要逐渐转变成另一种模式，即中国的形象最终还是由世界说了算。这就意味着不能沿用自上而下的办法，而要采用更广泛的多向网状传播途径。系统地对外宣传自己的文化、政治和经济生活，使外国人既能看到中国好的一面，也能看到中国不好的一面，最终形成他们自己对中国的理解方式。[②] 与以前相比，中国在这次抗震救灾中表现出了一个以人为本、公开效率的形象。《新西兰先驱报》（New Zealand Herald）发表社评称：“中国在对本周四川灾难性地震的反应中，展现出同情、公开和效率，给国家带来新形象。”

那么我们到底如何来应对“中国威胁论”、“中国衰退论”等等，塑造国家形象呢。中国很少注意到自己在引发紧张反应时所起的作用，而更多地视其为毫无根据的担忧。[③] 事实上，我们不应该是用“挑战—回应”来分析和应对，而是在确认西方不会因为我们的改变而改变他们对我们的认知的前提下，提升中国的国家形象，打造中国形象不是做给西方人看，而是真正提高中国的实力，尤其是中国国内的物质文明和精神文明建设，从国家、企业和个人三方面入手，全面提高自己的形象，包括心态、处事方式和行为举止等。让中国变得更自信，更具有世界性和更大气豁达。

---

① 乔舒亚·库珀·雷默等著：《中国形象 外国学者眼里的中国》，社会科学文献出版社，2006年12月版，第45页。

② 同上书，第48页。

③ ［美］金骏远（Avery Goldstein）：《中国大战略与国际安全》，社会科学文献出版社，2008年4月版，第54页。

中国需要对发达国家提出的各种制度设计方案进行审慎和科学的分析，对其可能造成的利益分配结果必须具备清楚的认识，力求国际机制以公正的原则作为各种具体规则制定的依据。例如在环境保护、知识产权问题上，既要表明中国对这些问题的重视，还要强调它们决定了中国的经济社会能否健康有序持续发展。同时也要用事实向发达国家说明中国的困难：过度的知识产权保护不利于像中国这样的发展中国家环境保护技术的及时运用和提高，包括医疗健康水平的保障。让西方明白，世界是相互依存的，气候恶化和疾病传播等不再是“各家自扫门前雪”的事情。全球化既要尊重发达国家的创新，也要同时兼顾发展中国家的创业历程。总之，只要我们拥有大国的宽容、积聚中国人的智慧和逐渐增强的自信和豁达，中国会在发展的道路上走得更坚实，更宽广。

1975 年中国和欧共体建交的战略基础及其国际影响

戴轶尘*

内容提要：20 世纪 60 年代末、70 年代初国际关系出现的大动荡、大分化和大重组促使中国和欧共体逐渐认识到了双方在抵制霸权主义和维护世界和平上存在着共同的安全战略利益，双方于 1975 年正式建立了外交关系。中欧建交在一定程度上动摇了两极格局的基础：对于中国而言，中欧建交是中国支持西欧联合、推行反对霸权主义的“一条线”对外政策所取得的重大成果；对欧共体而言，中欧建交打破了当时社会主义国家与欧共体长期互不承认的僵局；在美国看来，中欧建交符合当时美国联合中国制衡苏联的大战略，但中欧签订贸易协定将会妨碍美国的经济利益；而在苏联看来，中国和欧共体的相互接近会成为东欧国家增强其政治和经济自主性的潜在推动力，从而使欧洲对苏联的态度更为强硬。

* 戴轶尘，上海社会科学院欧亚所研究实习员。

一、中欧接近的战略基础

欧洲学者哈里什·卡普尔曾把中国和欧洲称为“遥远的邻居”[①]——中欧之间不仅在地理上相隔万里，而且在政治上和战略上也存在着差异。在两极格局的制约下，中国和欧共体长期处于疏远状态。20世纪60年代末、70年代初，国际政治格局出现了大动荡、大分化和大重组的态势，战后国际关系的主要矛盾正从两大集团的对抗转变为美苏两个超级大国争夺世界霸权。这促使中欧双方为维护自身安全与世界和平而在反对霸权主义的前提下形成了共同的战略利益。

冷战时期的国际关系是以美苏为首的两大集团在政治上的对抗和军事上的对峙为特征的。由于两大集团都通过“社会主义”和“资本主义”之间的意识形态之争，渲染自己集团的国际行为和集团利益的合理性与正当性，导致国际关系呈现出强烈的阶级性，从而使美苏两极在国家利益上的对立被意识形态斗争所掩盖。然而，美苏两国实际上“主要根据自身对利益的计算来制定战略。战略的设计可以更多地着眼丁主要对手，而非满足盟友的需求”。[②] 美苏两国通过在政治、经济、军事等方面的支援和控制各自集团的内部成员而实现了自己集团在意识形态、政治制度、经济体制以及外交等各个领域的联合与一致，并通过抵制对方的集团来维护自己集团的凝聚力。这就不可避免地会严重抑制

---

① Harish Kapur, *Distant Neighbours*: *China and Europe*, London, Printer Publisher, 1990, pp. 3—7.

② ［美］肯尼斯·华尔兹：《国际政治理论》，信强译，上海人民出版社，2003年版，第229页。

乃至损害集团内其他成员国的独立自主性和发展需要，从而导致从属国与领袖国之间产生分歧和矛盾。因此，在美苏对峙的同时，“其他势头也在发展，使得国际上的大国体制变得不像初期那样更具两极性。不仅由于第三世界的崛起使问题复杂化，而且在以前看来是莫斯科和华盛顿操纵下坚如磐石的两大集团中也发生了明显的分化”。①

随着70年代初美苏争霸、苏攻美守态势的形成，中国和西欧都必须面对着苏联咄咄逼人的扩张态势。正是在这一共同的外部军事威胁的强烈刺激下，中欧双方不约而同地萌生出了共同的安全需要——相互借重对方以抵制苏联的霸权扩张、减轻美国的压力。“安全是国家的最高目标”，② 共同的安全利益缩短了中国和欧共体之间在地理上的距离，为中欧双方相互接近并确立正式的外交关系提供了重要的战略基础。

二、中欧双方的战略共识和政策调整

中国对国际形势的判断决定了中国对欧共体的认识和战略定位。毛泽东敏锐地认识到六七十年代国际政治力量之间的分化与重组中酝酿着多极化的潜流，从而对外交工作的指导思想进行了重大调整，提出了划分三个世界的战略思想，为中国调整对欧政策、推动中欧关系走向正常化提供了理论依据。

---

① ［美］保罗·肯尼迪：《大国的兴衰》，世界知识出版社，1990年版，第446页。

② ［美］肯尼斯·华尔兹：《国际政治理论》，信强译，上海人民出版社，2003年版，第167页。

1974年2月，毛泽东在与赞比亚总统卡翁达会见时正式提出了“三个世界”理论：“我看美国、苏联是第一世界。中间派，日本、欧洲、澳大利亚、加拿大，是第二世界。咱们是第三世界。”[①]“三个世界”理论的提出表明中国不再将东西方矛盾，即资本主义国家和社会主义国家之间的矛盾视为世界的主要矛盾，而是认为全世界人民反对超级大国霸权主义的斗争是主要矛盾。在这一斗争中，中国作为社会主义国家，是第三世界的重要组成部分，而西欧发达国家作为资本主义国家，则是第三世界反对两个超级大国霸权主义的斗争中所必须争取的对象。[②]在这一思想指导下，中国越来越重视欧洲一体化进程的政治内涵，开始将欧共体视为制衡美苏两极的重要力量。

首先，《人民日报》对欧共体的报道开始将其视为一个经济政治联合实体，突出强调了西欧联合中反抗美苏两个超级大国的一面。1970年6月28日的《人民日报》在报道法国总统对欧洲政策时，重点强调了“法国决心同西欧共同努力，建立一个独立于美国和苏联的欧洲”。同时还指出英国被接纳为“共同市场”成员国“反映了西欧各国联合起来反对超级大国控制和干涉的趋势正在进一步发展。这是对美帝在西欧摇摇欲坠的霸主地位的又一次沉重打击，使美帝更加孤立”。[③]1972午10月，欧共体的巴黎首脑会议上，各成员国首脑一致宣布希望在70年代末将成员国间的整体关系提升为“欧洲联盟”，并同意增加外长会议以增进成员国的政治合作。中国认为，这次首脑会议反映了“在当前两个超级大国加紧争夺欧洲、日益威胁欧洲国家的独立和安全的

---

① 《毛泽东外交文选》，中央文献出版社，1994年版，第600—601页。

② 参见叶自成：《新中国外交思想：从毛泽东到邓小平》，北京大学出版社，2001年版，第137—138页。

③ 《人民日报》，1970年6月28日。

情况下，西欧国家决心进一步联合，加强它们在经济、政治上的合作，争取建设一个能够摆脱两个超级大国干涉和控制的、‘显示自己个性’的、独立的欧洲”。[①]

其次，中国政府向西欧国家的领导人表达了中国支持西欧政治联合的态度。1973年9月11日，周恩来总理会见法国蓬皮杜总统时说“中国支持欧洲各国人民团结起来维护自己的主权和独立”，“我们赞成这样的看法：欧洲团结的事业，如果搞得好，将有助于欧洲和世界局势的改进”。[②] 1975年，邓小平访问法国时再次表示“中国是坚决支持西欧联合的。我们认为，西欧国家为维护独立和保证自己的安全，在联合的道路上不断取得进展，这有利于世界局势朝好的方向发展”，“我们希望联合的欧洲将在世界事务中发挥更积极的作用”。[③]

最后，中国还在联合国的多次大会发言中明确支持西欧国家的防务联合。例如1976年，中国代表黄华在联大发言上指出，“目前，有一些中小国家强调发展独立的自卫武装的重要性；也有一些国家提出了加强防务合作联合反霸的主张。我们支持这些正确主张。”[④] 中国在国际舞台上呼吁西欧加强防务、深化联合的举动，使西方国家认为中国在遏制苏联扩张上与西方存在共同利益，甚至称中国为“北约的第16个成员国”。[⑤]

显然，在划分三个世界的新外交战略构想中，中国已开始从

---

① 《人民日报》，1972年10月23日。

② 谢益显主编：《中国外交史：中华人民共和国时期1949—1979》，河南出版社，1988年版，第557—558页。

③ 《人民日报》，1975年5月15日。

④ 谢益显主编：《中国当代外交史》，中国青年出版社，1996年版，第327页。

⑤ Lawrence Freedman, *The Triangle in Western Europe*, in Cerald Segal (ed.), *The China Factor: Peking and the Superpowers*, New York, Hdmes and Meier Publishers, 1982, p. 111.

战略高度重视欧共体的地位和作用，将反对霸权主义与维护世界和平视为中欧双方共同利益的汇合点，这直接推动了中欧关系向前发展。

在欧洲一方，西欧各国随着欧洲政治合作的启动也开始改变在对外政策上唯美国马首是瞻的被动处境。战后，西欧国家由于政治经济实力的衰落而在外交上不得不听命于美国。在对华政策上，“美国为了抵制承认中国，对西欧国家所施加的压力是如此巨大，以至于它们在这一争议性问题上难以制定出自己的政策。冷战的加剧和两极格局的确立不让西欧国家，至少是那些依靠美国的国家对中国采取积极的态度。”① 但到了 20 世纪 70 年代初，欧洲共同体“已成为一个主要的强大经济中心，并在相当广泛的范围内显示了摆脱美国的某种程度的独立自主”。② 1970 年 10 月，欧共体六国外长会议通过了被誉为是“欧洲政治合作的创始性文献”的“卢森堡报告”，在欧共体的框架下产生了“欧洲政治合作”机制，象征着欧洲外交政策一体化的开始。③ 不久之后，欧共体成员国中的意大利于当年 11 月率先与中国正式建交。当时意大利的左翼执政党正在寻找独立于美苏之外的第三力量，把与苏联决裂并奉行独立外交政策的中国视为合作伙伴，最终不顾美国的压力和中国建立了外交关系。④ 在当时中美关系尚未改

① Harish Kapur，*Distant Neighbours*：*China and Europe*，London，Printer Publisher，1990，p. 9.

② Harish Kapur，*China and the European Economic Community*：*the New Connection*，Dordrecht，Martinus Nijhoff Publishers，1986，pp. 24－25.

③ 参见陈志敏、古斯塔夫·盖拉茨：《欧洲联盟对外政策一体化——不可能的使命?》，时事出版社，2003 年版，第 18—19 页。

④ 玛尔塔·达苏：“寻求欧洲的亚太政策：意大利在亚太地区的利益和政策”，宋新宁、张小劲主编：《走向二十一世纪的中国与欧洲》，香港社会科学出版社，1997 年版，第 186 页。

善之前，意大利敢于克服美国的阻挠同中国建交，表明政治联合已使欧共体国家在对外政策上的独立自主性有了前所未有的增强。此后，随着中美关系的解冻和中国恢复在联合国的合法席位，西欧国家在对华政策上不必再顾虑美国的态度，而纷纷加快了同中国发展关系的步伐。在1972至1973年间，除爱尔兰外，所有的欧共体成员国都同中国建立了正式的外交关系，并且都表示希望欧共体和中国建立关系。

中国和西欧关系的迅速升温源于双方在安全上的战略共识。“中国和西欧在外交政策上共享的一个基本原则就是把苏联视为双方心照不宣的共同敌人”，[①] 通过中欧接近在东西两线共同牵制苏联从而软化苏联对各自的强硬立场。中国希望西欧国家能对苏联采取强硬的政策，以在西线对苏联形成牵制。西欧国家也认识到了“中国是世界上主要大国之中，唯一毫无保留地希望欧洲变得更为强大的国家”，“中国和欧洲在对苏联关系上分享着维持大国平衡的利益，并且避免可能由苏联主导的局势的出现。……欧洲也同意北京关于莫斯科和华盛顿的关系如果密切到能够支配欧洲事务或是威胁中国利益的地步将会是灾难性的观点”。[②] 但是，当时西欧国家的防务联合还没有纳入到欧共体框架之中，中国和欧共体之间缺乏可以进行安全合作的抓手，因此中欧双方在安全方面的对话虽然有所增加，不过

---

① Lawrence Freedman, *The Triangle in Western Europe*, in Cerald Segal (ed.), *The China Factor: Peking and the Superpowers*, New York, Hdmes and Meier Publishers, 1982, p. 111.

② Dick Wilson, *China and the European Community*, *The China Quarterly*, Vol. 56, 1973, pp. 662, 664.

这些对话和协调还主要是象征性的，并没有太多实质性的内容。[①] 然而，西欧的有识之士已看到了欧共体和中国可以在发展经济关系上寻求共同利益。“欧洲能够与那些担心和不信任超级大国的国家发展关系。在这些关系中最为重要的就是欧洲与中国的关系。中国人有理由担心和不信任美国和苏联，也有历史的理由担心日本，但是他们现在没有理由担心或者不信任欧洲。对于中国而言，欧洲至少是一个现代化技术的来源，而且也可以像美国、日本那样成为现代化资本的来源。”[②] 当时欧共体已经接连遭受了美元危机、石油危机的沉重打击，寻找新的市场摆脱严重的经济衰退是欧共体的当务之急。有鉴于此，欧共体将发展对华关系的“首要关注点放在了经济方面”。[③]

西欧国家普遍看好中国的经济前景。西欧商业界认为，中国将是“下一个增长的市场”，欧共体如果不尽快与中国签订贸易协定，不去占领中国的市场，就会落后于日本和美国，并开始向欧共体施加压力以促使其重视同中国的关系。欧洲议会海外经济关系委员会在一份报告中阐述处理同中国关系的重要性时特别强调：“这个世界人口最多的国家，拥有丰富的人力和自然资源，将在本世纪最后的四分之一时间内发挥越来越重要作用。”[④]

---

① 参见戴维·香博：“中国与欧洲：从派生性关系向独立关系的发展”，宋新宁、张小劲主编：《走向二十一世纪的中国与欧洲》，香港社会科学出版社，1997年版，第46页。

② Malcolm Caldwell, *China's View on the Common Market*, *China Now*, (32) 1972, p. 3.

③ Michel B. Yahuda, *China and Europe*: *The Significance of a Secondary Relationship*, in Thomas W. Robinson and David Shambaugh (ed.), *Chinese Foreign Policy*: *Theory and Practice*, Oxford, Clarendon Press, 1994, p. 272.

④ European Communities, *European Parliament Working Documents*, *1976－1977*, p. 10.

1973年2月，欧洲议会正式向欧共体委员会提出建议："采取一切适当的主动，以加强欧洲共同体与中华人民共和国的经济和贸易关系。"[①] 欧共体除了对中国的经济潜力感兴趣外，也重视中国的政治影响力。它在"欧洲同一性文件"中强调说："9国意识到中国在国际事务中发挥的重大作用，因此打算加强它们同中国政府的关系，并且促进各方面的交流以及欧洲和中国领导人之间的接触。"[②] 从1974年起，欧共体理事会开始讨论同中国建交问题。此时，欧共体的超国家机构及其成员国在和中国建立正式关系的问题上已形成了普遍的共识，可以说支持中欧建交的力量已经遍及整个西欧。

三、中欧建交对国际格局的影响

中国和欧共体在战略上的接近以及相应的政策调整为双方正式建交铺平了道路。经过一系列的试探与谈判，中国和欧洲经济共同体于1975年5月6日建立正式关系，从而使中欧关系的发展出现了历史性的转折，并对两极格局产生了深远影响。

哈里什·卡普尔认为，"欧共体走向经济自主的发展趋势可能导致军事上的自主性，使其成为国际舞台上能与苏、美两国抗衡的真正自主力量，从而逐渐削弱国际体系中两极对立的

① European Communities, *European Parliament Working Documents, 1976—1977*, p. 9.

② 谢益显主编：《中国外交史：中华人民共和国时期1949—1979》，河南出版社，1988年版，第553页。

局面。"[1] 因此，按照划分三个世界的思想，中国对欧共体采取一定程度的亲善姿态、同欧共体建立紧密的关系在理论上是可行的，中国将发展与欧共体的关系视为其"新的外交政策中的一个重要目标"。[2] 从1971年起，中国报刊上有关欧共体的新闻显著增加就是中国转变对欧共体政策的积极信号。

在中国向欧共体发出友好信号的同时，欧共体也通过各种渠道试探中国的态度。1971年，欧共体通过毛里塔尼亚外长穆里纳斯向中国驻毛里塔尼亚大使冯于九表示，欧共体愿同中国发展关系。1973年2月，欧共体委员会副主席索姆斯在两次公开讲话中呼吁加强欧共体和中国之间"在经济上对双方都有利的联系"，并将给双方"带来真正的政治利益"。7月，欧洲议会副议长贝尔豪尔向中国驻荷兰大使赫德青表示，愿尽力为欧共体同中国发展关系提供协助。[3]

中国对于欧共体的试探采取了谨慎态度，并进行了一段时间的观察和研究。由于欧共体与台湾在1970年10月1日签订了为期三年的纺织品贸易协定，中国为了避免欧共体在保持与台湾关系的同时与中国建交而制造出"两个中国"的局面，最初对欧共体的试探并没有做出主动答复。中国还考虑到欧共体中的有些国家在当时还尚未同中国建交，而且西欧国家中的一些左派组织对

---

① Harish Kapur, *China and the European Economic Community: the New Connection*, Dordrecht, Martinus Nijhoff Publishers, 1986, pp. 24—25.

② Harish Kapur, *China and the European Economic Community: the New Connection*, Dordrecht, Martinus Nijhoff Publishers, 1986, pp. 26—30.

③ 王泰平主编：《新中国外交50年》（中），北京出版社，1999年版，第1190页。

欧共体也持保留态度，所以对建交问题表示“目前仍不急于解决”。[①]

1973 年 10 月，欧共体与台湾方面签订的棉纺织品贸易协定到期，消除了欧共体和中国发展关系的技术性障碍，促使欧共体加快了同中国建交的步伐。1974 年 11 月，欧共体委员会副主席索姆斯向中国驻比利时大使李连璧明确表示：欧共体十分重视同中国发展关系；欧共体不承认台湾，不同台湾签订贸易协定，只承认中国，只同中华人民共和国发生关系；欧共体和国营贸易国家的贸易协定大纲可以作为与中国对话的基础，并随时准备和中国就贸易协定开始谈判，以建立事实上的关系。[②] 中国对于索姆斯的讲话做出了积极的回应，最终于 1974 年底决定同欧洲经济共同体建交。但在建交方式上并没有按欧共体建议的那样，先从签订贸易协定、建立事实上的关系入手，而是采取了邀请索姆斯访华的策略，在探明欧共体在台湾问题上的态度后，实现了“一步到位”的建交方法。[③]

1975 年 5 月 4—8 日，欧共体委员会副主席索姆斯应中国外交学会的邀请，对中国进行了访问。5 月 6 日，中国外长乔冠华与索姆斯达成了中国同欧洲经济共同体建交的协议。双方没有发表建交公报，而是以中国新华社在 5 月 8 日发布消息的方式，公布了双方建立正式关系，中国向欧洲经济共同体派驻代表。

在当时中美关系进展缓慢，欧洲共同体与经互会的关系陷入僵局的情况下，中国与欧共体的建交是“两个新兴力量在超级大

---

① 王泰平主编：《新中国外交 50 年》（中），北京出版社，1999 年版，第 1191 页。

② 王泰平主编：《中华人民共和国外交史》（第三卷），世界知识出版社，1999 年版，第 339 页。

③ 同上。

国体系之外结成友好关系的重大事件”,[①] 表明此时在两极格局内部已经孕育着多极化的萌芽。中国和欧共体建交不仅在中欧关系史上具有里程碑的意义，而且对国际格局也产生了深远影响。这主要体现在以下几个方面：

首先，对于中国而言，中欧建交是中国推行反对霸权主义的“一条线”外交战略所取得的一个重大成果。中欧建交后，《人民日报》高度评价了欧共体的战略地位，认为“欧共体的成立与扩大是资本主义发展不平衡的产物，是西欧一些主要资本主义国家为抵制超级大国的控制和威胁，谋求自身政治经济独立、安全和发展而组成的一个政治和经济集团”，“它是在苏美两霸争夺欧洲愈演愈烈的情况下，西欧国家联合起来反抗两霸、特别是反对苏修扩张的重要形式和积极因素，它在国际政治中占据一个重要地位”。[②] 中国之所以积极地支持欧洲联合是因为“欧洲是世界主要的战略地区，曾是两次世界大战的主战场。我们完全理解西欧人民为了维护自己的安全而加强联合的愿望”。[③] 中欧建交并不仅仅是为了反对苏联霸权主义，同时还具有潜在的积极意义，“就是形成一个新的多极世界。中国比苏联更清醒地认识到了多极化的现实意义。中国希望看到一个强大的西欧不仅在苏联面前，而且也在美国和日本面前发挥其独立的作用”。[④]

其次，对于欧共体而言，中欧建交不仅意味着为欧共体打开了通往中国这个巨大市场的大门，而且中国支持欧洲联合的立场

---

① Harish Kapur, *China and the European Economic Community: the New Connection*, Dordrecht, Martinus Nijhoff Publishers, 1986, p. 49.

② 《人民日报》，1975 年 5 月 27 日。

③ 《邓小平思想年谱》，中央文献出版社，1998 年版，第 316—317 页。

④ Dick Wilson, *China and the European Community*, *The China Quarterly*, Vol. 56, 1973, pp. 662, 651.

也将对其他社会主义国家转变对欧政策产生积极的示范效应。1975年6月18日，欧共体委员会副主席索姆斯在向欧洲议会报告其访华情况时指出："毫无疑问，从长远来说，对华贸易给共同体提供了相当大的可能性。……中国和共同体将从双方更密切和彼此更信任的关系中得益匪浅。"[①] 欧洲议会则强调中国是唯一对欧共体采取积极态度的国营贸易国家，因此欧共体必须在其对外部世界的图景中将中国置于特殊地位。[②] 中欧建交彻底打破了社会主义国家和欧共体之间长期互不承认的僵局，特别是在那些已经和欧共体进行纺织品贸易协议双边谈判的罗马尼亚、匈牙利、波兰、保加利亚以及捷克斯洛伐克等东欧社会主义国家中引起了强烈的反响。这些国家认为在它们和欧共体之间"缺乏中国和欧共体所确立的那种政治关系，相比之下，它们和欧共体缔结协议就显得微不足道了"。[③] 因此这些东欧国家谋求与欧共体建立直接的外交关系的愿望就更为强烈了。

第三，美苏两个超级大国对中国和欧共体建交的负面评价从反面体现了中欧关系的确立已在一定程度上动摇了两极格局的基础。尽管欧共体是在美国调整对华政策后才与中国建立了外交关系，符合当时美国联合中国制衡苏联的大战略，但是美国也担心在世界经济普遍衰退、国际市场日益萎缩的情况下，欧共体抢在

---

① Debates of the European Parliament's, *Official Journal of the European Communities*, 18 June 1975, in Harish Kapur, *China and the European Economic Community: the New Connection*, Dordrecht, Martinus Nijhoff Publishers, 1986, pp. 123－125.

② *Official Journal of the European Communities*, February 1979, in Harish Kapur, *China and the European Economic Community: the New Connection*, Dordrecht, Martinus Nijhoff Publishers, 1986, pp. 206－207.

③ Leopold Unger, *China's Long March to attain EEC Goal*, *International Herald Tribune*, 5 April 1978, p. 2.

美国之前与中国签订贸易协定，会在巨大的中国市场上比美国占有更多的优势，从而进一步加强欧共体的经济和政治实力。对于中欧建交以及中欧贸易协定谈判，美国认为“中欧贸易协定给欧洲带来的任何好处都会妨碍美国的经济利益”。[①]

苏联对于中国和欧共体建交的回应是非常消极的。苏联担心中国和欧共体相互接近的趋势会成为东欧国家增强其政治和经济自主性的潜在推动力，从而使欧洲对苏联的态度更为强硬。苏联认为中国接近欧共体的目的就是“希望看到欧共体转变为一个政治军事集团，支持美国在欧洲继续保持军事存在，支持欧洲的反动势力”，中国“是在利用西欧与苏联进行斗争”。[②] 中国在经互会与欧共体进行谈判期间与欧共体建立外交关系就是企图在欧共体和苏联之间制造摩擦，从而“破坏在赫尔辛基实现的缓和，恶化欧洲大陆的形势以及加强侵略性的北约”。[③] 苏联对中国的指责恰恰说明了中国和欧共体建交已对两极格局产生了冲击性的影响。

---

① Harish Kapur, *China and the European Economic Community: the New Connection*, Dordrecht, Martinus Nijhoff Publishers, 1986, p. 52.

② Dick Wilson, *China and the European Community*, *The China Quarterly*, Vol. 56, 1973, pp. 662, 650.

③ Leopold Unger, *China's Long March to attain EEC Goal*, *International Herald Tribune*, 5 April 1978, p. 2.